家长最关注的100个教育问题

曹海琴 ◎ 著

天津出版传媒集团

天津人民出版社

图书在版编目(CIP)数据

家长最关注的 100 个教育问题 / 曹海琴著. –– 天津：
天津人民出版社, 2021.1(2022.4 重印)
ISBN 978-7-201-16709-1

Ⅰ.①家… Ⅱ.①曹… Ⅲ.①家庭教育–问题解答
Ⅳ.①G78–44

中国版本图书馆 CIP 数据核字(2020)第 240841 号

家长最关注的 100 个教育问题

JIAZHANG ZUIGUANZHUDE 100GE JIAOYU WENTI

出　　版	天津人民出版社	
出 版 人	刘　庆	
地　　址	天津市和平区西康路 35 号康岳大厦	
邮政编码	300051	
邮购电话	(022)23332469	
电子信箱	reader@tjrmcbs.com	
责任编辑	伍绍东	
装帧设计	明轩文化·王　烨	
印　　刷	天津新华印务有限公司	
经　　销	新华书店	
开　　本	880 毫米×1230 毫米　1/32	
印　　张	15	
插　　页	1	
字　　数	280 千字	
版次印次	2021 年 1 月第 1 版　2022 年 4 月第 2 次印刷	
定　　价	58.00 元	

目　录

第一章 情绪教养

001 值得警惕的"情绪勒索"

我是一名博士后,也是一位 10 岁男孩的妈妈,如今专门研究亲子教育。我也是国家二级心理咨询师、儿童礼仪高级讲师、青少年成长指导师,还是一位阅读与写作导师。

接下来的 100 个问题,涵盖了家长最困扰、最关注的家庭教育问题。

你现在看到的是第一章:情绪教养。在本章中,你将学会如何引导孩子表达情绪、理解情绪和调节情绪,还将学会家庭里的十分有效的情绪管理的具体方法。

前段时间,我家里发生了一件事情。

我儿子今年 10 岁,有一天中午放学,他姥爷去接他。可是,他竟然全程都没跟姥爷说一句话,姥爷跟他说话,他也不搭理。回到家他也是低着头,气鼓鼓的样子。

如果你是孩子姥爷,看到孩子这样,会不会很生气?"作为长辈,我精心照顾你,风里雨里的去接你,你竟然不理我!"事实上,不但孩子姥爷很生气,孩子姥姥也很生气,暂且按下不表。

如果当时你就在旁边,会不会觉得,这个孩子怎么这么没教养?姥爷辛辛苦苦去接他,他竟然都不理姥爷。

现在的你,会不会觉得,"琴琴老师,你还教别人怎么教育孩子呢,你连自己的孩子也没教得咋样啊。我得重新考虑要不要跟你学习了。"

但是,如果我告诉你这件事情的前因后果,你会不会有新的认识?

平时我和孩子的爸爸都很忙,难得接孩子,那段时间更是两个人连续出差。前一天晚上,我刚出差回来。那天上午去医院体检,预计中午放学的时候可以结束,我能去接孩子。孩子的爸爸那天刚好出差回来,9点下飞机,也能赶得上接孩子。所以早晨我就对儿子说:"今天中午,妈妈接你,万一妈妈回不来,就是爸爸去接你。"对我儿子来说,如果是爸爸或者妈妈去接,就像过节一样。可是那天,恰好我体检没有结束,孩子爸爸又忙得脱不开身,最后还是姥爷去接的。说好了是爸爸或者妈妈去接,孩子一上午都是满心期盼,放学后看到的却是姥爷。

以前偶尔也有这样的情况,孩子都会表现得很愤怒。这次,他只是沉默,一句激烈的话也没有说。其实,作为一个10岁的孩子,他已经在努力克制了。

现在你是不是觉得孩子的行为没有那么恶劣了?

这件事引发了我的思考。

假如,孩子学过情绪教养,那么他在看到姥爷的第一时间就可以说:"姥爷,爸爸妈妈说好了来接我,可是我没有看到他们,我很想爸爸妈妈,我心里很失望,我可以不说话,安静一会儿吗?"

姥爷一定会很心疼孩子,绝对不会生气。如果姥爷学过情绪教养,可以有深度接纳和理解孩子的能力,他也不会生气。

人的情绪不是无根之水,我们看到情绪爆发的时候,基本上已经是失控的状态。情绪失控,容易引发不良的后果。学习与自己的各种情绪和谐共处,是现代人必备的一项能力。遗憾的是,大多数人没有这样的能力。

你经历过"情绪勒索"吗

有的说:"我把一生的希望放在你身上,你怎么那么不懂事,怎么就忍心让我失望?"

有的说:"孩子那么小,你竟然工作那么忙,你真自私,这会毁了孩子的一生。"

有的说:"快三十了还不结婚,家里都跟着你丢人。"

还有的说:"我这么辛苦照顾你,你就给我考这么点分来回报?"

像这样的场景,就属于情绪勒索。"情绪勒索"(Emotional blackmail)是指有时候我们为了维系与重要的人的关系,为了不想自己被贬低、为了降低焦虑,会被迫重复去做一些自己不想做的事情。

说这些话的人没有注意到,他们的内心,有一个僵化的准则,而当这个准则被违反的时候,他们内心有无比的恐惧感。但是,他们并不懂得如何好好处理自己内心的恐惧,反而向外用力,试图控制对方,希望对方按照自己期待的行为模式去做,以此减少自己内心的恐惧。所以他们会觉得:让我有这种感觉,都是你的错,所以你要为我的感觉负责。

我们大多数人,都会在原生家庭中被情绪勒索,又将情绪勒索复制给我们的后代。

被情绪勒索的人,会感觉到有负罪感、压迫感,自我价值感低,容易自卑,总是害怕会失去关心、失去别人的信赖,怕别人会讨厌,活得慌乱卑微,没有安全感。

而在家庭中,施行情绪勒索的一方并非出于恶意,他们也只是因为缺乏安全感。两个缺乏安全感的人,同样不重视自己的感受,被勒索者把满足对方的感受当作自己的责任,勒索者把自己的感受当作对方的责任,就形成了一种"病态性共同依赖"(co-dependence)。彼此都害怕失去爱,却又互相伤害。

幸好,你开始了情绪教养课程,可以有能力斩断情绪勒索的"代际复制",有能力疗愈自己,照耀孩子。

学会"发现需求"

如何避免对孩子"情绪勒索"呢?我教你一个初步的方法,叫作"发现需求"。

我们举一个"吼娃"高危领域的例子:学习问题。多数家庭,不写作业母慈子孝,一辅导作业就是鸡飞狗跳,呜哇喊叫。你经常觉得,孩子太气人了。

先回答我一个问题,如果期中考试,你的孩子拿回来试卷。你一看,考了 85 分,你会怎么对他?

你可能会说:"我很生气,因为他明明会做,就是不用心,错的都是不该错的。"

你也可能会说:"我会很高兴,因为他学习不好,以前经常不及格,这回还进步了。"

那么问题来了,为什么同样是 85 分,孩子在不同的家庭里,却会得到截然相反的对待呢?

那个生气的家长,你认为你生气,是因为孩子考了 85 分。可为什么同样的 85 分,在另外的家庭里就会被表扬呢?

所以问题的根本,不在于孩子考试的分数本身,而在于你期待他考多少分,他有没有达到。如果达到了,你就满意;如果没达到,你就会很失望,很生气。

我们要认识到,我们很多不舒服的感受,其根源是我们自己的需要没有被满足。自己的感受背后其实是一种需求,是自己的需要产生的,而不是对方造成的。

我们经常会觉得,是他人的伤害造成了我们不舒服的感受,在这种情绪之下,会主动引发对别人的情绪勒索。

如果我们有了发现需求的能力,就会知道,我们的愤怒并非由于他人的行为,而是由于我们内心的期待落空。说到底,这是我们自己的事情。

从今天开始,从心里警惕一个词,就是"应该"。当我们心里有很多"应该"的时候,就很容易对他人有着超乎他能力的期待,这种期待一旦落空,自己就会陷入失落之中,也很容易不自觉地对别人有情绪勒索。

看到这里,你一定会想,难道我的孩子不应该努力吗?难道身为丈夫,不应该更多地关注家庭吗?难道成年了不应该结婚成家吗？难道作为家长,不应该督促孩子吗？

这些内容,在以后的章节中,都会有答案。

今日作业

1.想一想:你上一次对孩子发火因为什么？试着梳理出来,你真实的需求是什么？

2.请你看着孩子的眼睛,对孩子说:"孩子,我今天正式开始学习了,要学习怎样能够更好地爱你。"说完之后孩子的反应如何,请你在微信群里分享交流。即使孩子小于3岁,也请你抱着他(她),把这句话告诉他(她)。

002 父母的自我反思

上一课,我们学到了要警惕"情绪勒索"。

缺失的情绪教养

你可能经常会问自己,明明知道这样做是不对的,可为什么还是会情绪决堤、失去理智、口不择言、行为失控?

一个情感成熟的人,理想状态是在生命的每个瞬间都能敏锐地感受到喜怒哀乐,体验到人生的矛盾与丰富。不仅如此,即使在极端情绪下,也能够寻求用理性判断来左右自我的情感和行为。身为父母,你需要做的,是培养自己拥有这种能力,更要将它传递给我们的孩子。

纵观现实,我们这一代人大多数是在被漠视和压抑情绪的环境中成长起来的。小时候考好了,爸爸、妈妈不会夸我们,甚至反而会刻意打击我们,因为生怕我们骄傲自满。心里难过了,爸爸、妈妈不会允许我们哭,要么就是:"哭哭哭,就知道哭。哭能解决啥问题?"如果是男孩就更不幸了,直接一句话:"大老爷们儿哭什么?"所以我们小时候是开心了不敢开心,难过了不敢难过。

身为父母,我们真心希望孩子未来能过得好。我们宁愿自己吃苦受累,尽最大努力,希望孩子能够过上好的生活。

但我们往往忽略了重要的一点，那就是读懂孩子的情绪，真正学会包容孩子。很多人因为从小没有得到良好的情绪教养，所以也没有能力去接纳和引导孩子的情绪。当孩子哭的时候，心情好了，我们会用奖励来引导："别哭啦，只要你不哭，我就奖励你一个冰淇淋。"心情不好就直接甩过去一句话："你还有完没完？"而当第一步的贿赂和恐吓，都没能镇住孩子的时候，我们自己就会情绪崩溃，会对孩子大吼大叫，甚至动手体罚孩子。

如果孩子的情绪从小就没有一个正确的渠道得到舒解，会为他一生埋下严重的隐患，重则走向极端；轻的，恐怕也会阻碍他未来人生的幸福。

但是不要紧，即使我们小时候没有进行过情绪教养，现在开始也不晚。孩子是上天派来完善我们的天使，孩子使我们有动力做更好的自己，做更好的父母。

你真的没法控制自己吗

经常听人说："我不想跟孩子发火，我就是到气头儿上，控制不住自己。"

真是这样的吗？如果你正训斥孩子，忽然手机响了，一看，是老板，或者领导，你会继续在电话里和老板争吵吗？你会不会大吼一句，"别烦我，我正生气呢！"然后就摔了电话？

不会。你会心平气和地跟老板说完话，然后放下电话，继续愤怒地训斥孩子。

你真的可以做到精确传递情感吗

现在假想一个场景：在一个大商场，孩子和你走散了。你瞬间惊慌失措，脑子里一片混乱，想到了无数种可怕的可能性。孩子也不知道该怎么办，就在那里哭泣。幸亏，几分钟之内，商场的保安就把孩子平安带到了你的面前。

当看到孩子的第一眼，你会怎么和他说呢？

"我说过多少次了，出来要好好跟着我，你怎么就是不听话？就知道添乱，以后再也不带你出来了！"

我们可以试想一下，孩子与家长走散，本来就又害怕又难过，好不容易回到爸爸、妈妈身边，不承想听到的却是劈头盖脸的训斥。孩子甚至心里会冒出一个想法，"是不是我丢了，爸爸、妈妈才满意？怎么我回来了，他们一点儿也不高兴呢？"

现在请你思考，明明是很爱孩子，找不到他很焦急，很难过。可是我们表现给孩子的，却是愤怒。

如果你是一位宝妈，请你想想，当你一个人哄睡孩子做好家务，精疲力竭，而你的丈夫却在外面不知道跟什么人喝酒应酬。当他晚上一身酒气地回到家，你怒气冲冲地跟他说："你还知道回来呀？你心里哪儿有我和孩子，哪有这个家？"丈夫本来已经疲惫不堪，而且心怀愧疚，但是被你扑面而来的怒气弄懵了，他要么一言不发，要么针锋相对，要么讷讷地来一句："你要这么想，我也没办法。"

现在请你思考，明明是很在乎丈夫，很需要丈夫，可是你表现给丈夫的，却是抱怨。

你有没有这样的时候？如果有，我们就需要情绪教养，需要识别自己的情绪，并且学会积极正面地表达。

你对孩子的"预设"是什么

上一节，我们已经讲了"发现需求"。

我在咨询过程中，每次提到，"要对孩子有足够的包容"，家长朋友总会反驳，"我真的对孩子一点都不苛刻呀。"还有的举例子说，"孩子学习很一般，我都觉得没有问题，从来没有苛求过。"当我再问，"那么你会对孩子哪些方面有要求呢？"答案就各不相同了。

有的说："我就是不能接受她，作为一个女孩子，不够稳重。"

有的说："不管学习怎么样，做事情不能磨蹭吧？"

有的说："跟他强调多少次了，还是到处乱扔东西，房间乱七八糟。"

还有的说："最讨厌孩子没有毅力。孩子学习乐器，每次一让她练，她就摆脸色，看她那个样子就生气。"

当然，时至今日，因为孩子考不到一百分就去打孩子的家长也大有人在。

所以，其实在你的内心已经预设了一个"我的孩子应该有的样子"，只不过，这个样子各不相同。有的人自己是学霸，所以接受不了孩子学习不如意的事实；有的特别看重秩序感，所以就会对"乱扔东西"的行为无法容忍；有的预设了"孩子应该是一个知书达理的女孩"，所以当自己的女儿出现了"无理取闹"情况的时候，就会勃然大怒。

反思自身对孩子的"预设"是下一步情绪教养的基础,只有弄清楚这一点,才能对孩子有深度的理解,才可以心平气和地跟孩子一起进行情绪教养。

今日作业

今天要完成的,是作为家长的反思。请你思考,你对孩子的预设是什么?你的孩子最容易引爆你的情境是什么?你在愤怒的时候表现如何,会怎么说,怎么做?

003 请给孩子的人生账户多储存一些爱和能量

讲到自己理想中的孩子，你一定希望他未来可以独立坚强，在遇到问题的时候，有勇气有能力正面解决，有担当，不逃避，不胆怯。

在漫长的一生中，孩子不可避免地会遇到磨难和挑战。要想战胜这些，他们需要消耗很多自身的能量。如果把孩子的一生比作一个银行账户，我们做父母的，就要从他们年幼的时候，就往他们的人生账户中储存进足够的能量，未来当需要消耗的时候，他们才有足够的基础。

当孩子幼年的时候，他没有启动自我成长的能力，所以他人生的银行账户上的能量，基本上都是父母和其他养育者给予的。我们必须要清楚哪些行为，是在往孩子的人生账户上储值，哪些行为是在无情地支取。

指责与否定是在孩子人生账户上支取，而接纳与鼓励才是在为孩子人生账户上储值

惩罚是家长经常使用的管教手段。它非常好用，尤其在早期效果显著。但是，如果一味地只靠惩罚，有可能会激发孩子内心的愤怒，或者让他们更加叛逆；也有可能让他们为了避免惩罚而学会隐瞒，或者很自卑，觉得自己是个坏孩子。

你可能会说,难道我还不能惩罚我的孩子吗？孩子都那样了,做父母的要是不严加管教,长大了还得了？

当然不是绝对不能惩罚,人都要学着为自己的行为付出代价。具体的方法我们留待以后再讲,我今天想说,一味指责与否定,就是在孩子的人生账户上肆意支取。

切记:家长和孩子之间,先有连接,才有改变。先共情,再共理。

当孩子心中充满委屈和对抗的时候,他是听不进去任何道理的。只有在平等和尊重的氛围下,真正让孩子感觉到自己被爱被接纳,才可以敞开心扉听取建议,才可以激发他自己内心向好的力量。

第一,要有耐心。正如财富的积累,谁也不能指望着一夜暴富。我们想做更好的父母的努力,也不是一次两次就可以立竿见影的。尤其当孩子和你之间的情感账户,一直都是欠费的状态时,过去你在透支,所以现在你要先努力地去结束透支状态,未来才能有所盈余。说句更通俗的话,在爱这方面,你先要把欠孩子的那些"债"给还上。

我们教育孩子也是一样,在这个课程里,我会告诉大家很多理念,其实当你真的能够理解和认同这些理念时,具体的方法你完全可以自己去探索。

还有,很多家长急着要学到一些方法,说:"只要这个方法一用上,我的孩子马上就什么都好了。所以,老师,你别总絮叨理念什么的,赶紧给我上干货啊。"

但是,你肯定能理解,任何方法,背后都是需要有理念支撑的。

比如,我教你,面对孩子的逆反情绪,你感到无比愤怒,感到自己的权威被挑战了。我教你很多方法，其中有一种就叫作"给孩子选择"。假如说你并不真心认同你和孩子是平等的，那你所谓的给他选择，只是为了让他说出来你的意愿，当他的选择和你预设的不一样的时候，你更加暴跳如雷。这样孩子不但不会扭转逆反的表现，反而会觉得你在欺骗他，你在"耍"他，你在给他虚假的尊重。这会适得其反，到时候你会怀疑自己，怀疑孩子，怀疑我教你的方法是骗人的。

这些方法是美好的种子，只有在正确的理念的土壤里，才可以绽放芬芳，才会有良好的效果。

第二，要有不完美的勇气。我们学习正确的亲子沟通方法，不是要手里时刻拿着一把尺子去衡量孩子的做法，也不是为了让你自己拿着一把尺子随时衡量自己的做法，说"老师讲的是这样，但是我却做错了"，然后就陷入自责："我不是一个好妈妈，不是一个好爸爸。"

我的目标不是让你们知道我是育儿专家，而是让你们自己也成为育儿专家。

做正确的事情，什么时候开始都不晚。

今日作业

可以给自己开一张爱的银行储蓄卡，每次你觉得自己真正理解、接纳孩子了，问问孩子，如果孩子也感受到了，就在储蓄卡上记一笔，看看一个月下来你积累了多少。

004 在面对孩子有情绪的时候,怎么回应才是对的

在第一节的内容中,我告诉你,要警惕"应该"。你会问,难道我不该管教孩子吗?

要警惕的是,当你对孩子时刻有着无形的"预设",就像是手里随时握着一把尺子,把孩子的行为时刻拿来度量,那么孩子就总是会不合你的心意。尤其当孩子出现情绪波动的时候,一般情况下,家长是不会预设孩子会出现情绪波动的,因此当它到来的时候,家长会觉得突如其来,猝不及防,甚至失望、愤怒。

如何面对孩子的情绪

接下来,我们一起探讨,当孩子有情绪的时候,究竟怎么回应才是对的?

现在,请设想你的孩子今天 4 岁,你带他去看牙医,孩子却吓得不肯配合,躺到治疗椅上,对家长和医生拳打脚踢。"我讨厌看医生,我要回家!"孩子在医院大喊大叫,你感到十分难堪。看看别人家孩子,都能够安安静静接受治疗,就你家孩子,像个胆小懦弱的逃兵,你觉得特别丢脸,一股无名之火油然而生。本来工作就挺忙的,好不容易请了假,好不容易约好了门诊,要是这次错过了,下一次不知道什么时候了。

这个时候,你会做出哪种反应呢?

第一种,为了说服孩子乖乖看牙,想尽办法哄孩子接受治疗,用种种奖励来诱惑孩子。

"宝贝乖,如果你不哭不闹,我就答应让你随便玩游戏好不好?周末再带你去游乐园行不行?"

第二种,觉得孩子太胆小,于是故意摆出一副咄咄逼人的表情,严厉地训斥孩子。

"哭什么哭,赶紧把眼泪擦干净了。别人家孩子都可以,你怎么这么胆小?别喊了,要不然我可不管你了,我走了啊!"

第三种,被孩子哭闹的样子,弄得心都碎了。

"我知道你害怕。反正乳牙,迟早都会掉的。不看就不看了。"

我想你一定明白,这三种态度都是不可取的。作为家长,我们不但要理解和包容孩子害怕的情绪,更应该进一步开导孩子,好让孩子在以后面临相似的矛盾和痛苦的时候,有能力独立地摸索出解决的办法,最后做出最佳选择。

父母之爱是一场得体的退出,我们现在的陪伴,是为了有朝一日孩子可以独立正确地处理各种事务。

第一种叫缩小转换型家长。面对孩子的情绪,给予安抚的方法,是用奖励来诱惑孩子。这种行为的核心就是要把孩子的情绪"大事化小"。这类父母最看重的,不是如何理解孩子的情绪,而是如何尽快结束孩子的哭闹。所以他们的着力点,就是迫不及待地将重点转移到其他的事物上。这种家长,并不真正觉得孩子的情绪很重要。他们往往会漠视孩子的情绪,经常会冷漠地说,"这点儿小事儿都哭,至于吗?"

不知道你有没有跟孩子说过这样的话?

"哎呀真羞羞,鼻涕虫爱哭鬼。"这样的语言,看起来像是亲昵,但实际上是一种取笑孩子的情绪。

在这类家长看来,情绪是分为好的和坏的两种的,他们认为开心、快乐、幸福,这些是好情绪,而恐惧、生气、愤怒、悲伤、忧郁等,这些情绪都是坏的,都是不该有的,于是他们的目标就是尽力去逃避这些负面情绪。

所以当他们发现自己孩子出现这些情绪的时候,就会想尽办法,千方百计要去消除。

在这类父母教育下长大的孩子,他们在感受和调节情绪方面就会表现得比较迟钝,因为他们从小缺乏父母的引导,他们不知道自己正在经历的情绪的真实面目是什么,因此他们容易不安。

你可能会见过,因为失恋就暴饮暴食,或者疯狂购物的人,用这样的方式去发泄,这些人多数是在缩小转换型父母的培养下成长起来的。他们没有能力正视和消化自己的情绪,只能用快捷简单的方式来转换心情,要么干脆就去逃避问题。

第二种叫压抑型家长,他们同样不重视孩子的情绪,同样把悲伤、生气、烦躁等看作坏的情绪。只不过和第一种不同,他们会对孩子的坏情绪进行严厉的批评,如果孩子出现了他们所认为的负面情绪,他们就会大喝一声,加以训斥,甚至是惩罚。

这些家长恐惧负面情绪,认为那是阴暗和可怕的,如果允许孩子产生这样的情绪,就有可能会带坏孩子的性格,坚信必须要把孩子锻炼得坚强起来,这样才可以让孩子最大限度避免负面情绪的产生。

这一类家长,他看重的不是孩子的情绪本身,而是孩子的行为。当孩子哭的时候,他不想弄清孩子为什么哭,而是直接吼一句:"不许哭,你要再哭,我就让警察叔叔把你带走。"

在压抑型父母陪伴下长大的孩子,自尊感会非常低,女孩容易意志消沉,带有忧郁倾向,而且自我调节情绪的能力会很差,男孩会容易带有冲动或攻击性,生气时会用拳头解决问题,因为他们在成长的过程中,表露了情绪,就受到父母的斥责或打骂,所以他们只能用同样的暴力行为来表露自己的情绪。

听到这里你就会明白,如果在你心里,"应该"的数量和强度很大,就很容易成为这样的压抑型父母。

第三种叫放任型家长。有人说,"我可不像前两种家长,他们对孩子太苛刻了。我可要好好爱孩子。"

这类家长,能认可孩子的情绪,也不会刻意地将情绪划分为好或者坏,看起来似乎是非常好的父母,但是,他们止步于接受和认可孩子的情绪,却不会为孩子提出好的建议,也不会为孩子的行为划定界限。

看起来这样的孩子在成长的过程中,个人情绪得到了尽情宣泄,理论上应该能够很好地进行情绪调节。然而事实上,情绪调节只有在意识到行为的界限时,才会变得可能。如果随心所欲做任何事情,家长都认为是无所谓,这样的孩子,反而会意识不到行为的边界,凡事都由着自己的性子来。以自我为中心,他们会变得心智不成熟,与他人难以沟通,而且他们会容易陷入自我崇拜的境地,患上所谓的"王子病"或"公主病"。他们凡事只考虑自己,没有办法体谅别人,因此在朋友圈子里容易显得不和谐并因而又会滋生自卑,觉得自己不如别人。

情绪教养从家长做起

那我们该怎么去做呢?你要学习成为情绪教养型家长。

第一步,要包容孩子所有的情绪。人的情绪就是客观存在的,它没有绝对的好与不好的差别。你要学着重视孩子的喜悦、爱和快乐,同时也要认可悲伤、恐惧和愤怒,这都是生命中不可缺少的情绪,就像天有风霜雨雪、月有阴晴圆缺、自然界有四季轮回一样自然。

第二步要给孩子设定行为的界限。以看牙为例,要明确跟孩子讲:你可能很害怕,不喜欢看牙医,但是你不能因为这样就对牙医拳打脚踢或者说脏话,而且你的牙齿已经这个样子了,如果不治疗,只会让牙齿更加恶化。那具体应该怎么说才能让孩子更容易理解和接受呢?

我以前曾经跟我儿子约定,有情绪的时候,可以用任何方式发泄,但是要遵守三个原则:一是善待自己,二是善待别人,三是善待物品。所以他会问:"我打沙发行吗?"或者,"妈妈你给我买一个拳击的沙袋,我生气了就打沙袋。"

在这个原则的范围之内,可以允许孩子自己去选择。

比如说这个看牙的例子,你可以跟孩子说,"如果你不治疗牙齿,接下去就会损伤其他的牙齿,所以今天必须让牙医好好看一下,不过我们可以想一想,有什么办法可以让我们不那么害怕。"相信孩子,他自己就会想出办法。

情绪教养型家长的特点

包容孩子的情绪,但对他的行为划定明确的界限。

情绪不存在好坏之分,无论是哪种情绪,都是生活的自然组成部分。

当孩子表达自己的情绪时,给予足够的耐心。

尊重孩子的情绪。

不会轻易忽略孩子任何微小的情绪变化。

重视与孩子之间的情绪沟通。

尊重孩子的独立自主性,引导孩子独立摸索解决矛盾的办法。

今日作业

跟孩子约定他心情不好的时候想用什么方法发泄出来,爸爸、妈妈要告诉孩子,有沮丧、愤怒、泄气都是正常的,跟他商量商量,这个时候希望爸爸妈妈怎么做。

005 怎样引导孩子识别和表达感受

从今天开始,你将学习到如何给孩子进行情绪教养的具体方法。

在开始学习具体方法之前,我一定要反复强调,必须要注意对孩子的接纳和尊重。因为要做好情绪教养,我们必须创造孩子可以敞开心扉和我们交流的氛围。他说出来的话、他的想法可能和你想的一样,也可能和你想象的不一样,甚至是你所不能接受的。

须知,情绪教养,有两个基本理念。

一条是适用于在家做日常训练的:

只有孩子愿意跟你讲,你才有帮他去调整人生观价值观的可能。如果你现在去评判,去打击,甚至去指责,孩子将永远向你封闭内心的大门。你可能再也没有机会往他的人生账户上储值了。

一条是适用于孩子出现极端情绪时候的:

孩子出现情绪的时候,正是他最脆弱、最需要你的时候,也正是你向他的人生账户上充值的大好时机。你在这个时候向他展现出理解与包容,会有事半功倍的效果。

所以我再次强调,必须要注意对孩子的接纳和尊重。这正是孩子的神奇之处,他是上天派来完善我们的。

识别和表达情绪是情绪教养的基础

所谓情绪识别,是要培养孩子认识到自己当下正处于什么情绪之中。就像拥有了一个旁观者视角,需要对自己的情绪有一个觉察,就像是有能力"跳脱"出自己的当下,站在一个更高的角度来审视自己,而不是被情绪所控制。

孩子情绪表达的方式有很多。一些年幼的孩子,有情绪的时候可能有各种表现:会哭会闹、撒泼打滚儿,甚至拿东西丢人、咬人,还有的伤害自己,用头撞墙壁等。这都是情绪表达。

中国台湾学者周育如提出,教导孩子情绪表达分为两个层面:

第一个层面,是"用语言策略取代肢体策略";第二个层面,要教孩子合适地表达自己的情绪。

先来说"用语言策略取代肢体策略","请你用语言来说,而不是用哭闹打滚儿的方式"。你要教孩子把内在的状态,通过他的嘴"说出来"。

正确的情绪表达是需要研习的

你可能会说:"这个我已经在用了,我每次都跟我的孩子说不要闹了,有话好好说。可是根本不管用啊。"

光这样讲是没有用的,重点在于你有没有教过孩子说什么、怎么说呢?

在平时就要训练孩子,精准地识别自己的情绪状态,并且用语言表达出来。在孩子处于情绪爆发状态的时候,不适合讲道理,这方面的引导和训练需要放在平时,要教孩子"先描述情境,再表达感受"。

在孩子小的时候,要有意识地向他传递情绪识别的词汇,让他多积累有关情绪的词,为以后他自己能表达做准备。

家长自己要积累一些关于情绪的词汇,提升自己的"情绪颗粒度"。"对情绪的识别与命名"很可能就是影响一个人情商高低的关键所在。这种能力,在心理学上有个专有名词,叫"情绪颗粒度",也叫"情绪粒度"。情绪的颗粒度大,指的是感知情绪和情感时比较"粗线条",对情绪的感知和描述会稍显笼统,比如说,大概只能说出"我感觉不好""我很痛苦",而不会区分出失落、嫉妒、无力感等各种细分的情绪。既不知道痛苦的具体范围,也没办法梳理出是什么相关事件诱发了这种情绪;而情绪颗粒度小的个体,对情绪的感知和感受会更加的精细、确切,不会笼统地说"我感觉很好"或"我感觉很糟",他们甚至对很多细微的差异都能感知、察觉到,并能精准地表达出来。他们可以明确地告诉你,当下的情绪是对自己能力与目标不匹配的失落感和挫败感。

家长平时要自己多积累情绪词汇,然后在具体的生活情境之中,引导孩子识别和表达。

比如,孩子两岁的时候,收到礼物,你可以"帮他说":"哦!宝贝收到了生日礼物,现在宝宝很高兴。"或"姐姐弄坏了你的画,你很生气,对不对?"然后他就知道,我现在这个感受、这个状况,有一个名称叫作"高兴"或者"生气",而理由是我收到了生日礼物或姐姐弄坏了我的画。

当孩子说"姐姐弄坏了我的画,我生气了"的时候,你一定要立刻回应他。然后孩子就会亲身体会到,用语言策略替代肢体策略的好处,只需要说出来,而不需要用哭闹打滚儿的方式,一样可以起到作用,爸爸、妈妈照样可以来"主持公道"。孩子就会更加倾向于用语言去表达。

这个是情绪表达的第一步:认识自己的情绪,并且用语言来表达。

接下来会介绍一些实用的家庭游戏,教你引导不同年龄段孩子进行情绪识别和表达的具体方法。

今日作业

请你讲一讲孩子最近一次让你情绪波动的情况,喜怒哀乐都可以。要用"具体情境+感受"的模式。说说是什么样的情境,你又有什么样的感受?比如,"孩子主动帮我做家务,我觉得很欣慰。"或者"孩子做作业一点儿都没有主动性,我感觉很生气。"

006 如何用游戏进行情绪教养(学龄前)

今天讲的方法,适合两类人群:

✓ 学龄前儿童。

✓ 从未受过任何情绪训练的人群,不论年龄大小。

照镜子(看照片)

可以和孩子一起照镜子,同时做出各种表情。比如,告诉孩子,这是笑脸。你看,妈妈的眉毛眼睛弯弯的,鼻子皱起来,露出牙齿,这就是笑脸,是开心的表情。

就这样,你们可以对着镜子做各种表情,然后彼此观察。哦!生气的脸是这样的,阴沉沉的,让人害怕!如果哭个不停,哭着的脸都变形了,一点儿也不好看。如果表情还不够,你们还可以加上声音和肢体动作。

还可以带孩子一起看各种表情的照片,让孩子去识别各种各样的表情,可以学着做。

你不要觉得这个活动很幼稚,我分享的方法都很简便,却都不简单。其实作为成年人,你也未必有能力做好自己的面部表情管理。很多时候,我们身边并没有人跟踪拍照,你可能觉得自己一直面带微笑,但别人在你无意识的时候拍的一张照片中，你会发现自己面沉似水，拒人千里；你可能不知道自己愤怒的时候有多么可怕狰狞。经常照镜子，是认识自己的一个基础步骤。

在"当孩子有情绪的时候，怎么回应才是对的"中，你已经知道了要包容孩子所有的情绪。人的情绪就是客观存在的，没有绝对的好与不好的差别。你要学着重视孩子的喜悦、爱和快乐，同时也要知道悲伤、恐惧和愤怒是理所当然的，这都是生命中不可缺少的情绪，就像天有风霜雨雪、月有阴晴圆缺、自然界有四季轮回一样自然。

为什么要再一次强调这个？如果你认为愤怒的情绪是坏的，就会尽量避免教孩子去识别愤怒，更要避免教孩子去表达愤怒。但是人所有的情绪都是有意义的。尤其是本书后面，如何防范儿童遭遇校园欺凌，防止性侵害和性骚扰，第一步都是要"学会表达愤怒"。

所以，记得在和孩子玩情绪游戏的时候，不要人为地给孩子划定"好"与"坏"，都需要让他去认识。玩够了之后，你还可以带着孩子去观察周围的人，看看他们的表情，观察他们的动作，然后猜猜这些人现在是什么情绪。

像这种观察表情和肢体动作的活动，可以让孩子学会察言观色，提高对别人情绪的敏锐程度。

情绪图卡 + 我的感受

这个游戏非常重要，我曾经给 4~70 岁的人都做过，都非常有意义。不是所有的情绪都可以用表情或动作表现出来的，你可以带着孩子玩情绪图卡的游戏。怎么玩呢？

　　你先找一张白纸，随便什么纸都行，裁成四张图卡的大小，像扑克牌那样大小就可以。然后你在上面画四个表情的脸：高兴、生气、难过、害怕。随便画，只要看得懂就行。实在不会画，就找几张这样的图片打印出来。然后，你和孩子把这些情绪图卡放在桌上，最好是爸爸、妈妈、爷爷、奶奶、姥姥、姥爷都一起来玩。

　　怎么做呢？

　　选卡玩法。图卡正面向上，每个人选择一张和自己现在情绪相适应的卡，拿起来放在胸前给大家看，说出"我觉得怎样，为什么"。

　　比如，妈妈选了"高兴图卡"，然后就说："我觉得很高兴，因为今天宝宝学会了自己吃饭，妈妈很骄傲，很高兴。"下一个人是爸爸，他选的是"生气图卡"，他就说："我觉得很生气，因为今天我无缘无故被领导训了。"

　　在这里又要多说一句，你是不是很羞于向孩子表达你的心情？甚至于明明身体很难受，也坚持着继续做家务，不去告诉配偶和孩子？然后孩子一旦不顺自己心意，就觉得自己特别委屈，抱怨的话脱口而出，"你都不知道，我每天照顾你多辛苦，我这么难受我还伺候你们……"所以你一定要学着表达自己的情绪：高兴、难过，包括身体的感受。你要告诉家人，而且要用明确的语言告诉他们怎么做才会让你觉得好一点。这样才会培养孩子的同理心，他才会更加懂得体谅你。

　　通过这样非常简单的活动，孩子就可以学习到，原来情绪背后是有原因的，而且相同的情绪，很可能由很多不同的原因造成，比如说同样是高兴，大家高兴的事情可能都不一样。

孩子也会发现,相同的事情,每个人的感受可能都不相同,比如体育比赛,爸爸可能觉得超好看,妈妈却觉得超无聊。人的感受是各不相同的,孩子就会慢慢对人对事有理解。这就是同理心的启蒙。

当然我也要提醒你,跟孩子分享情绪,不是把孩子当作情绪的垃圾桶,你要传达给孩子的,是人的情绪是各种各样的,而我们有能力和各种情绪和谐相处,把自己调节到平和的状态。

利用玩偶进行情绪教养

选择一个孩子最喜欢的玩偶,比如布朗熊。选择四个小篮子,分别贴着"快乐""难过""害怕""生气"四张纸片。和孩子一起为布朗熊设置不同的情境,然后让孩子选择布朗熊的心情。

比如, 妈妈说:"布朗熊在幼儿园好不容易搭好的积木,被别的小朋友推倒了。"孩子就说:"布朗熊这个时候很生气。"然后就把布朗熊放在生气的篮子里。

通过这样的角色代入游戏,让孩子知道不同的情境,可能会引发不同的情绪感受。

通过画画进行情绪教养

你可以引导孩子每天绘制心情卡片, 让孩子自己任意创作,把当天的心情画出来,在家里放一个陈列区。这都是识别和疏解情绪非常好的途径。

利用绘本做情绪教养

市面上还有很多情绪绘本,可以买一些和孩子一起看。看完之后,可以让孩子画下主角的心情,也可以引导孩子说一说自己的感受:如果你是这个主角,你会有什么感受,你会怎么说,怎么做?

今日作业

如果你有 3~6 岁的孩子,可以试试和孩子一起进行情绪管理训练的游戏,然后分享一下你的感受和孩子的感受。

007 如何用游戏进行情绪教养（6 岁以上）

这一节，我们把上一节分享的游戏升级。这些游戏，适用于6 岁以上的所有人群。

"照镜子 + 看照片"游戏的升级版

陈述感觉练习：全家坐在一起，2~10 人都可以。收集一些人像照片，描述人脸所展现出的情绪，并解释如何判断这个人的感受。比如，家长写出一个词"沮丧"，问大家：曾经有没有感到过沮丧？如果有人说有，就继续问：你沮丧时的感觉是什么样的？有人可能会说疲劳困惑，不能好好思考、焦虑，等等。

再比如，可以写上"愤怒"，可以问：你在什么情况下会被激怒？或者，妈妈在什么情况下会被激怒？

接着出示人像照片，每张脸表现基本情绪的一种，比如高兴、悲伤、愤怒、惊讶、恐惧或者厌恶，每种情绪下描述出相应的面部肌肉活动，比如恐惧的时候嘴巴张大向后收缩，眼睛睁大，内眼角朝上，眉毛挑起拧在一起，额头中间出现皱纹。

然后孩子模仿图像，按照面部肌肉的指引做出相应的表情。

这种训练的价值在于，有些孩子常常大动肝火，原因在于他们把中性的信息和表情误解为是恶意的，因而反应过度。还有一些人无法区分愤怒、焦虑和饥饿感的差别，就容易出现压力性暴饮暴食等饮食障碍。

寻找"他的感觉"游戏：放置一些写有情绪关键词的图卡，内容可以丰富一些，提升情绪颗粒度训练难度。一群人围一圈，按照固定的顺序轮流发言。顺时针或逆时针都可以，发言人猜身边这个人是什么情绪。

比如，妈妈第一个说："坐在我旁边的是爸爸，爸爸今天的心情可能是生气，因为他的脸上阴沉沉的，因为他上班的时候遭遇到了不公平待遇。"

爸爸随之要给予反馈："妈妈说得对，我确实觉得很生气。"

也可能，妈妈说："爸爸今天的心情很平静。"但是爸爸的反馈是说："不，我只是努力使自己看起来很平静，实际上我今天很生气，因为我上班的时候无缘无故被领导批评了。"

通过这种猜测他人感觉的简单游戏，孩子会学到一件事情，就是如果想知道别人到底是什么情绪，一个很简单的方法，就是看表情。比如，表情看上去在笑，可能他的心情就是开心的。可是很多时候，孩子会发现，别人表现出来的样子，未必是他真实的感受。

在这个猜测与反馈的过程中，孩子慢慢就会体会到，人似乎是有"表面情绪"跟"真实感受"的，而且表面情绪跟真实感受有时候未必一致。

孩子还会意识到，"感受"与"行为"是有区别的，每种感受都是有原因的。

如果你反复多次跟孩子玩这个简单游戏，你的孩子就会变得越来越会去留意周围的人正在经历什么、感受什么。你会发现，玩到后来，孩子在猜人的感受的时候，越来越不依赖脸上的表情,而是越来越依赖他对别人真实的观察和了解。而这个能力,正是孩子以后要在社会上跟人相处非常重要的能力。

情绪图卡

玩一段时间之后,你接下来就可以用情绪图卡玩"抽卡 +谈经历"的游戏了。

还是高兴、生气、愤怒、害怕这四张图卡,这次把图卡面朝下,然后一人随机抽一张,抽到的人就要根据抽到的图卡内容去说一个"我最……的经验"。比如说你抽到高兴,那你就要说一个"我最高兴的经验"。

如果你的孩子心智发育水平比较高,也可以提升难度,可以多做几张卡片,卡上最好是表情和文字都有。分别列出悲伤、担忧、兴奋、幸福、沮丧等各种感受,再次随机抽取、陈述。问题的问法是"你沮丧的感受是什么样的?""什么事情会令你沮丧?""你愤怒时的感受是什么样的?""什么情况下你会愤怒?"

你跟孩子玩这个游戏的时候会发现,你会听到很多秘密,很多原来不知道的孩子或家人正在经历或曾经经历的事情。而孩子述说的过程,就是在进行情绪调节了。

团体游戏

如果有几个孩子和家长聚在一起,不知道玩些什么的时候,可以一起玩这个游戏。

我曾经给不少孩子做过情绪管理训练,他们都可以借助这个工具把自己内心的担忧、压力、愤怒表达出来。尤其是孩子们在一起的时候，可以每一轮由一个孩子抽取卡片，然后大家轮流说。比如，一个孩子抽到的是"难过"，他就说令他难过的事情，随后每个人都说让自己难过的事情。家长也坐在一起，一起交流，大家一起分享让自己难过的事情。

这个游戏会让孩子亲身感到，原来每个人都有不同的情绪，也都有难受的时候。不是只有他一个人会难过、会痛苦、会愤怒。引导者还可以接着问："当你们难过的时候，你们是怎么样才能变得不难过的呢？"这就是引导孩子往解决问题的策略上去想了。他们会领悟出，情绪原来是可以调节的。

SOCS 游戏

这是"利用玩偶进行情绪教养"的升级版。首先可以假设布朗熊遇到了什么情境？以及他对此的感受，其次要思考解决问题的各种方案及其后果，最后选择并实施其中的一个方案。

比如，情景是布朗熊的积木被人推倒了，第一步是说出情景及感受。孩子可能会说："布朗熊很生气。"这个时候要引导孩子，问问他："布朗熊可以做出哪几种选择？"

孩子可能会说："他可以打那个孩子！骂那个孩子！"或者说："告诉妈妈，告诉老师。"然后继续引导孩子去思考每种方案的解决后果。比如说如果去打那个孩子，结果会怎么样呢？孩子会说，"我可能打不过他，反而被他打了。"也可能会说："不能把他打坏了，不然咱家还得给他治伤。"然后你引导："这是个好办法吗？"如此多次，最终选择一个孩子认为合理的办法。

情绪数字与情绪画

每天做情绪练习,放学回家,在 0~10 之间选一个数字。可以由孩子来设置规则:可以 0 是特别不开心,或 10 是特别不开心。每天互相交流当天的情绪情况。比如说你告诉孩子:"今天我的心情是 2,比较不开心,因为今天被领导批评了,觉得很委屈……"

不要小瞧这种情绪游戏,因为我们经常会识别不到自己的情绪,而当我们有知觉的时候,它已经泛滥决堤,变得一发不可收拾了。这样的游戏可以引导孩子,知道人的情绪本身就是有晴有阴。他会对人有更深的同理心。

同理心是与人交往的核心能力。当一个人可以察觉到别人的难处,体察到别人脆弱的时候,他就没有那么容易被别人激怒。

可以画出每天的情绪画,把原因和情景都画出来,把解决方案也画出来。这本身就是一种情绪识别和情绪疗愈。

利用绘本或图书进行情绪教养

读完绘本,除了和孩子交流感受之外,还可以设置更多问题。比如,如果让你把故事继续往下编,你会怎么做?故事的主人公获得了哪些品质,在以后的生活中,他还会遇到什么?他分别是怎么处理的?

今日作业

在冰箱上挂一个情绪阴晴表,约定如果谁心情不好,需要家人的安慰,可以在冰箱上贴一盏红灯,向家人"呼救":我需要家人向我传递正能量啦!

008 哪些话一说,孩子的心扉就向你关闭了

你家里有没有发生过这样的对话?

"妈妈你根本就不了解我,就知道天天说我!"

"我哪儿天天说你了,还不是因为你做得不好,我才会说你。我是你妈,才会管你,我咋不去管别人呢?"

可怕的暴力性语言

上过我课的朋友,好多人都会向我反馈,以前从来没有反思过,作为家长有那么多的失误。许多父母都会在不知不觉中对孩子使用了暴力性的语言,遗憾的是,很多家长却不能察觉到这种行为会给孩子带来内心伤害,最终导致孩子和父母说话的时候战战兢兢,直到他们长大,和父母疏远,甚至于长大之后不懂得怎样和人相处,失去了幸福的能力。当然,世上没有完美的父母,我本人也有过和孩子发火的时候。不要因此焦虑,只要慢慢觉察,慢慢改变,就会越来越好。

你可能会觉得:"我说的都是身为父母该说的话,我对他,可比我小时经历的待遇好太多了。孩子竟然有伤害,那是他太敏感和太较真了。"

但是,孩子没有无缘无故的生气,也没有无缘无故的疏远,如果你发现孩子和你的相处有疏远,那就必须要重新审视一下

你和孩子的沟通习惯了。

以下这些话，只要你说了，孩子的心扉就会向你关闭，在和孩子沟通的时候，一定要高度警惕。

轻蔑式对话

"你真是猪脑子！""我看你根本不是学习的料！""就凭你？""我说你醒醒吧！"这都是典型的轻蔑性语言，取笑和讽刺孩子，孩子会感到强烈的愤怒和伤害。更何况说出这种话的人，竟是自己的父母。

有的时候，你可能一句话也不说，同样会让孩子感觉到深深的被侮辱感。翘起嘴角一撇，冷冷一笑，或者斜着眼睛上下打量对方，这些肢体语言都清晰地传达着一种信号："哎哟喂，还不赶紧拿镜子照照你自己。"

轻蔑在人际关系中是一种毒性很大的行为，有学者将它比喻成对人泼洒盐酸，具有很强的"腐蚀性"。

非难式对话

"你怎么总是这副模样？"

不知道你家里有没有这样的情况，孩子盯着电脑打游戏，刚开始你还会好好说："哎呀，别玩游戏啦，去写作业吧。"孩子说："哦，知道了。"但却一动不动，继续打游戏，最后，家长终于忍不住发火："你怎么天天这个样子，你看看人家，别人全都好好学习，你也不看看什么时候了，还吊儿郎当的就知道玩，为什么说好话时听不进去,非得天天跟你吼?"

如果只是对某件小事情表示不满,算是发牢骚,如果不断升级到对方的人品和性格,那就属于非难了。

听过我非暴力沟通课的朋友都知道,"总是"这样的话,是典型的评论性语言,而我们在纠正孩子行为的时候,更多是要基于实际情况去和孩子沟通。

孩子原本是想玩会儿游戏就去写作业的,如果听到这样的话,可能会产生顶撞心理,故意坐在电脑前不离开,以此向父母示威。

家长说这样的话,原意是让孩子反省自己的错误,并且及时改正,但是这种非难越是加重,就会越来越让孩子逆反。

推卸式对话

比如,孩子受到批评后伤心哭泣,家长总要忍不住说一句,"我这么说你,还不都是为了你好?""我都是因为担心你才这样的。""你要是能让我省点心,我至于天天这么费劲吗?"有的甚至会说,"我怎么这么倒霉,生了你这个孩子,我简直受不了了。"

这类家长把所有问题的矛头都指向孩子。他们说这些话的出发点,是希望孩子能学好,但是对孩子来说,他们决不能从这些绝情的"谆谆教导"中体会到父母对自己的关心,也不能体会到父母的良苦用心,而只会觉得,家长就知道动嘴皮子,假惺惺关心自己;还有的孩子会极端地认为,所有问题的原因真的都在于自己,于是陷入到自责之中,渐渐关闭心灵之门。

每个孩子内心都会有天然不安的感觉,遭遇到什么坏事情,都会认为是自己的过错,所以当他们看到爸爸妈妈争吵,心里会想,是不是自己不乖,爸爸妈妈才会这样;妈妈冲别人发火,孩子也会想是不是自己不好,才惹妈妈生气。如果孩子本来就有自责感,家长再加几句指责,无异于火上浇油。

命令 + 训斥

"赶紧给我住手!""你给我好好写作业!"没有人喜欢在命令和训斥中去做事情。无论是物质奖励的刺激,还是命令训斥的鞭策,都只能从外部去引导人的行为。只有发自内心的尊重、接纳和欣赏,才能激发孩子想要变得更好的力量。

沟通的正确方式

先学会倾听。"哦。原来是这样啊。""然后呢?"听孩子说话的时候,放下手机,温柔地注视孩子。多用这些回应性的语言,他就会感受到你在倾听。

接纳与包容。不要对孩子的观点急于评论,更不要否定孩子的感受。不要说:"这有什么值得生气的?""这点儿破事儿有什么大不了的?"孩子的一切情绪都有它的源头,自有其道理,要先接纳包容。切记先有连接才有改变,先共情,再共理。

语调要温柔。尽量温柔地和孩子讲话,不要动不动音调就高了八度。你可以在愤怒的时候照照镜子,看看自己的样子;你也可以试着录下自己愤怒的声音,听一听它多么有"杀伤力"。

好感和尊重。平时多关注孩子的优点和进步,关注到他为了变得更好而付出的努力,并及时鼓励他。这些都是爱的滋养,都是在往他的人生账户上不断充值。当他遇到需要从人生账户上支出的时候,他才有足够的力量来支撑。

温暖有爱的家庭氛围,需要家长和孩子共同努力。

今日作业

列出孩子的优点清单,要求列出 30 条以上。如果有条件,贴到家里的各个地方。尤其是在你最容易和孩子发火的地点,一定要贴上一张。这样你就可以全面客观地评价你的孩子,不会因为一点儿小事不合你意,就瞬间暴怒,全盘否定。

如果你是和孩子一起进行情绪教养训练,可以请孩子也列出父母的优点清单。孩子不会写字,可以画出来,也可以口述,父母执笔。

009 怎么教孩子控制愤怒

有家长咨询我:"琴琴老师,我儿子9岁多,读四年级。学习成绩很好,爱读书,知识面也广。但有个非常头疼的问题,这孩子'人小脾气大',动不动就爱发脾气。只要稍有不顺心的事,他就很难控制自己的情绪,总要拿哪个人或哪件东西来出出气。考试没考好就把卷子撕个粉碎,还怪老师出题太难太偏,弄得他做不出来;学自行车摔一跤,他就生自行车的气,使劲拿脚踢车子;上课迟到受批评,他回家后拿妈妈出气,怪妈妈没有早一点叫他起床;在学校,因为同桌不小心碰掉了他的铅笔盒,就把人家的鼻子打出血了。老师经常告状说,孩子在学校时不时因为小事和班上的同学大打出手,班上很多同学都怕他,都说,如果他不发脾气,都愿意和他玩,但是总是会害怕,觉得他就像一颗炸弹,说不定什么时候就爆炸了。"

控制自己情绪的三个叮嘱

一是孩子发火,你不能发火。否则,你用自己暴怒的方法告诉孩子不能暴怒,这本身就是荒谬的。孩子更容易模仿家长的动作而不是听从语言指示。孩子出现极端情绪的时候,恰恰是你对他进行安抚和引导的最好时机。所以你不要把它当成孩子对你的一种冒犯,而是把它视为你能成为更好的家长的一个大好时机。

二是愤怒不一定是坏东西,愤怒的情绪有时候可以保护我们。愤怒只是表面现象,其下隐藏着孤独、寂寞、悲伤、自我厌恶、不安等无法表露出来的情绪。孩子的愤怒不一定是有意惹你生气,而是他自己内心失去平衡的一种无助的状态。

三是信任孩子,和孩子约定,你会陪伴着他一起来解决问题,使自己变得更好。

日常练习情绪的识别与表达

经常带着孩子做"情绪图卡 + 陈述",以及"情绪数字"的练习。将这些情绪在平时疏导出来,是控制愤怒的治本之策。日常做情绪练习,也可以提升孩子的同理心,扩展他的人生格局。一个真正对人有理解力的人,绝对不会是一个易于被激怒的人。

和孩子约定,如何缓解愤怒情绪

可以在遵照"爱护自己,爱护他人,爱护物品"三个原则的框架之下,由他任意选择发泄的方式。

在家里开辟一个"冷静角"

这是一个冷静的地方, 在这里绝对不能对亲人乱发脾气了。要知道,当孩子乱发脾气的时候,我们只是对他喊"冷静下来",基本上不太会有什么作用。我们可以对孩子说,有一种"坏脾气妖精",当孩子开始发脾气的时候,就对他解释说:"坏脾气妖精就要来了,他现在正在把你变成坏脾气小孩,让我们一起把坏脾气妖精赶走吧!"这个"冷静角"就是对付坏脾气妖精的法宝。你们可以选择阳台的角落布置一下,如果孩子选择的发泄方式是去击打抱枕或者沙袋,也可以放在冷静角。还可以放上孩子喜欢的书籍或者其他物品。你甚至可以和孩子一起,为这里取一个更温馨浪漫的名字。而且这个冷静角不只是孩子用,你和你的伴侣,当言语间出现争执的苗头时,一个人或者两个人就默契地去"冷静角"里缓冲一下。

冲动控制练习

可以选择最近一次孩子情绪失控甚至和他人动手的情境,和孩子一起探讨,除了动手,他还有哪些可能的处理方法?这个环节千万千万要注意,不管孩子说哪种处理方法,都不要做出评判,只管倾听就好。

冲动控制的训练,可以制作红灯、黄灯和绿灯,跟孩子做"停车灯"游戏。也就是六步方法的练习。

红灯:

1.叫停,保持平静,三思后行。

黄灯:

2.说出问题和他的感受。

3.设定一个积极的目标。

4.想出多种解决办法。

5.预测每种解决办法的后果。

绿灯：

6.继续，尝试最佳方案。

比如，孩子在学校特别容易和他人起冲突，总是控制不住情绪，和其他同学动手。

这个游戏最好的实现方法就是角色扮演。一家三口，由爸爸来扮演和孩子起冲突的同学，孩子扮演自己，把冲突的发生过程演练一遍。先请孩子谈谈感受。妈妈和爸爸也谈谈感受。

下一轮，孩子和爸爸互换角色，爸爸来扮演孩子，孩子来扮演被他动手打的那个同学，再请孩子谈谈感受。妈妈和爸爸也谈谈感受。

第三轮，在冲突的时候叫停，然后再按照刚才的，红灯、黄灯、绿灯的六步方法，由孩子来选择其中一种最佳方案。演练一下选择这种方案的具体操作，再来谈感受。

经过这样的训练，孩子可以学会按照具体的步骤，谨慎克制地应对那些遭遇挑衅的时刻。

面对孩子暴怒的万能招式

孩子处于暴怒之中，应该怎么办？

第一步，接纳与共情。"宝贝，妈妈知道你生气了。妈妈能理解，这事是挺让人气愤的。"

第二步，引导。"你看，要不要去冷静角休息一下？"

第三步，陪伴。告诉孩子："如果你需要陪伴，妈妈和你一起去。如果你需要自己冷静，妈妈就在客厅，当你需要妈妈的时候，随时可以来找我或者叫我。"

　　这里教你一个万能招式：蹲在孩子面前，看着他，温柔平静地说："宝贝，妈妈需要一个拥抱。"记住，不是"孩子需要一个拥抱"，而是"妈妈需要一个拥抱"。

　　每个人都乐于给予，当孩子感受到被你需要的时候，他自然就会冷静下来。

　　同时你一定要为他做好控制情绪的榜样，如果你嘴上在教孩子控制情绪，而实际上采取的方式却是歇斯底里，那教育的效果就瞬间坍塌。

今日作业

　　和全体家庭成员一起商量，在家里开辟一个"冷静角"。如果你愿意，可以把你家冷静角的图片发给我，跟千千万万的读者一起交流。

010 怎样教出乐观自信的孩子:防止"习得性无助"

你家孩子有过这样的表现吗?

拒绝接受挑战,明明自己能做到的事情,也不敢尝试,总是说"我不行";

表现得没有热情,好像对什么事情都提不起兴趣;

唯唯诺诺,在他人侵犯到自己合法权益的时候也不敢反抗,逆来顺受。

警惕孩子的自我效能感不足

这些都是孩子性格软弱悲观的表现,软弱悲观性格将会严重影响到孩子长大后的生活和事业发展。悲观者较之乐观者,有以下三个方面的表现:

1.他们时常容易沮丧;

2.他们在学校、工作及球场上所获得的成绩都低于其具有的潜在能力;

3.他们的身体健康情况比乐观者差。

有的孩子自我效能感比较差。美国新行为主义的主要代表人物之一、认知理论之父班杜拉对自我效能感的定义是:"人们对自身能否利用所拥有的技能去完成某项工作行为的自信程度。"自我效能感差表现为做事畏首畏尾,明明在自己能力范围内的事情也不敢去尝试。

爸爸妈妈在孩子小时候发现有这样的苗头,要及时引导孩子,培养孩子积极乐观、开朗大方的性格。

怎么发现这样的苗头呢?如果你不是很敏锐,那我教你一个相对简单的方法,就是听孩子说话,如果他总是说"反正",那你就要警惕了。

如果孩子说,反正我也做不到,反正我怎么努力你都这么看我,他就很可能有"习得性无助"的征兆了。

我不是在激发家长的焦虑感,而是在提醒家长要提高警惕,注重对孩子积极乐观品格的培养。

"习得性无助"是 1967 年美国心理学家、"积极心理学之父"塞利格曼在研究动物时提出的,他用狗做了一项经典实验,起初把狗关在笼子里,只要蜂音器一响,就给以难受的电击,狗关在笼子里逃避不了电击,多次实验后,蜂音器一响,在电击前,先把笼门打开,此时狗不但不逃,而且不等电击出现就先倒地开始呻吟和颤抖,本来可以主动地逃避,却绝望地等待痛苦的来临。这就是习得性无助。

在对人类的观察实验中,心理学家也得到了与习得性无助类似的结果。通过细心观察,我们会发现:有时候,正如实验中那条绝望的狗一样,一个人如果在一个问题上出现过失败,他很可能就此在这项工作上放弃努力,甚至还会因此对自身产生怀疑,觉得自己"这也不行,那也不行",整体陷入消极状态,认为自己没有希望,无可救药。

而事实上,此时的我们并不是"真的不行",而是陷入了"习得性无助"的心理状态。这种心理让人们自设樊篱,把失败的原因归结为自身不可改变的因素,放弃继续尝试的勇气和信心。

儿童抑郁的第一类症状就是:抑郁时,他对自己、世界及未来都有个黑暗的影像。他将无望的未来归罪于缺乏能力(我没有能力做好事情,所以任何事情我都不会成功),小小的挫折就好像是不可征服的障碍。

塞利格曼的《教出乐观的孩子》一书影响很大。这本书的核心观点就是:乐观是可以习得的。书中举了一个例子,我们可以对照反思,这样的错误,我们是否也犯过?

你的言行有没有让孩子觉得自己很差

弟弟想要模仿姐姐搭积木,但是姐姐的动作太快了,弟弟赶不上她。每一次将积木推倒的过程都会让这个男孩生气,爸爸看到他很沮丧,就试图安慰他。爸爸这样说:"你做得真好,我觉得你做得太棒了,我喜欢你做的东西,我觉得你是最好的火箭制造家。"但是儿子说:"才不是,我做得很差,我是个笨蛋,从来就没有做对过一件事。"爸爸说:"这不是真的,只要你拿定主意,什么事都能做成。让我帮你做吧,我会帮你做一个能够飞到月球的火箭,它会是世界上最快的火箭,而且它是属于你的。"儿子说:"好吧,帮我做一个,我做的从来都不会成功。"

这位爸爸十分疼爱孩子,而实际上,他在整个过程中犯下了三个错误。

第一,爸爸说的每件事几乎都不是真的;

第二,为了让孩子高兴,他主动帮孩子做了一个现阶段没能力完成的东西。爸爸传达的信息是：当事情发展到不是你所想要的状况时，你就放弃让别人来解救你。为了建立儿子的自信，爸爸反倒教他无助。

第三，也是最严重的错误：这位爸爸没有对儿子解释失败的原因提出反证。我们可以看到，儿子从最糟糕的方面来看待挫折，他不仅坚信这种悲观的原因，并且用消极的方式应对。而爸爸没有意识到这种悲观对于孩子的伤害。

那么怎么防止习得性无助？

挫折教育要适度

现在逆商的概念深入人心，你也一定听说过，需要对孩子进行挫折教育。有的家长认为，在孩子做错事时，狠狠地批评就是挫折教育；有的家长认为，不管对错，多批评少表扬就是培养孩子的心理承受能力；还有的家长对孩子的所有需要都一律回绝，认为这就是不娇惯孩子。诸如此类的还有很多。

一次两次挫折可能不会产生严重的后果，但是反复体验这类情境就会导致孩子习得这种对生活的无助感，从而丧失对生活的热情。

你要为孩子做出乐观的榜样

一个抱怨的人，也会消耗孩子内心的能量。当过多的抱怨充满家庭氛围时，对幼儿会造成无形的压力，觉得生活是可怕的而不是值得热爱的。

成人消极的自我成就归因也会给幼儿带来不良的影响。比如一位家长对孩子诉说自己的命运时,抱怨都是因为家里没钱,没有送礼。

抱怨无用,要想让孩子乐观,你要做终生学习的实践者。

今日作业

写出今天的好事和新鲜事,并且把这件事与你的家人分享,因为好事成双,与家人分享好事,会令你更加积极快乐。

如果你的第一反应是:我的生活里全是坏事,哪有好事儿?那你必须将上面的活动坚持 21 天,看看生活发生了什么变化。

011 怎样教出乐观自信的孩子：给孩子掌控感

抑郁症离我们并不遥远

有学者研究,13 岁的孩子中几乎 1/3 出现过抑郁症状,等到他们高中毕业的时候,几乎有 15% 的人经历过一次抑郁症。

在中国,抑郁症发病率高达 7% 左右,2/3 的患者为女性,其中有 10%~15% 的患者最终可能选择自杀,抑郁症导致的自杀行为是 15 岁至 29 岁人群死亡的第二大原因。

要给孩子掌控感

如果你的孩子现在 1 岁半,他喜欢翻沙发,你会怎么做? 掌控行为,是形成学龄前儿童乐观心态的大炼炉。人类生命的最初两年,使个体具有掌控感的两个重要里程碑行为,就是走路与说话。刚开始走路的婴儿踢开障碍,遇到阻挠,仍然继续前进,这就是可以使他们获得掌控感的经历。

一个妈妈发现 18 个月大的儿子喜欢攀越的挑战,喜欢翻沙发,于是将他带到室外,用旧箱子和枕头盖了一座城堡。妈妈把小木偶藏在城堡的后面,鼓励孩子去寻找。每次孩子翻过城堡找到小木偶的时候,他都会拿着它,伸向妈妈,高兴地说:"找到了,找到了!"

妈妈知道孩子将障碍视为一种挑战来克服,并没有责骂孩子,反而选择分享孩子探险后的骄傲,当孩子达到目的时,她祝贺孩子,然后为他在安全的环境里制造新的挑战。这种做法就是在帮助孩子获得掌控感。

而在上一课中提到的那位父亲,因为孩子做不好火箭手工就要代替他去做,则在剥夺孩子的掌控感,父亲传递的信息是,当事情发展到不是你所想要的状况的时候,你可以放弃,期待别人来解救你。

所以,一定要给孩子掌控感。

分龄养育的掌控感

在婴儿期,父母要及时回应孩子的情感需求,给孩子无条件的爱。一旦孩子具备相应的生活能力之时,则应该在保证安全的前提下,放手让他们去做。

比如,到了相应的年龄就自己吃饭、穿衣、走路,允许他们在一定限度内"探险",这些都是培养他们掌控感的宝贵体验。

而中国的父母,尤其是祖父母、外祖父母,常常抱着爱孩子的出发点,以"孩子还小""孩子动作太慢""怕弄脏"等理由,包办代替孩子做其力所能及的事情,剥夺孩子自己动手、体验掌控感的机会。

殊不知,这样爱孩子的做法,为以后孩子抵御抑郁减少了一道有力的屏障。

孩子大一点,就要让他承担家务。

48岁的大卫,上海人,从小是学霸,大学读的是同济,后来又在加拿大名校滑铁卢大学拿到了工程硕士学位,算是传说中的"别人家孩子"。但是他回国后,一直不肯工作,天天窝在家里,白天睡觉,晚上玩游戏,靠老妈给一点生活费苟活。他老妈丁阿婆已经82岁了,有尿毒症,每周需要三次坐公交车去透析。丁阿婆一个月3500块退休金,医疗费要花2000多,再养活自己和儿子,深感力不从心。她苦劝儿子出去工作,他死活不肯。身心俱疲之下,丁阿婆准备去法院告儿子,让他出赡养费,以此逼迫他工作。但找了律师后发现,就算胜诉,儿子要是依然不肯工作,法院也没办法。丁阿婆无奈撤诉。对于今天的局面,她懊悔不已:"我教育不对,样样包办,他从小样样有现成的,依赖惯了……"

据中国老龄科研中心统计,在城市里,有65%以上的家庭存在"老养小"现象,有30%左右的成年人依靠父母为其支出部分甚至全部生活费。未来,"巨婴啃老"将极大困扰中国父母。

大部分家长还没意识到"教孩子独立"有多重要,还在以爱之名为孩子包办一切,还傻傻地说"别的不用管,你只要学习好就行了",还以为"孩子长大自然就独立了"……一年级,每天都是家长帮忙收拾书包;二年级靠家长帮忙穿衣服;三年级,吃饭还靠奶奶一勺勺喂;四年级还不会系鞋带,有天在学校鞋带开了,自己乱七八糟打了十几个死结。孩子不懂,大人再不懂,孩子如何学会自己撑起一片天?杨绛的父亲说:教育孩子独立,胜过当第一。的确,不独立的孩子,再优秀也很难活得幸福自在。

家务清单

3~4 岁

·丢垃圾·收拾玩具·独立刷牙·叠衣服铺床·擦桌子

5~7 岁

·摆碗筷·收拾餐桌·自己找衣服穿衣服·用完的牙刷、毛巾归位,摆放整齐

·洗水果

一至二年级

·自己整理书包·丢垃圾并按要求分类·扫地·在家长的协助下,整理自己的房间

·上学前独立安排好自己的着装,穿戴整齐·自己清洗手帕、内裤、袜子

三至四年级

·准备菜单·列采购清单·做出行计划·做简单的饭菜·拖地板·照料宠物·把衣物放进洗衣机洗涤

记得教孩子做事情,要学会用明确性的语言,将任务分解。所谓明确性的语言,就是说你的指令不能模糊。比如说,孩子端了一杯水,你不要跟他说:"小心,别洒了!"这就属于模糊性语言,而要明确说:"慢慢走,双手扶着杯子会更稳。"

今日作业

参考家务表,和孩子一起约定一件事情由他自己完成,并

告诉他说:孩子,妈妈爸爸相信你。我要提醒的是,这份家务表上的年龄只是一个参考,具体要根据孩子本身的能力而定。有的孩子可能年龄稍大,但是,动手能力却需要从幼儿级的水平开始培养。我们不要急躁,要给孩子成长的空间,他会进步很快的。

012 如何培养乐观自信的孩子：
教孩子积极的解释风格

假如，孩子有一次数学考试成绩很差，回家后跟你说："哎，我永远也学不好数学了。""我从来没有考好过。""我是我们班最笨的。"

这个时候你会怎么样去回应呢，会不会这样？

"考这么点分，你可真是够笨的。"

或者："没事啊，孩子。这个呀，你就随了我，我以前上学的时候数学就差，看来呀，你也不是这块料啊。"

这两种回应都属于典型的消极解释风格，说孩子笨，或者说孩子数学差是出于遗传，这都是把原因归结于不能改变的因素，很容易让孩子产生无能为力的悲观情绪。

解释风格影响孩子看问题的角度

所谓解释风格，就是对原因的习惯性看法。解释风格从儿时就开始发展，如果不经干预就会保持一生。当孩子解释为什么一件好事或者坏事会发生在自己身上的时候，有三个重要的维度需要注意：永久性、普遍性、个人化。所谓永久性，就是说事情的起因，是不是会始终存在；所谓普遍性，就是说起因是否会产生多种影响；所谓个人化，就是说起因就是我，而不是其他人或其他情况。这些概念都不需要记住,理解如下的例子即可。

首先说永久性。容易抑郁的孩子会认为坏事件发生在他身上的原因是会永久存在的,所以坏事会不断发生;而乐观的孩子则会相信,导致坏事发生的原因只是暂时的。

这个可能有点抽象,下面我举一些例子。

你今天有重要的事情要处理,早晨一出门,发现竟然下雨了。

如果你的想法是:"哎,我总是这么倒霉,一有大事儿,老天爷都给我添乱。"

你注意到了吗?这句话里有一个关键词叫"总是",这是一个典型的永久性评价,而且是一个永久性的负面评价,就是认为自己总是很倒霉。

比如说一个孩子,刚刚转学到一个新的班级,他没有朋友。

偏向抑郁的永久性的解释方法,就是:"永远没有人会和我做朋友。"

乐观的暂时性的解释方法,就会认为:"我刚来,交朋友需要一点时间。"

面对一件好事,悲观的孩子会用暂时性的方法去解释。比如,爸爸花时间陪我,是因为他最近心情好。乐观的孩子则会用永久性的思维去解释,他会认为"爸爸最喜欢和我在一起,爸爸最爱我"。

悲观的孩子会认为坏事来自自身个性上的缺点,乐观的孩子则认为坏事是短暂的、是可以改变的状态。

对于普遍性的理解,我们同样举例说明。

学校通过举办论文竞赛的方式,选取学生代表。两个学生都认真写文章,却同时落选了,而他们的解释方法有很大的不同。小花说："我是一个失败的人，我如此努力，结果还是输了，我就是不行，我从来没有一件事情顺利。"这就是把失败的原因归结为普遍性。小草则说："我想我不是一个好的写作者，但我尽力去做了，但还是有其他人的作品比我好。"我们看到，她把失败的原因，归结为局部的原因，是因为她写的不如其他同学好。

有的孩子即使遇到困难，生活的某一部分出了问题，他依然有能力继续他的生活；而有的孩子一旦遇到了困难，他的生活就好像积木一样，拿走了一小块，就整个坍塌了。

当坏事发生的时候，孩子有可能会怪罪自己，这就是内部归因，也可能会怪罪其他人和环境，这就是外部归因。

这一点上我必须要说明，我绝对不是教导孩子，所有不好的事情都是外部归因的，跟他自己没关系。

我们的目标是：

第一，教导孩子正确地看待自己，当错在他们的时候，他们负起责任，并且尽力修正。

第二，当问题与他们无关的时候，也告诉他们，他们还是有自己的价值。生活中很多抑郁的儿童和成人，不管事情是不是他们的错，他们都会怪罪自己，并且觉得愧疚。

我们到底该怎样批评孩子呢

批评孩子的时候，容易使孩子陷入消极解释风格。但必要的批评又是孩子成长路上所必须的。所以，在批评孩子时，要特别注意方式方法。

第一，要准确，具体什么行为错了就批评什么行为，不要上纲上线。

第二，运用乐观的解释风格。任何时候，当你发现孩子有错的时候，请着重于特定的及暂时性的个人原因，避免去责怪孩子的个性和能力。

我们举例来说明。十岁的小娜有一个三岁的弟弟，妈妈带他们去动物园，从上车开始，小娜就不停地和弟弟捣蛋，捉弄他，恐吓他。小娜平时很少这样捣蛋，妈妈心里很不高兴。

假如妈妈这样批评她："小娜，我真是烦死了，你为什么总是这么调皮，一点儿也不懂得替妈妈分担。你是姐姐，你应该照顾弟弟才对。每一次带你出来玩，你都要惹是生非，弄得大家不高兴。"

像这样的批评，被定性为"一个顽皮的小孩"，被指责"总是破坏妈妈的计划"，这些都是永久性的，不能改变的。孩子接收到这些信息，就容易感觉："我是个很坏的人，我总是搞坏妈妈的事情。"甚至会想："我应该离家出走，家里没有我会比较好。"

于是妈妈说了下面这番话："小娜不准再捉弄弟弟了，你今天是怎么了？你一向是个好姐姐，可是你今天一点都不友好，我要你向弟弟道歉，知道了吗？"

妈妈指出了，女儿要对自己的行为负责，而且指出了暂时的行为问题，说"你今天是怎么了"，并且肯定她一向是个好姐姐。

这就是运用乐观解释风格批评孩子的正面例子。

和孩子沟通的法则

1.肯定孩子的努力，而不是天赋。

2.批评孩子的行为,而不是品格。

3.批评孩子,沉稳有力的低声比高声怒骂效果好。

4.不贴标签,不翻旧账。

5.拒绝孩子的无理要求,要温柔而坚定。

今日作业

孩子有一次考试,数学成绩很差,回家后就跟你说:"哎,我永远也学不好数学了。""我从来没有考好过。""我是我们班最笨的。"学完这几天课程,你会如何回应呢?

013　怎样教出温暖感恩的孩子：
　　　如何培养孩子的同理心

在你家里有没有过这样的对话？

"你这孩子怎么那么不懂事，说什么都不听！"

"说 800 遍也不听！让你写个作业，跟害你一样！"

"妈妈这么辛苦，你怎么一点儿也不知道心疼妈妈？"

如果你的家里，这样的对话是常态，恐怕就应该反思你和孩子之间同理心的教育。

什么是同理心

在心理学中，同理心是一项重要的技能，它直接影响个体与外界的融洽关系。

同理心是指人们在人际交往的过程中，能够主动体会到他人的情绪和想法，能够站在他人的立场和感受上看待问题、处理问题的能力。简单地说，同理心就是从对方的角度设身处地思考问题的一种方式。同理心和同情心是不一样的，同情心是对别人的遭遇会感到同情，但并不一定能体会到和别人一样的感受。

有同理心的人，他们更善于调节情绪，更受人欢迎，更加开朗，与同伴的关系也会更加亲密。缺失同理心，会带来严重的后果,很多反社会人格的人,实施极端暴力犯罪的人身上就看不到同理心。当然,这样的人是极少数,更多的是同理心还不够理想的人群。

人们天生是有同理心的。在婴儿期,如果一个婴儿听到别的婴儿在哭,他们也会感觉到不安,有人把这种反应就看作是同理心的萌芽。在出生几个月以后,婴儿对周围人的不安,就会作出反应,好像是自己遇到了不安一样。很多孩子看到别的孩子流泪,自己也会哭。还有学者研究发现,一岁大的孩子会把自己的妈妈叫过来,安慰哭泣的小伙伴儿,而没有意识到小伙伴儿的妈妈此刻也在房间里。如果看到别的宝宝手指头受伤了,他们也可能会把自己的手指放到嘴里,看看自己是不是也受伤了,孩子的这种行为叫作动作模仿。两岁多的时候,孩子不再有动作模仿的现象,但会意识到,他人的痛苦和自己的痛苦是不一样的,而且能够更好地安慰别人,比如看到小伙伴儿哭了,会有孩子走过去,想给一些好吃的或好玩的去安慰他。

但正是在这个阶段,孩子的同理心开始出现差距了,有的对别人的感受很敏锐,而有的就会迟钝一些。

为什么会造成这种情况呢?学者研究发现,同理心之所以会出现差异,主要是与父母怎么去约束孩子有关。

幼儿期的同理心培养,需要父母和其他照管人对婴幼儿的情绪有回应。曾经有一个著名的实验,要求妈妈故意对宝宝的行为毫无反应,结果宝宝们变得绝望和感觉困扰。如果父母对于孩子的各种特定情绪——比如说他的欢乐,他的泪水,他想需要你拥抱的这种需要——一直都没有表现出同理心,孩子就有可能会出现回避表达,甚至可能不愿意再去感受相同的情绪。因为孩子的本能就会感觉："反正我怎么做,我的妈妈都不会回应我,所以我不要尝试了。"童年期,如果这种训练严重缺失,代价是非常大的。长此以往,他有可能在未来成年之后的亲密关系中,同样也没有这些基本能力的表达。他就会是一个失去了爱的能力的人,没有能力维持一份亲密关系。情绪忽略会削弱同理心,而比这个更可怕的是,强烈持续的情绪虐待,比如说一直活在"威胁人格"、侮辱或者尖酸刻薄的讽刺之中,会导致更加可悲的结果,他们成年之后有可能会情绪紧张,喜怒无常。

说这些不是为了让读者更加焦虑,我一直以来的主张都是,做正确的事情,什么时候开始都不晚。

引导孩子对自己的情绪有认知

要引导孩子对自己的情绪有认知。同理心的基础是需要对自己的情绪有认知。如果一个人没有办法接受他人的感受,这就是情绪智力的一个重大缺陷,会成为以后人生道路上很大的阻力。坚持反复做之前课程中教的情绪游戏,非常有利于同理心的培养。

对话中体现出自己的同理心。这点正是许多家长意识不到的,也是之前的课程一直都在强调的理念。只有在尊重和接纳的环境下成长起来的孩子,才会产生健康的同理心。

如果你实在不知道怎么做才是正确地接纳孩子,我教你一个方法,叫作"镜面反射法"。简单地说,就像照镜子一样,孩子说什么你就把他的语言反射一遍。比如孩子回家气呼呼地向你抱怨："老师真是太偏心了。"这时候你不要急着去否定他，"你怎么能这么说呢？你不看看，肯定是你自己没做好，怎么能抱怨老师呢？"而是首先要"镜面反射"："哦？你们老师偏心吗？"

如果孩子回家就跟你说："我真是气死了。"你就先跟他说："哦，你看起来真的是很生气。"不要急着去问他为什么，更不要急着去批评和否定他。如果他感觉自己是被接纳的，很多时候就会懂得反思，即便他不懂，等他情绪安定下来，你再去和他谈，他就可以听得进去话，不然，孩子面对你的时候，整个心门都是关闭的，听不进去你讲的任何道理。

引导孩子了解他人的情绪和感受

1.自己有各种情绪，不管是开心还是不开心，或者身体不舒服，都要和孩子交流。当然，你不要一直抱怨，把孩子当成情绪垃圾桶。

尤其是有意识地和他交流，他做了什么，会给你带来什么样的感受。比如你身体不舒服，孩子帮你倒一杯水。你就告诉他："你帮妈妈倒水，懂得关心妈妈，妈妈觉得特别幸福。"

2.批评孩子的时候，从同理心角度告诉他这样做的后果，而不是干巴巴地说"不要""不行"。

比如说，孩子玩耍的时候，把水弄到了别人身上，如果你告诉他："你不能这样做。""你太淘气了。"这是无助于增强他的同理心的。如果你告诉他说："你看你这样别人会冷，看看你的行为让他多么难受。"这样既告诉了孩子他行为所带来的后果，又给他一次提升同理心的机会，而不是直接去禁止他，或者给它贴上一个"淘气"的标签。

3.读绘本、看动画片之类的时候,针对情节,多与孩子探讨:你觉得某某会怎么想,怎么做?

4.角色扮演游戏也非常有助于同理心。小时候玩的"过家家"游戏,其实就是一种角色扮演,小朋友通过扮演妈妈,就会试图从妈妈的角度去看问题。

今日作业

孩子和其他小伙伴在一起,经常打闹,有时候下手没轻重。你该怎么和他谈,才可以培养同理心的教育呢?

014 怎样教出温暖感恩的孩子：
如何培养孩子的感恩心

听到这样的新闻,你会做何感想？

在日本留学五年的汪佳晶,从未打工赚钱,生活费全靠母亲每个月 7000 元的收入维持。但是,他从没有觉得母亲是辛苦的。他心安理得地享受着这一切。最后一次,妈妈实在拿不出钱来了,气急败坏的他在机场对前来迎接的妈妈连捅九刀。面对审判,他说:"我觉得她有钱,她就是在骗我。"

那些把父母的付出当作理所当然的孩子,永远只会用各种借口作为向父母索取的筹码。

你见过这样的孩子吗

孩子吃饭的时候自己先上桌,看到喜欢的菜就去夹,甚至用手去拿,完全不管别人;从来不知道体谅爸妈辛苦,反而会抱怨自家房子不够大,车不够好。虽然我们生孩子不是为了求他们的回报,可是肯定希望孩子能够体谅到我们的辛苦,现在能够懂得心疼,到老的时候可以享受到孩子的爱。

学会"感恩",对于现在的孩子来说尤其重要。因为,现在很多孩子都是家庭的中心,他们心中只有自己,没有别人。要让他们学会"感恩",其实是让他们学会懂得尊重他人。

当孩子们感谢他人的善行时,第一反应常常是今后自己也应该这样做,这就给孩子一种行为上的暗示,让他们从小知道爱别人、帮助别人。

怎么做才能让孩子有感恩之心呢?

自己懂得感恩

你希望孩子是什么样的人,你自己首先要成为什么样的人。你自己要学会懂得去感恩。真正懂得感恩的人,基本上没有抱怨,他对自己所拥有的一切,充满着感恩。即使遇到挫折,也会看到生命中的温暖。

和孩子共同分享情绪

大多数家长都不懂得和孩子一起分享情绪,其实不但是情绪,很多人甚至连身体上的不舒服,都不愿意和孩子一起分享。这样造成的后果,就是很多妈妈强忍着身体上的难受,一如既往地为丈夫和孩子做饭,但是孩子却一点儿都不体谅。妈妈觉得特别委屈,这种委屈积累到一定程度,就会因为一点儿小事而爆发出来。

很多时候,你的辛苦不讲出来,而一味期待别人自动感知到,着实有点强人所难。你怀着期待,而家里的其他成员却很难能够感觉得到你的期待,更难回应你的期待,即便回应了,也可能和你所期望的不一样。总之,你很容易就会陷入失望,心里会有委屈,然后就会有抱怨。家庭成员也会觉得委屈,家庭氛围就陷入一个恶性循环。

你要学着明确表达你的情绪，明确提出你的要求，你需要家庭成员怎么去对待你。这是在进行爱的训练，过一段时间，家人就会越来越默契。

让孩子参与到感恩行动中来

比如，逢年过节，你对于自己的父母和其他对你有帮助的长辈，一般都会准备一些礼物。这时候可以让孩子参与进来，一边准备礼物，一边对他讲，小时候，这位长辈是怎么关心、影响你的。可以引导孩子制作卡片或者其他小手工，送给关心爱护和帮助他的人。

家里要有感恩仪式

平时，家庭成员之间也要学会习惯说"谢谢"。每天，做饭的人把饭菜端上餐桌，全家人都要向这个人说"谢谢"。你可能会觉得羞于出口，觉得一家人客气什么，甚至被感谢的人还会觉得，哎呀，不用不用，太客气了。但是，这样的小仪式，能把感恩之心潜移默化地传递给孩子。

每个周末，或者隔一周，家人抽出一点时间，全体家庭成员都在一起，首先进行感恩环节，然后再一起做情绪教养的游戏。感恩环节，可以选择一顶可爱的帽子，家庭成员轮流戴上，谁戴上了谁就是被感恩的对象，全家人轮流表达对这位家庭成员的感谢。

刚开始你可能会觉得,挺害羞的,或者会觉得无话可说。但是请你相信我,如果你们家可以坚持这样的仪式,所有的家庭矛盾都会大事化小、小事化了,家庭会变得温馨和睦,其乐融融。

家长还可以引导孩子心怀大爱,做一些力所能及的公益活动。

今日作业

思考一下今年对你帮助最大的人是谁,然后对他(她)说声感谢。建议的格式是这样的:具体事件 + 感恩。比如,"在某件事情中,我本来是如何如何的,您帮了我之后,我得到了哪些进步,真的特别感谢您。"

015 怎样教出温暖感恩的孩子：
教孩子懂得关心人

你一定希望自己的孩子懂得关心你，心疼你，照顾你。

秘诀就是：妈妈要"示弱"，要"偷懒"，孩子就会更加"温暖"。

充分尊重孩子

要想孩子独立、有主见，又能关心人，平时在家一定要尊重孩子。

首先从理念上，要把孩子当成一个有思想、有意识的独立的人。只有如此，孩子内心的责任感才能被充分调动，孩子也会把自己当成有自主行为能力的人与父母合作，这是亲子之间良好沟通的前提。孩子不是需要"对付"的对象，而是一个独立的个体，他值得尊重。我们要学习的，是如何更好地爱他，也教会他如何去爱别人。

其次，要给孩子掌控感。从孩子小的时候，就放手让他做力所能及的事情，不要过分包办。孩子的自信心和责任感，要从生活细节的掌控感中获得。

学会"示弱"

我儿子泥泥今年 10 岁,他是一个非常温暖的孩子。有一次我出差回来,他神秘兮兮地对我说:"妈妈,我给你准备了一件小礼物。"然后,我就看到了这封信。

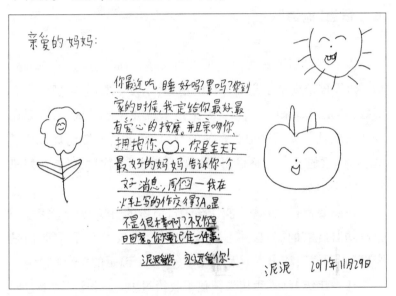

因为体质特殊,我的体能很差,并且很难通过锻炼提升。后来做博士论文又弄得腰椎不适,平时不能负重。泥泥从小就知道妈妈的特点,所以,他会自觉地承担他所能做的事情。

妈妈要懂得"示弱",累就表达出来。不要觉得妈妈在孩子面前表现柔弱的一面会没有面子,而且会给孩子不够坚强的示范。恰恰相反,这样才能更加激发孩子的同理心,能够理解和接纳"每个人都有做不到的事情",更可以激发孩子的内在动力,让孩子更加有担当。

现在,泥泥和我一起出门,重的箱子抢着拿,也时刻帮我关注着安全。如果住宾馆,肯定是他负责关灯,检查房门的安全锁。只要我身体不舒服,他就会去端来温水;我经常腰酸背痛,他还会耐心地帮忙按摩。

适当"偷懒"

需要帮忙就明确提出要求。如果孩子懂得分担,就充分鼓励。如果孩子表示了想要分担的愿望,千万不要说,"哎呀,你弄不好,还是妈妈来吧。"一定要给孩子机会让他尝试,而且要充分地鼓励他。要明确地赞赏他的行为,而不是笼统地赞赏孩子"懂事"。要这么说:"你懂得帮妈妈分担家务,你这么做,让妈妈感觉特别幸福。"

妈妈要懂得"偷懒"。能让孩子自己做的事情,就要放手。一位成功"偷懒"的妈妈,并不是逃避责任,对孩子不管不问,而是"身懒心不懒",该出手时及时出手,是一个温暖的"导师"。

从一年级开始,我从未帮孩子收拾过书包。告诉他,书包要每天自己收拾,学习是你自己的事情。虽然到现在他的书包里还是很乱,但是他从上学到现在,基本上没有丢过东西,也没有漏掉过作业。作业是孩子自己的事情,他都能自己管好自己。关于怎么样陪伴孩子写作业,怎么样才能培养孩子学习的自主性,我们后面的课程中都会讲到。

真正信任孩子

其实刚刚说的示弱加偷懒,这不是对付孩子的"套路"。在这些行为的背后,是对孩子真正的信任。有很多的爸爸妈妈,尤其是爷爷、奶奶、姥姥、姥爷,不放心对孩子放手,潜意识里总觉得孩子还小,孩子做不到。

其实只要你了解孩子正常的发育规律,在他力所能及的范围内,完全可以放手。开始阶段不放心,你可以从旁辅助,但是辅助的目的是为了争取早日不再辅助。

对孩子的爱,是一场得体的退出。

我曾经问泥泥:"妈妈正在写一篇文章,写你是怎么成长为这么会关心人的孩子的,想跟其他的爸爸妈妈分享经验。"泥泥说:"因为你从来不对我暴躁,而且给我明智的爱,不溺爱。"

泥泥两岁多的时候,曾经一度几乎丧失交往能力,甚至被怀疑自闭。当时,我的一个重点调整策略就是尽量带他出来,感受着我和朋友们的相处。他做不到和人打招呼问好,我们都理解,他是因为缺乏安全感才会这样。所以没人逼迫孩子"来,问阿姨好",从来没有人说"这孩子怎么这么没礼貌",我也从来不会替孩子解释"我家孩子就是内向"之类的话。不给他过分的关注,给他空间,在他尚未彻底放松的时候,就让他先做一个安静的旁观者。非常感激我的朋友们,他们尊重泥泥的发展特点,都给了他最大程度的宽容和耐心。

沐浴着爱的孩子,自然就会释放爱

亲爱的妈妈们,放下对成为"超人妈妈"的执念,对孩子示个弱,撒个娇,多说几句"妈妈相信你",感受一下被孩子照顾的幸福吧。

今日作业

15 天过去了,自从开始学习,你的孩子有哪些变化,有哪些温暖的瞬间,请你记录下来。

本章参考资料

1.〔美〕约翰·戈特曼,〔韩〕崔成爱,赵碧,《孩子,你的情绪我在乎》,李桂花译,东方出版社,2008 年。

2.〔美〕丹尼尔·戈尔曼(Daniel Goleman),《情商》,杨春晓译,中信出版社,2018 年。

3. 周慕姿,《情绪勒索》,译林出版社,2018 年。

4.〔美〕莉莎·费德曼·巴瑞特(Lisa Feldman Barrett),《情绪》,周芳芳、黄扬名校译,中信出版集团,2019 年。

5.〔美〕马丁·塞利格曼,(Martin,E.P.,Seligman)《真实的幸福》《活出乐观的自己》《认识自己, 接纳自己》《教出乐观的孩子》《持续的幸福》,万卷出版公司,2018 年。

第二章　亲子关系

016 对原生家庭的反思（一）

透彻解析六种类型的原生家庭,教你趟过原生家庭的"坑"。

原生家庭,指的是父母的家庭,即我们从小长大生活的那个家庭。

原生家庭对每个人的一生都非常重要,如果我们在原生家庭里受了伤,倘若缺乏自我觉知能力,不但自己受困一生,这些伤痕很可能会复制到自己的家庭,"遗传"给下一代。

我们作为成年人,即使原生家庭真的带给我们缺失或者伤痕,也不应该再去抱怨原生家庭。我们要学会自我疗愈。从我们这里,阻断伤痕的代际复制,成为一个人格健全、精神明亮的人。

今天首先介绍三种类型:完美主义型、粗暴独裁型、过度溺爱型。

完美主义型

这一类型的家庭,父母用完美主义的眼光,一直要求孩子做超出自己能力的事情。

比如说,要求考试必须得第一名,双百分,或者某项特长必须要达到什么水平。如果做不到,就是"不合格"的孩子,就会被指责,甚至被打骂、羞辱。

在这种家庭里长大的人,情绪时常焦虑,行为容易强迫,语言是"必须要……应该要……",即使做得到,也是焦虑而紧张的;如果做不到,则会自卑沮丧。而且,很可能会对亲密关系伴侣非常苛刻,总是挑剔指责,很少鼓励肯定对方。对方会因感觉不到接纳和爱而非常痛苦,甚至会造成关系的破裂。

疗愈方案:要对自己说几句话:第一,我是可以犯错的;第二,我足够好了;第三,我正在越来越好。

粗暴独裁型

这是一类过度高压的家庭。孩子在这个家庭里,地位是远低于家长的。任何话不允许你说,只有他们才有权力说话。不允许孩子有自己的想法,更不允许反抗。

在这样的家庭模式下,孩子在小的时候,一般都会有相对乖巧的表现。如果孩子天性偏外向,到了青春期,会出现逆反的情况,会和家长有比较"惨烈"的斗争。如果父母继续高压,孩子一味逆反,长大后可能会行为偏差,用固执来保护自己,用来对抗,在独立自主方面会过度反应。如果孩子性格偏内向,会退缩在自己的保护壳里面,严重的,甚至容易失去亲密交往的能力。

疗愈方案:要对自己说几句话:第一,我有得选择,我长大了,可以自己做主;第二,即使害怕也要尝试,我对自己有信心;第三,我为自己的生命负责。

过度溺爱型

武志红说,一般而言,看不得孩子"受苦"的父母,是自己的童年比较苦,他们对此很不甘心,于是有了孩子后,就拼命照顾孩子,发誓不让孩子吃苦。看起来,他们是不让自己现实的孩子吃苦,其实是不想让自己的"内在小孩"吃苦。

溺爱中长大的人容易有一个连锁反应:一是挫折商低,一旦遭遇挫折就容易出现严重的逃避行为,譬如躲在家中不出门;二是躲在家中后,他们的脾气很大,很容易对着父母发脾气,严重的还会对父母拳脚相加。

有一个很著名的溺爱的例子是刘德华的狂热歌迷杨丽娟,但杨丽娟的行为还并不算最疯狂。很多被过度溺爱的人,成了不孝子,常常对父母进行索取,甚至如果父母不答应就拳脚相加。过度溺爱又分为两种:

1.包办型溺爱

父母事事包办代替,不舍得孩子承受一点辛苦。父母总是过分担心、过度焦虑,什么事都不让孩子做,都要帮孩子做。在这样的环境下培养出来的孩子,普遍会尊重父母、尊重别人,也遵守法律和伦理道德,具备爱一个人的情感能力,通常与他人可以建立起亲密的感情连接。但是他们容易缺乏自信心和价值感,认为自己是个没用的人,丧失了自我。

2.放纵型溺爱

会培养出"他人的地狱"和"社会的敌人"。他们的心中只有自己,他们不尊重父母,轻视别人,也无视法律和伦理道德,他们只想肆意妄为。

武志红说:包办型溺爱中,父母将孩子当成了"自我的延伸",孩子成了父母僵化的复制品。而在放纵型溺爱中,父母自愿做孩子的"自我的延伸",他们是孩子的手和脚,心甘情愿地去接受孩子的指挥。在放纵型溺爱的家庭中,孩子是一家之主,而父母却要唯命是从。

被过度溺爱的孩子,是任性的、以自我为中心的,只会从自己的角度看问题。

被溺爱的小孩,内心是空洞的。他们经常用愤怒来控制别人,所以经常愤怒。而且,被过度溺爱的孩子,很多缺乏自制力,成家之后也很难有角色意识,容易成为"巨婴"。

疗愈方案:对于包办型溺爱家庭中成长的人,请对自己说:"我可以。我是有价值的。我不会,我可以学习。什么时候开始学习都不晚。给我一点时间,我可以做到。我要多尝试,慢慢来,都会好的。"而对于放纵型溺爱家庭成长的人,请对自己说:"这个世界并不是我的,不是跟着我转的。人与人之间是有界限的,试着换位思考,培养同理心,多去体验他人的感受。"

今日作业

你曾经反思过原生家庭对你的影响吗？你有什么特别的故事吗？欢迎你来信与我分享。

017 对原生家庭的反思(二)

上一节讲到了完美主义型家庭、粗暴独裁型家庭、过度溺爱型家庭。我要再次强调,了解这些,不是为了让你去抱怨你的父母,而是为了让你自我觉察,反思自己的原生家庭带给自己的烙印,从而明确知道应该怎么去做更好的父母。这节继续分享其他三种典型家庭。

过度惩罚型

这类家庭的父母对孩子十分严苛,尤其是当孩子犯错的时候,惩罚无度。甚至会有虐待性的表现。爸妈一般笃信"棍棒底下出孝子",他们自己也是被打过来的。父母都不是坏人,但无法控制自己的情绪。为了给打孩子找理由,他一定会同时否定、指责孩子:"是你错了,你不好。"

挨打的时候,孩子必须做出内心抉择:"对于这些挨打的理由,我相信还是不相信?"

生命力强的,他们不相信,忍受着身体所受的痛苦,心想爸妈是大坏蛋,太狠毒,会全盘否定父母。同时又要接受他们的抚养,于是内心会有复杂分裂的情感。

大部分孩子遭遇父母严重打骂的时候,会选择"我相信",即使打得比较狠,也比较能够忍受,认为"这样可以消除我已经犯的错。相信了,我就要吸收我爸妈的所有指责,告诉自己,我确实是不好的,我是错的,我是罪有应得的。"

这样会伤害到孩子整个的生命力,会觉得自己是个糟糕的人。长大后,这样的人容易自贬,要他肯定自己、肯定别人,是很难的。这样的孩子其实潜力非常大,他有一股非常强大的生命力,长大后只要把它激发出来,这个人可以成长得很快。

疗愈方案:请你对自己说:第一,要对自己仁慈;第二,做孩子的好父母,接纳自己,无条件接纳自己的全部,我足够好;第三,学着肯定自己,赞美他人。

缺爱疏离型

此类家庭父母太过忙碌,顾不得关心孩子;还有一种情况,家里不止一个孩子。我们关注的,是兄弟姐妹中被忽视的那一个。

在这种家庭中成长的孩子,由于常常被忽略,竞争心是强大的,容易过分争强好胜,以此寻求存在感。外向的人,有时候会说话大声或行为过头,用这些行为来证明"被看见";或做出些不恰当或不符合情境的行为,来唤起别人的注意力。

尤其是父母中与孩子异性的一方,男孩的母亲、女孩的父亲,对孩子未来的婚恋影响更大。比如,女孩子在原生家庭里感受到的爱不足的话,容易轻易被感动,长大后对不合适的爱缺乏辨别和抵御能力,"一块糖就能哄走",甚至陷入与渣男的恋爱。

疗愈方案:你要对自己说:第一,我是足够重要的;第二,我可以爱自己;第三,我是这世上古往今来独一无二的生命,我有自己的美丽。

父母关系恶劣型

有的家庭父母关系恶劣,时常争吵指责,甚至家暴。这里要澄清一个观点。很多人认为,父母离婚对孩子的影响特别不好,甚至会毁掉孩子一生。

科学家综合分析了 67 项关于离婚对孩子影响的研究,结果发现:影响确实有,但并不大。离婚本身对孩子行为和心理的影响都比较小,对成绩影响更小。相反,离婚家庭的孩子之所以容易有心理问题,不是因为离婚本身,而是因为家庭中无休止的争吵。科学家还发现,如果离婚前父母能跟孩子好好谈谈,孩子更容易面对这件事。

这种家庭对孩子影响最大的是亲密感、责任感、安全感。亲密感和安全感缺失的孩子容易走极端。这些都将直接阻碍孩子成年之后建立良好的亲密关系的能力。

另外,假如真的因为各种原因离婚,请务必不要给孩子灌输对方不好的观念。对方再错,那是你们之间的事情,千万不要刻意挑动孩子对父亲或者母亲的仇恨。这对孩子的伤害是不可估量的。

疗愈方案:请你对自己说:第一,爸爸妈妈的关系是他们自己要负责的,不是我的错,我不是拯救者;第二,我不做受害者,我可以重建自己爱的能力。

六种典型的原生家庭已经逐一剖析,你的家庭是哪种呢?

我当然希望你生在一个完美的幸福家庭,但是,事实上,真正完美的家庭几乎是不存在的。即便我们的原生家庭有各种不理想,也不要抱怨父母,父母也是被困住的。

谁都无法选择父母。发给你什么样的牌,你就只能尽量打好它。对于成年人而言,我们不再有资格抱怨父母,而更应该有责任做好自己。

反思自己的原生家庭,可以让你对自己做父母的心态有个认知和觉察。你和孩子的相处模式,是对原生家庭的一种继承,还是反叛?还是决定疗愈自己原生家庭的不完美所带来的负面影响,开始为孩子努力创造一个更好的原生家庭?

今日作业

反思一下自己对待孩子的模式,与原生家庭有没有关联。如果有,你准备怎样改进?

018 认识孩子,因材施教

你有没有发现,孩子之间的个体差异非常大?

有的孩子就喜欢动手做事,而有的则更喜欢读书和表达。

见到陌生人,有的孩子就"自来熟",像是一团热情的小火苗,天生的小外交家。而有的孩子,就表现得比较害羞。

有的孩子做事比较果断,有的孩子,比较犹豫不决。

有的孩子特别好相处,别人提个建议,他基本都会同意说"行"。

有的孩子,玩游戏一定是他制定规则,是"孩子王"。

如果家里有两个以上的孩子,就会更加有体会。怎么老大性格平和,老二却那么急躁?怎么老大做事那么慢,老二却从小做事情又快又好?

前两天的课程,你在反思自己的原生家庭,这是为了减少自身问题对育儿的影响,阻断"代际创伤"。从今天开始,你要把眼光放在自己的孩子身上,审视其作为一个独立的生命个体,是怎样一个存在。

天生气质与性格

要想带好孩子,首先要了解孩子。认识孩子的天生气质是非常重要的。每个人都有自己的天赋,如果用会不会爬树去衡量一条鱼,那这条鱼一定会认为自己特别愚笨。

在今天的课开始之前,先区分两个概念:气质和性格。

这里说的气质,和我们通常意义上说"这个人气质真好"的时候用的"气质"不太一样。这里讲的气质,描述的是孩子探索和回应世界的方式,大致相当于我们平时说的脾气、秉性。它有三个分析维度,一是外向性,二是自我控制,三是消极情感。气质是先天形成的,也不太容易改变。就像我们的相貌、皮肤,很大程度上取决于遗传因素,基本上一生都很难有大的变化。气质本身没有好坏之分。

性格与气质有关。孩子小的时候,性格大多基于先天气质影响,但是随着成长,孩子与周围的环境相互作用,形成性格。性格有相对理想的和相对不理想的分别,并且,性格是可以修正的。在进行下一步学习之前我要先声明两点。

1.千万不要给孩子贴标签

因为人的性格是由"天生气质"和"后天学习"两个部分造就的,现在了解天生气质,是为了让你更加宽容地对待孩子成长中一切独特的东西。绝对不要因为研究了天生气质,就认为他"天生这样,永远这样",停止了后天的学习引导,早早就把孩子"框"住了。别忘了,孩子展现出的性格是可以培养和修正的,而且在这个问题上,家庭的因素非常重要。

2.天生气质没有好坏之分

就像在情绪教养环节上,我讲过情绪本身没有好坏之分,你要接纳所有的情绪,天生气质同样没有好坏之分。我这么多年当老师,经常会有学生很困扰地找到我说,"老师,我该怎么改掉内向的毛病?"我就告诉他,内向不是毛病。每个人的天生气质,都只是我们的特点,而不是优点或者缺点。在这个前提下,更好地认识自己、接受自己,才能更有明确的目标去培养自己、塑造自己。

怎样根据天生气质因材施教

首先要接纳、包容,扬长补短。不管孩子属于哪种天生气质,他的气质没有好坏之分,它表现出来的特质里都必定伴随着优点和缺点两个方面,人人都有短板,人人都有长项。在前两天的课中你进行了自己原生家庭的自我反思,就是为了防止你带着先入为主的评判去衡量自己的孩子。先去除你心里的"应该",再客观认识你的孩子——这个独立的生命个体。

父母发现了孩子的优点,要尽可能地为孩子提供机会去发展。比如孩子愿意学画画,那就把孩子的作品都装裱好后挂到墙上,让每一个迈进家门的客人都能欣赏孩子的作品;如果孩子愿意写作,就定期给孩子的作品打印成册,做成可以永久保存的书,也可以每周举办家庭朗诵会,朗诵孩子的作品。总之,力所能及地创造机会,让孩子有获得感。当孩子展现出缺点那一面时,父母首先要想,他同时还有一个与此相反的优点。一个孩子,如果很不擅长数学,他可能在语言和艺术方面有过人的天分。另外,天生有短板意味着,我们需要在这方面给孩子更多的耐心与空间。

认识了孩子的短板,还要知道:在这个领域上,孩子即便花费了更多时间,但也很可能依然不是很出色。但是,我们了解到孩子的先天特质,就可以把心放平,努力让孩子达到基本水平。

打个比方,你让一条鱼去学爬树,肯定是不如小猫学得快啊。所以,首先你要认识它是一条鱼,要给它到水中的机会,要知道,很多鱼最大的悲哀,就是一生都被逼着爬树,没有机会到水里。

其次,它爬树竟然也能达到一般水平,你想想,这已经是一条很棒的鱼了。你不能在游泳的时候要求它是鱼,爬树的时候又要求它是猫,还要求它是老鹰,会翱翔于天空。

天生气质中的短板不是任性和放弃的借口。比如,乐天型的孩子花钱比较不小心,激进型的孩子容易暴躁,这并不表示,他们就可以随便花钱不加节制,更不表示可以随意攻击别人。我们认识孩子的先天气质,是为了对孩子少些超乎他们能力的苛求,更好地帮助孩子完善自己。

根据孩子的气质类型,给他最需要的关爱。就如同一个人爱吃香蕉,而你倾尽所能给他买了最好的苹果,他可能从道义上感谢你,但在内心里,这并不是他最需要的。我们了解孩子的不同类型,就好像了解他吃东西的胃口,可以给到他最需要的支持。

今日作业

想想你的孩子在哪方面表现出了天赋,把它们写下来。

019 乐天型孩子的特点及养育秘诀

从这节开始我来分别解析四种类型的天生气质。

需要提前说明的是,第一,孩子的天生气质没有好坏之分,了解孩子的天生气质只是为了辅助你更好地了解自己的孩子。第二,每个人身上都会分布着四种气质倾向,只是比例不同。孩子的情况千差万别, 不要过分纠结于孩子到底是属于哪一种。我们的目标不是要给孩子贴上某个标签,而是要帮助你去分析每种特征不同的具体表现,从而更好地了解孩子在成长发育中所出现的各种各样的状况。

懂得孩子,给他最适合的教养

先天气质的衡量因素包括以下几个要点:

第一是活动量。就是活动频率的多寡和活动节奏的快慢,有的孩子天生就是好动的,而有的孩子就是偏安静的。

第二是规律性。你会发现,有的孩子,他天生作息就是有规律的,从小饮食、睡眠、排便等,都会有相对固定的时间,而有的孩子规律性就没有那么明显。对于规律性比较明显的孩子,抚养起来就会相对比较轻松。

第三是对于刺激的敏感度。有的孩子对外界刺激的敏感度很高,周围的声音、气味、光线等的变化,很小的刺激量,他就会有反应,而有的孩子就没有这么敏感。

第四是持续的执行度。比如说有的孩子在活动中,他会更容易坚持下来,而有的孩子呢,就没有目标和计划,不太愿意付出持续的努力。

第五是情绪的积极性,有的孩子天生就是乐观的,而有的则会容易多愁善感,还有的遇到不如意的事情就生气、不满。

第六是对于环境的适应性和变化的接受度。有的孩子,对于新环境和陌生人会很快就适应,而有的孩子则会表现得比较慢热。

第七是注意力的分散度,有的孩子注意力很容易分散,而有的呢,他天生就会比较集中。

对于人的先天气质,各种资料说法不一。我现在采用的是马来西亚亲子专家林文采的观点,分为乐天型、忧郁型、激进型和冷静型四个类型。

今天先介绍第一种乐天型的孩子。

积极乐观,人际高手,喜爱享受,渴望肯定

乐天型的孩子习惯于从乐观的角度去看事情,他们往往先会注意自己拥有什么,而不是缺乏什么,具有处理关系的所有优势。他们感情丰富,有同情心,听到笑话,会笑得最开心,听到伤心的事情,也最容易流泪,有不高兴的事情,不会放到心里很久,即便是生气,也很快就过去,不会记仇。

他们属于外向型的孩子,热情温暖,天性喜欢和人产生连接。这种类型的孩子,通常比较爱花钱、爱享受,他们只活在当

下，比较会跟着自己身体的感觉去做事情，自我节制能力比较差。这种类型的孩子想吃一颗糖的时候，父母是比较难用道理教导他放弃掉那颗糖的。

每个孩子都非常渴望得到爸爸妈妈的肯定、赞美和认同，但是乐天型的孩子是最渴望的。他们最大的渴望，是得到自己重视的人的肯定、赞美和认同，就像树需要阳光、水分、土壤一样。但是我们知道，不同的植物对元素的需求是不一样的，有的树喜阳，而有的，晒太阳太多反而会不好。乐天型的孩子就是急切渴望肯定、赞美、认同，也就是需要阳光的那种树。乐天型的孩子忍受不了你看不到他，没有注意他。因此他在人群中就很想要大声说话，愿意开玩笑，为的是要得到别人的注意，并且给他肯定、赞美和认同。

养育密码：优质关系，打温情牌，计划和责任

乐天型的孩子，非常在乎和父母的关系，如果关系不好，父母是别想能够教导他的。他的逻辑是：我不在乎其他，我只在乎人，我只有在乎你才会在乎你的感受，我只有在乎你的感受，才会在乎你教导的东西。乐天型的孩子很愿意讨好人，但前提是"我喜欢你"。

教导乐天型的孩子，一定不要用批评的方式，要保持良好的亲子关系，从正面去关注他，引导他。

乐天型的孩子非常适合打温情牌。比如说，你想让乐天型的孩子跟长辈打招呼，如果你说：你看到爷爷就叫他，这样就是一个有礼貌的好孩子，这种方式对他来说效果是不明显的。而

如果你告诉他：你看到爷爷叫爷爷，他现在心里会觉得很温暖，这个话对他来说效果更好，更容易听进去。因为乐观型孩子的思考方式往往跟人的感情有关，特别是正面的感情连接和感情调动。

再比如，如果孩子打人，你跟他说："这样做不好，这样会没有朋友的。"这是负面结果的警示，对他来说效果是不明显的，而你说："宝贝，我相信你一定可以做到。"他就会比较容易接受并按照正确的引导尝试改变。

概括起来说，能够让乐天型孩子学会自我约束的，只有人与人之间温暖的情感。

乐天型的孩子，他并不是任务导向型的人，也就是说，做完做好一件事情对他来说没有那么重要，他最在乎的是和人的关系，所以有时候他会为了关系，忽略掉自己的责任。这就需要父母从小去引导孩子，让他知道做了选择、承诺过的事情就要做到，要学会负责任。这样的孩子面对别人的要求的时候，很容易一口就答应，但是压力过大的时候又容易逃避放弃，所以要引导孩子持久去做一件事情。因为，乐天型孩子自我约束能力比较差，他们做事情很容易没有计划性，所以做父母的要引导孩子，做一件事情之前要多想，多找一些资料，一旦做了决定和选择，就得为自己的选择负责任，包括对于金钱的管理和规划，也是乐天型的孩子要从小学习的，否则容易养成乱花钱、花钱没有计划的习惯。

类型	特点	可能的优点	可能的缺点	养育的要点
乐天型	兴趣广泛	乐观活泼 把握现在 同情心强 善于交友	冲动浮躁 半途而废 肤浅脆弱 容易懊悔	计划、理财 好的关系 反省 为自己负责

资料来源：林文采《心理营养——林文采博士的亲子教育课》，上海社会科学院出版社，2016 年 1 月。

今日作业

对照乐天型孩子的特点，判断你的孩子属于乐天型的吗？或者有乐天型孩子的一面吗？

020 忧郁型孩子的特点及养育秘诀

忧郁型孩子是四种天生气质中最敏感最脆弱的一类。

敏感,细腻,深刻,专注,完美主义

所谓敏感,就是当爸爸妈妈可以提供稳定、正面的成长环境的时候,他可以以最快的速度学习和吸收到新的信息;如果家庭环境不利的时候,他也会相对更容易受到伤害。所以说,如果你有一个忧郁型的孩子, 怎样给孩子提供满足他需要的环境,了解他的个性倾向,就是教好他的第一步。

我的儿子泥泥就是一个很典型的忧郁型的孩子,敏感而细腻。他看到、听到、感受到和想到的,都比其他类型的孩子要多。忧郁型的孩子,最容易留意到云、花、草、树、各种动物。他受到感动的时候,会表达出与人分享感受的欲望。

忧郁型的人直觉很强烈, 当别人有恶意或心怀不轨的时候,他们不用通过头脑分析,只凭本能就可以感觉得到。

忧郁型的孩子,一旦对一件事情感兴趣,就会投入比较多的感情和精力,而且他们对于事情的观察、了解、体会都会比一般孩子多,其天赋和热情主要体现在画画、音乐、舞蹈等艺术领域。

同样是喜欢画画,乐天型的孩子,可能画一会儿就想要让妈妈抱抱,或者跟爸爸互动一下,而忧郁型的孩子则很小就比较能够坐得住,专注度比较高,可以重复做一件事,直到自己满意为止。

忧郁型的孩子,完美主义的倾向比较明显,他们通常上学的时候不会丢三落四,自己收拾玩具,收拾东西,收拾完了一般会本能地去检查有没有遗漏。比如现在每天睡觉之前,泥泥都会检查门有没有锁好,我这个做妈妈的都没有他细致。

忧郁型的孩子,做一件事情就要努力做好,完美主义的倾向,使他学习的时候比其他人更认真和细致,加上专注度高,理解深刻,通常学习效率也会很高。

养育密码:心理营养,情绪管理,人际交往

能让忧郁型的孩子把优势发展到极致,父母要给予孩子充分的心理营养,要给孩子无条件的接纳,要满足孩子对安全感的需要,一定要给出"你在我心中最重要"这样的确认,给孩子肯定、赞美和认同,也要为孩子做出示范和榜样。

如果忧郁型的孩子得到这几个心理营养,生命就会绽放得特别绚烂,因为他感受力强,只要有稳定和谐的环境做后盾,他自己就可以调动自己的潜力,不断学习、不断进步。一个有安全感的忧郁型的孩子,是会让家长非常省心的孩子。

但是,对于忧郁型的孩子来说,善于自省,很容易变成过度自信或者过度自责。因为他追求完美,一旦做错事,就容易沮丧,甚至一蹶不振。

忧郁型的孩子, 因为对环境和他人的感受力非常敏锐,所

以小时候很容易表现得胆怯和犹豫，也很容易从别人的话中受到伤害。

对于这类孩子，一定不要再去苛求他，平时要多鼓励他，多提供机会让他做事情，让他亲身体验到自己是有能力的。多给他空间让他自己做决定，慢慢锻炼他的果敢。

至于忧郁型的孩子犯了错误，并不需要更多地去教导他们，他们自己可能已经够自责的了。其他类型的孩子因为犯错被训斥了，一句两句一次两次的，可能很快就会忘记了，而忧郁型的孩子，只要是对他本人的攻击，他都会放在心里，可能很久都过不去。所以批评忧郁型的孩子，一定要对事不对人，千万不要说"你怎么这么笨""真后悔把你生下来"等，这会让他格外受伤。

忧郁型的孩子，情绪管理是一个非常重要的课题，如果家庭关系不好，乐天型的孩子、冷静型的孩子相对来说都会比较能够撑过去，而忧郁型的孩子就容易把自己和爸爸妈妈的痛苦悲伤捆绑在一起。

如果家里有忧郁型的孩子，一定要跟孩子经常沟通，多做情绪管理的游戏，帮助他把内心的压力更多地疏导出来。

在人际交往中，忧郁型的孩子看人深刻透彻，所以也很容易发现别人的缺点。如果说家庭中给忧郁型孩子的爱不够，他就容易对别人很苛刻，从而导致交不到朋友。所以要在家里对这类孩子多关爱，多包容，他才能够包容别人的缺点。

类型	特点	可能的优点	可能的缺点	养育的重点
忧郁型	深思熟虑 高度敏感 理想主义 追求真善美	细腻敏锐 忠诚可靠 富有天分 深刻透彻	钻牛角尖 犹豫不决 自我中心 悲观被动	放下 宽容 接纳 积极思考

资料来源：林文采《心理营养——林文采博士的亲子教育课》，上海社会科学院出版社，2016 年 1 月。

今日作业

对照忧郁型孩子的特点，请判断你的孩子属于忧郁型的吗？或者有忧郁型孩子的一面吗？

021 激进型孩子的特点及养育秘诀

本节讲激进型孩子。

目标感强，意志坚决，天生领袖

激进型孩子最显著的特征就是做事情目标感很强，他的所有优点和缺点，几乎都围绕着这一点来展开。他的行动风格，完全是目标导向型。

一旦孩子定下了目标，他就会冲着这个目标前进，如果中途受到挫折，目标没能实现，他还是会继续坚持下去，危险、威胁都不能阻止他向目标迈进的步伐。甚至为了目标，他可以选择不在意过程。

激进型的孩子行动力特别强，在行动的过程中，他们展现出来的意志力、抗压力和自律性，是其他类型的孩子无法企及的。在学走路的时候就可以看出差别。同样是学走路，乐天型的孩子学一会儿就休息一会儿，如果累了就不学了，而激进型的孩子能够在一天内不断重复，跌倒了，爬起来继续试。孩子那么小的时候，几乎还没有受到后天教养的影响，所以在遇到问题的时候，是放弃还是坚持，这些都是先天气质带来的自动反应。

激进型的孩子，很有自己的想法和判断，一旦他决定要当个好学生,把功课学好,他就会非常坚毅。只要想考第一名,不管那个科目有多难,他都会坚持下去。

激进型孩子抗压能力普遍比较高,乐天型孩子则是相反的,乐天型的孩子碰到辛苦的事情就很容易中途放弃,除非他在某个问题上特别有天赋,很容易取得成绩,然后因为别人的称赞而更愿意去努力。

激进型的孩子是天生的领袖,很多大企业家、大革命家、大政治家都属于激进型。这种类型的孩子,生命力顽强,精力充沛,有目标,能抗压,有决断,能坚持,而且天生喜欢控制别人。

忧郁型的孩子虽然专注度也比较高,很容易取得成绩,但是他们一般天生淡泊名利,也不喜欢掌控别人,把真善美和自己的价值感联系在一起,而激进型的孩子则会把成就、成功和价值感联系在一起。

养育密码:建立道德观,激发同情心

前面讲过,很多伟人都属于激进型的人格。但是,激进型的孩子,在小时候是比较容易让父母头疼的。激进型的孩子,为了达成自己的目标百折不挠,对这样的孩子要确保他们在成长过程中不出问题。做家长的要首先保证一个重要的前提,就是孩子的是非观、道德观必须要建立好,要保证他所要认定的目标,是一个正当的良好的目标。所以建立孩子的是非观是重中之重。

只要孩子自己选定的目标是正确的,他有正确的是非观、道德观,实现目标的路途中,不怕困难,不在意别人的看法,家长都可以为孩子的成长保驾护航。但是如果孩子的是非观出现偏差，他的力量感那么强，一旦道路走偏，想把他拉回来也是非常难的，而且他的破坏力也会很大。

所以在大是大非的教导上，父母一定要通过自己榜样的示范，为孩子注入健康的价值观，将来孩子是大好还是大坏，就取决于父母的引导。

相比于其他类型，激进型的孩子天生对弱者没有那么多的同情心，因为当他自己遇到困难的时候，自然流露的就是面对，所以当看到那些遇到一点问题就倒下就逃避的人，他会生出轻视的感觉，并且理解不了为什么别人会那样。

当然，我们对于所有类型的孩子都要教他们有同理心，教他们乐于助人，但是激进型的孩子尤其需要我们刻意地多花时间去观察他和影响他，从小带孩子多去做一些能够帮助到别人的事情。

划重点：家长一定要放弃控制欲

激进型的孩子，最忌讳的是遇到掌控型的父母。他的生命力特别强，非常有主见，一旦他的想法和目标得不到父母的支持，反而遇到父母阻挠的时候，那股强大的生命力就容易被迫流向破坏性的方向。

对于高压型的父母，乐天型的孩子一时会觉得郁闷，但是很快就过去了，对他不会有非常严重的后果；而如果是激进型的孩子，在这样的父母管教下，就很容易人格变质：要么小的时候没办法反抗，等大了再反抗；要么在家挨打没办法反抗，就出去欺负比自己弱小的孩子。

激进的孩子非常不喜欢别人控制自己,他只做自己认可的事情。所以激进型孩子的家长,除了大是大非的价值观问题,更多的事情都要给孩子更大的发展空间。少一些外部约束,多一些内在的激励。

这类孩子面对违背本心的强压,只会激发出更强大的破坏力量和父母对抗,造成两败俱伤。对于这一类孩子,只能激发他内心的力量,让他认准一个正确的目标和方向。

类型	特点	可能的优点	可能的缺点	养育的重点
激进型孩子	意志坚决 注重行动 精力充沛 追求成就	勇敢果断 坚持到底 不畏艰难 自律性强	暴躁易怒 缺乏同情 太过固执 自大自满	建立道德观 激发同情心 放弃控制欲

资料来源:林文采《心理营养——林文采博士的亲子教育课》,上海社会科学院出版社,2016 年 1 月。

今日作业

对照激进型孩子的特点,请判断你的孩子属于激进型的吗?或者有激进型孩子的一面吗?

022　冷静型孩子的特点及养育秘诀

本节讲的是冷静型孩子的特点及养育秘诀。

冷静型气质的孩子,看上去比较安静内向,喜欢独处,不像乐天型的孩子,哪儿热闹往哪儿去。冷静型的孩子会选择与少数几个特别信任的人交往。这样的社交风格来自于他天生谨慎的个性。

天生谨慎,温和稳定,擅长思考

在谨慎这一方面,冷静型和忧郁型的孩子有一些类似。别的孩子有三五分把握就愿意做的事情,他要七分把握,甚至九分把握才肯去尝试。他通常习惯于做事前搜集资料,做计划,多思考,甚至于最好别人给他一个榜样示范,让他看到一件事情可能出现的结果,他才愿意去做。冒险,不是他的风格。发展得比较极致的冷静型性格,单靠脑袋想一件事情,就能够想得非常细腻,每个环节每个细节都考虑得非常严密,滴水不漏。

通常在人群中,衣服特别鲜艳、款式非常特别的孩子,一般不会是冷静型的,因为穿着在人群中显得非常显眼的时候,他会觉得很不舒服,或者更直白地说,他会觉得很不安全,一旦他有自主选择穿着的权利,他会选择颜色和款式都相对普通的衣服。如果冷静型孩子的父母希望孩子在大家面前展示一下才艺,比如说唱歌、演讲、背诗,他们的期望十有八九都会落空的,众目睽睽的注视或掌声,并不是冷静型孩子想要的,他们也不会因此有享受的感觉。

冷静型的孩子性情温和,他们的天赋之一就是有逻辑、有条理,思考力强,他把一件事前前后后想好之后,就可以照着自己的想法去行动了。而忧郁型孩子即使知道怎么做是对的,但常常因为感受情绪太多,而没有办法行动,冷静型孩子的一大优势就是情绪稳定,不容易受外界的影响。

比如说一个家庭里,父母关系不合,总是吵闹,冷静型的孩子可能会这样思考:"爸爸妈妈这样,我能不能帮上忙呢?"如果他得出的结论是,即便很想帮忙,根本就是帮不了管不了的事情,那就站远一点。而忧郁型的孩子,在面对类似问题的时候,他就会在感情上陷进去,很困扰。冷静型的孩子比较有界限感:爸妈的事情是爸妈的,我有自己的事情,我管好自己就好了。

冷静型的孩子,非常愿意按照规矩做事情。面对这样的孩子,你要把期待他做的事情讲清楚,如果他达到了你的要求,他希望你会感到满意,而不要拿那些你没有讲清楚、所以他就没做的事情来批评他。冷静型性格就是我们通常所说的很"老实"的孩子,他很少惹麻烦,交代给他的事情,只要他答应了,就会有头有尾地完成。

有的孩子,当父母给他的心理营养不够的时候,内心会非常挣扎。而冷静型孩子却可以相对来说适应得比较好,同样面对不理想的家庭环境,冷静型的孩子会想"怎么办",然后他就可以想一些办法来自得其乐,所以相比忧郁型和激进型的孩子,他所受的伤害就会相对比较小。

在人际交往方面,冷静型的孩子并不需要很多的朋友,只要有少数几个知心朋友就够了,他们比较能够享受独处的时光。

养育密码:接纳慢节奏,多给予肯定,鼓励他们表达感受

冷静型的孩子是属于比较少让父母操心的类型,除了上面提到的性格优势以外, 冷静型的孩子通常数理化成绩都不会差,对金钱的管理能力也是其他类型孩子没办法比拟的。

唯一可能让父母抓狂的就是,冷静型的孩子,做什么都可能比较慢,不管是吃饭、洗澡还是做作业,整个人的动作速律都比别人慢半拍。慢的原因当然还是因为他们个性谨慎,做任何事情都需要多一点的时间思考和准备。

冷静型的孩子,他的心理节奏就是比较慢的,所以如果他的天生慢节奏得不到尊重和理解,比如家长总是催促孩子,"快点儿!快点儿!"他心里会觉得没有安全感,但因为性格温和,所以当他被催促的时候也不会发脾气,他们采取的方法就是更加拖拉,更加被动,越催越慢。

冷静型的人,虽然看上去个性温和,但实际上骨子里非常固执倔强,因为他觉得任何事情都要尽可能想周到,他不希望别人干扰他思考行动的过程。如果父母不嫌这样的孩子慢,他整个人都会没有问题,没有纪律问题,没有破坏问题,没有情绪问题,跟别人相处时,虽然他不是最受欢迎的社交明星,但基本上有和谐的人际关系。

冷静型的孩子非常需要父母多给予他们肯定。跟激进型的孩子比起来他们看上去明显是精力不够的。长大之后虽然做的

是办公室的工作,但是回到家就像刚做完苦工一般,会觉得很疲劳,这是因为不管是工作还是生活中的事情,冷静型的人都会思考得太多,因此他真的很累。

这样的孩子看上去总是懒洋洋的样子,父母很容易觉得这样的孩子懒,实际上并不是懒,只是他精力没有那么旺盛。虽然他们看上去不那么活泼,没有那么爱跑爱跳,但是这正是他们身体的智慧,知道有太多精力要消耗在脑袋里,所以会自动休息,积蓄精力。

冷静型孩子的家长,不要指责孩子慢,也不要嫌弃孩子懒。你希望他哪方面做得好,就多在那个方面做得好的时候,认可他,表扬他。只有用正面肯定的方式,才会激发孩子积极行动的动力,让他变得比较有力量,比较有行动力。

冷静型的孩子养育起来是非常轻松的,但是不要因此就疏忽了对他们的关爱。因为他们往往在成年之后,进入亲密关系的时候,才容易出现问题。因为他们天生不喜欢表达感受,所以在亲密关系的沟通中,往往会出现一些阻碍。他们的伴侣常常会有一种面对木头人的感觉。

父母要从小引导孩子去表达感受,为他们安排一个安全表达的环境,不要否定他们的情绪,带领他们多做情绪教养的游戏。冷静型的孩子,只有从家庭这个最值得信任的地方开始,发现表达感受不是一件危险的事情,学着去识别和正确地表达他内心的感觉,未来才有可能会具有表达自己感情的能力。

但这个对他来说并不容易,尤其是开始的时候,家长需要给孩子更多的接纳和耐心。交朋友也是一样,不逼迫他交很多朋友,只是在时机合适的时候,鼓励他尝试和别人相处交往,孩子慢慢才会向更多人敞开心扉,扩大自己信任的人群。

类型	特点	可能的优点	可能的缺点	养育的重点
冷静型孩子	慢条斯理 小心谨慎 温和稳定 追求和谐	容易相处 随遇而安 思考严密 为人宽容	又慢又懒 不爱表达 冷漠旁观	接纳慢节奏 多给予肯定 鼓励表达感受

资料来源:林文采《心理营养——林文采博士的亲子教育课》,上海社会科学院出版社,2016 年 1 月。

今日作业

对照冷静型孩子的特点，请判断你的孩子属于冷静型的吗？或者有冷静型孩子的一面吗？

023 夫妻吵架,怎样才能不伤害孩子

这个题目,可以用一句话终结:夫妻不吵架,才能不伤害孩子。

然而,人非圣贤,孰能无怒。没有冲突是人际关系中的一种理想状态,平时是不可能实现的。所以,不要奢求自己的人际关系是完全没有冲突的,避免冲突并非是最佳答案,即便是最好的朋友、最爱的伴侣都有可能会意见分歧,有的时候,架还是要吵的。

所以,我们一起来学习:夫妻如何吵架,才能把对孩子的伤害降到最低。

我们要清楚,要想学习处理冲突,首先要经历冲突。如果你真的会和自己的伴侣吵架,先不要急着过分自责,架是可以吵的,但是我们要吵得有意义:

第一,吵架是一种剧烈的沟通方式,而不是为了互相伤害。第二,要把夫妻吵架,作为处置冲突的典范,教给孩子。

怎样才能做到?请来领取夫妻吵架的四个法则。

可以有情绪,但不要失控

用正面字眼来表达你的心情,用坚定自信的方式,而不要用侵略性的方式来表述。

比如你可以说："你这样做让我很生气。"而不是说："我怎么嫁了你这样一个没出息的男人？"或者："我怎么娶了你这样一个不可理喻的女人？"

不知道你有没有听过这个故事，有一个坏脾气的小男孩，父亲让他每次发脾气时在围栏上钉一颗钉子,第一天他钉了37颗,慢慢他钉下钉子的数量越来越少。后来父亲又告诉他,当他能控制自己的脾气时,就拔出一颗钉子,终于有一天他把所有钉子都拔出来了。父亲指着围栏上的洞说:人生气时说的话就像钉子,即使后来拔去了,也会在心里留下疤痕。

不要随意批评配偶

不要在孩子面前以永久性和普遍性的方式批评配偶。比如不要说："你爸爸这一辈子都不会有出息。""你妈妈就是一个自私的懒女人。"

如果在孩子面前批评配偶，请用批评特定行为的言语，而不用总结式、定性式的语言。

比如说："当你爸爸工作很忙的时候,他心情烦躁,可能就会这样发脾气。""当你妈妈这么磨蹭的时候,我就会很生气。"

有的时候会发生批评孩子的时候,捎带着批评配偶,或者批评配偶的时候,又捎带着误伤孩子的情况,这个问题也要尽量避免。

不要让孩子陷入恐惧

不要在孩子面前使用暴力,包括摔东西,或者用力地大声关门,更不要对伴侣使用家庭暴力,这样的举动会使孩子陷入极度的恐惧。

不要对你的配偶采取"不理睬政策",孩子最敏感,他们会感受到这种不和谐。这种冷战对他们内心的伤害,甚至比听到父母大声互骂还要严重。

不要强迫孩子在父母之间做出喜欢谁的选择。

尽量不要在孩子面前争吵,除非你打算在争吵中结束争吵。

尽量控制怒火,放慢脚步,做深呼吸,花些时间,独处一会儿,使自己冷静下来。

不要把孩子扯进某些话题,要与配偶约好,争吵时,有些争吵内容,不要让孩子知道。

为孩子示范冲突的和解

你可能会说:"琴琴老师,那怎么办,我吵都吵了,我也没有做到你刚才说的这么多。"既然如此,那就在孩子面前示范如何和解冲突吧。

在孩子面前解决冲突,并且和好。告诉孩子,爸爸妈妈这一次情绪冲动了,我们以后会努力控制好自己的情绪。这样会使孩子了解,冲突是感情中很自然的一部分,并且冲突是可以解决的。

这样做，也向孩子做了一个良好的示范：我们每个人都会有个性中的弱点，也都会有控制不好情绪或者做不好事情的时候，只要我们坦然地去面对，努力地去改正，就可以做得更好。

要努力做到一加一减，一加是增加家里的"美好时刻"，一减是减少无谓的争吵。你还可以和你的伴侣多增进一下感情，这样的话，即使争吵是一种消耗，你们之间情感的账户上也还是丰沛的。

多多使用爱的语言

爱的语言之一，是肯定的言词。现实生活中，有很多人在爱的需求方面，只对语言敏感，只有给予其肯定的语言，他才会有反应，许多事业型的人大都属于此类。还有一部分人，由于不够自信，处于低自尊水平，他们也对"肯定的言词"有强烈的需求。绝大多数男性属于这种类型，所以他们最讨厌伴侣的挑剔唠叨。这也可以解释，为什么很多中年男人在面对年轻女孩热情的崇拜时，很难有抵抗力。

爱的语言之二，是高品质的陪伴。这类语言，有的译本译作"精心的时刻"。对这类语言敏感的人，会对一次难忘的生日party、一次浪漫的求婚等非凡的时刻印象深刻，感动不已。

爱的语言之三，是接受礼物。此类型的人一定要看到实物才相信你对他是重视的。满足这类型的人，要记得常送小礼物，而不论礼物轻重与否，关键在于是否用心。

爱的语言之四，是服务的行动。有相当多数的女性在意"高质量的陪伴"和"服务的行动"。所以,很多家庭的矛盾是,男性会说:"我努力赚钱,让你住大房子开好车买奢侈品,你还有什么不满足?"而女性则说:"我不要过丧偶式的生活,我要你用心陪陪我(高质量的陪伴),帮我分担一些家务(服务的行动)。"

爱的语言之五,是身体的接触。这类型的人通常喜欢与人有身体上的接触。他们表达亲密的方式就是拍拍你,摸摸碰碰,他们喜欢被拥抱。对于这种类型的人,当他们需要被呵护和关怀时,你的千言万语也比不上一个轻轻的拥抱。

在亲密关系中,首先要学习的是对方的语言,学习他们表达情感的方式方法和需要的爱的语言,这比做任何努力都要事半功倍。

这里教给大家一个诀窍:可以养成这样一个好习惯,在鼓励孩子的时候,捎带着把伴侣的优点也表扬到。和孩子对话时可以这样说:"宝贝,你特别坚强,像你爸爸一样。"或者,"你做事情特别认真仔细,像你妈妈一样。"这样既可以实现对孩子的鼓励,又可以表达对伴侣的欣赏,同时还可以增进亲子关系,让孩子和父母有更加紧密的连接。

你和伴侣要营造家庭中的"特殊时刻",比如全家一起出游、野餐,或者家里的下午茶、小型联欢会……哪怕是全家一起做情绪教养游戏,这些家庭中温馨甜美的回忆,都是会抵消掉孩子因为目睹父母争吵而在心中产生的恐惧。

最后,祝福你和伴侣琴瑟和鸣,即使吵架,也能吵出风度,吵出水平。

参考文献:〔美〕盖瑞·查普曼:《爱的五种语言》,王云良译,中国轻工业出版社,2006年。

今日作业

列出孩子与伴侣身上共同的十个优点,每天都把这些优点挂在嘴边。

024 没有"打击式教育",打击就是打击

2019 年,有一档"天台告白"的节目,只不过,和这档综艺节目原产国不同,中国孩子们在天台上喊的话,不是青涩少年的告白,而是对家长的"控诉"。

熟悉的"打击式教育"

很多中国家长,奉行"打击式教育"。所以,每个人的身边,都有一个"别人家的孩子"。

这个初一的女孩袁同学,她吐槽:妈妈总拿别人家的孩子和自己比较,给自己造成了很大压力。那个"别人家的孩子"正好就是自己全班第一、全年级第一、全校第一、全联盟第一的学霸闺蜜。她妈妈经常挂在嘴边的话就是:"你成绩这么差,她怎么会愿意跟你做朋友。"

袁同学继续说,每次考试成绩下来,一定是先挑差的说。不管自己如何努力,妈妈给出的永远不会是鼓励。

"为什么你看不到我的努力?"台上的袁同学一脸委屈,几近崩溃。

但是,妈妈始终有她的道理。

听到这里,袁同学彻底崩溃了。

她告诉妈妈,自己不适合激将法,一味的否定只会让她觉

得自己真的很差劲。

　　妈妈却一脸平静,理直气壮地质问:"我承诺你的我都做到了,但是你承诺的你做到了吗?"

　　女儿的诉求,是希望妈妈多肯定自己一些。

　　可妈妈却当着所有人的面,用她的理论彻底碾碎了孩子的自尊,哪怕自己的孩子早已在台上委屈地哭成了泪人。

　　面对如此强势的妈妈,袁同学受不了了,最终哭着跑下了台。

　　实际上,我们看到的这位女孩,在公众面前,开朗得体,不卑不亢,逻辑清晰,而且懂得表达善意,是一个非常优秀的女孩子。可是在妈妈眼中,只是看到了学习成绩不如闺蜜,只是决定要打击,因为"不打击,她就有点飘"。

一味打击,挫伤孩子爱的能力

　　在一味打击的环境中成长的孩子, 长大之后也容易复制父母对待他的教养方式。不懂得发现别人身上的好,更没有力量去欣赏和肯定,甚至会在潜意识里认为,打击就是表达爱的方式。

　　所以他们成人之后,无论是在同事、朋友还是在亲密关系中,也容易去打击别人,对方会从其语言和神态中感受到被否定。这种沟通方式,在人与人之间的相处中,是"和谐杀手"。

一味打击，容易让孩子形成取悦型人格

在电影《被嫌弃的松子的一生》中，主人公松子从小不受父亲的喜爱，父亲总是板着脸对她。一次，松子和父亲一起出去观看表演，舞台上演员滑稽的鬼脸把父亲逗笑了。松子发现后，就时常模仿这个鬼脸，博父亲的笑容。

这么做的后果就是，松子在成人之后，每次遇到难以解决的事情，就对同事或者身边的人做这个鬼脸。然而，这个鬼脸常常弄巧成拙，把局面转变得更加难以收拾。

如果孩子在幼年时期感觉到，无论怎么努力都得不到父母的肯定，便容易使他们形成取悦型人格。

我做大学老师的时候，曾经有不少学生找我谈心，说父母从小就打击自己，长大后，自己的性格变得十分内向，不敢轻易说出自己的想法，朋友圈很小；生怕得罪人，和人沟通总是本能地顺从讨好；如果事情做得不好，会让自己陷于内疚之中，哪怕是他人的过错。

一味打击，会让孩子陷入"习得性无助"

前文提到的"习得性无助"是美国心理学家塞利格曼 1967 年在研究动物时提出的，因为遭遇多次电击，最终即使笼门已打开，实验的狗也不逃跑，而是不等电击出现就先倒在地上呻吟、颤抖。本来可以主动地逃避却绝望地等待痛苦的来临，这就是习得性无助。

在打击式教育中成长起来的人，往往需要花很大的力气才能说服自己"我可以的"。

父母永无止境的打击没有让孩子享受到成功的喜悦，不会激励孩子奋勇向前。

相反，父母对孩子的挑剔和不认可只会让孩子变得越来越怀疑自己，越来越没有自信，并且逐渐地失去自我。

微博上的一个网友说：初中时，妈妈在 KTV 当众嘲笑打击她，让她感到无比羞辱，导致她至今都不愿开口唱歌。

妈妈一句有意或无意的嘲笑，对于孩子来说却像一根针一样，深深地扎在了心上。

是的，因为父母总说自己不够好，每次引以为傲的成就都会受到否定，孩子会越来越怀疑自己，陷入无限的自卑和胆小之中，从而磨灭了本就不多的自信心，失去了自我。

打击式教育，只有打击，没有教育

梁启超的九个儿女皆为才俊，堪称家庭教育的大家。女儿梁思庄因为考了班上第十六名而沮丧时，梁启超的信是这样写的：

"庄庄：成绩如此，我很满足了。因为你原是提高一年，和那按级递升的洋孩子们竞争，能在三十七人中考到第十六，真亏你了。好乖乖不必着急，只需用相当努力便好了。"

他如此表达对孩子的期望："将来能否大成，大成到什么程度，当然还是以天才为之分限。我平生最服膺曾文正两句话：'莫问收获，但问耕耘。'将来成就如何，现在想它作甚？着急它作甚……一面不可骄盈自满,一面又不可怯弱自馁,尽自己能力做去,做到哪里是哪里。"

龙应台在《孩子,你慢慢来》中,曾这样写:"我在石阶上坐下来,看着这个五岁的小男孩,还在很努力地打那个蝴蝶结:绳子穿来穿去,刚好可以拉的一刻,又松了开来,于是重新再来;小小的手慎重地捏着细细的草绳。淡水的街头,阳光斜照着窄巷里这间零乱的花铺。我,坐在斜阳浅照的石阶上,愿意等上一辈子的时间,让这个孩子从从容容地把那个蝴蝶结扎好,用他五岁的手指。孩子你慢慢来,慢慢来。"

没有催促,没有指责,更没有打击,只有静静地等待,暖暖地欣赏,慢慢地信任。

德国著名哲学家、心理学家、教育学家赫尔巴特说过:孩子需要爱,特别是当孩子不值得爱的时候。

一个孩子,该怎样才有情怀去欣赏琐碎人生中的点滴美好?

一个孩子,该怎样才有力量去面对漫长人生中的沟沟坎坎?

答案是:父母的爱,无条件的、全然接纳的爱。

唯有爱,是真正可以激发他们变得更好的力量。

今日作业

跟孩子聊聊,是否曾经感觉到从父母的言行中受到打击,都是什么情况?跟孩子真诚地道歉,告诉他爸爸妈妈以后会特别注意自己的言行。爸爸妈妈无条件地爱他。

025 忙碌的爸爸,怎么才能兼顾事业与家庭

现在的家庭,负担起育儿责任的,大多是女性和老人。多数家庭,爸爸一般都是缺位的。那么,忙碌的爸爸怎样兼顾事业与家庭呢?

爸爸缺位对孩子成长十分不利

家庭调查显示,父亲缺位的家庭,子女在青年时期品行不端、过早发生性行为、早孕的几率是父亲参与程度较高家庭的两倍,患抑郁症的几率高三倍。此外,成长在父亲缺位家庭的孩子,滥用酒精和药物,暴力倾向增加的几率,也远远高于父亲参与程度高的家庭。

对于男孩来说,爸爸是榜样。孩子会学习爸爸的一言一行、一举一动,也会通过观察父亲的行为来学习如何爱别人。当爸爸向妈妈表达自己的关怀、哄妈妈开心的时候,当爸爸说出自己浓浓的爱意,或与妈妈拥抱的时候,男孩子都在向爸爸学习。爸爸真心地尊重妈妈,遇事心平气和的商量,孩子学会的就是男性要尊重女性,还学会了男人和女人之间可以心平气和的沟通。这些,都是他未来可以享受高质量的亲密关系的基础。

对于女孩而言,爸爸让女儿学会怎样与男性相处。对于女孩来说,爸爸是从她的男性星球来的"私人使者",他教会她对

117

男性有怎样的期待,女孩可以在爸爸身上练习开玩笑、争执以及探讨一些深入的话题。这些技巧可以在未来帮助她与男孩子建立友谊。孩子会更加自信,不会轻易被操纵。如果她的爸爸很尊重她,那么对于自己在生活中遇到的男性,她就不会接受不被尊重的状况。

很多童年时期父爱缺失的女孩容易早恋,更多的,即使成年之后恋爱,她们也会容易"在垃圾堆里捡男朋友",容易陷入与"渣男"的恋情。妈妈让孩子安心,爸爸则给她们自信。

由于社会观念的差别,多数人仍然认为女性是育儿的主力。女性负责育儿似乎是天经地义的,不只爸爸自身对自己抚育孩子的义务缺乏清晰的认知,社会对于男性缺席孩子的成长也抱着总体宽容的态度。"娃妈没日没夜地忙碌毫无功劳,而娃爸只是抱着孩子下楼转转就被赞是极品爸爸。"

如果和爸爸们聊起来,也是一肚子委屈:"我压力多大啊,工作多忙啊,真的没有太多的时间和精力投入在家庭。"

我的态度是:不抱怨,不指责,努力从自家做起。既然爸爸陪伴的时间不能保证,那就从另外一个思路突破。

出路就是:让爸爸给孩子高质量的陪伴。

怎么做到"高质量的陪伴"

爸爸要尊重妈妈的劳动。无论你的妻子是职业女性,白天上班,下班回家还要带孩子;还是全职太太,她在孕育和抚养孩子的时候,都付出了大量的精力。且不说职业女性和男性一样在职场上拼杀,你的压力她全有;全职太太同样辛苦,同样创造价值。你的妻子选择做全职太太,是对你的绝对信任和真爱。全职太太们是一位妻子、一位妈妈、一位女儿、一位儿媳妇、一位厨师、一位杂工、一位保姆、一个闹钟、一位护士……她们身兼多职,且长年无休、24小时"随时候命"。全职太太值得尊敬。

永远不要说"你也不上班,就带个孩子还带不好"这样的话。

夫妻要互相理解,在孩子面前互相树立对方的正面形象。

爸爸不要说"妈妈不上班,什么都不懂"。

妈妈永远不要在孩子面前诋毁爸爸,更不要说"你爸爸心里根本没有咱们娘俩""你长大之后千万不能像你爹一样"的话。要在孩子面前树立爸爸的正面形象。

爸爸工作忙,要告诉孩子,爸爸是爱你的,爸爸努力工作,是为了让我们生活得更好。

爸爸的优点也要告诉孩子,孩子有了某方面的进步也可以明确地跟孩子说,"宝宝,你这方面做得特别好,就像你爸爸一样。"

创造爸爸和孩子单独相处的机会

很多妈妈抱怨爸爸不参与育儿,可是当爸爸参与进来,又各种挑剔、各种不满意。"他都不知道给孩子加衣服""他都不懂得让孩子喝水""孩子一跟他出去玩儿,回来就上火"。

这些都成了剥夺爸爸参与育儿的理由。

对于这样的妈妈,我要告诉你,只要你相信你的先生心智正常,那就放手让他去带孩子。

孩子少喝几口水，哪怕是上一点小火，与爸爸缺席比起来，算是小得多的损失。

童话《小王子》里面说，"她单独一朵就比你们全体更重要，因为她是我浇灌的。"正是你在她身上付出的时间，让她变得无可替代，才让我们的那朵玫瑰如此与众不同。

爸爸越陪伴，越对家庭付出，越会享受陪伴和付出的乐趣。

爸爸要学会多肯定孩子

爸爸或许不能时时刻刻陪伴在孩子身边，但是要多和妻子沟通孩子成长的情况，然后在相处的时候，正面地表达出来。

"宝贝，爸爸听妈妈说，你最近懂得帮妈妈做家务了，这真是太棒了。"

"宝贝，老师说你最近在学校举手回答问题积极多了，男子汉就得勇敢表达自己的观点。"

类似这样的话，不但能够引导孩子继续努力，更会向孩子传达一种信号：爸爸在时时刻刻关注着你。

这本身，就是爱的表达。

创造爸爸和孩子之间独有的仪式感

有一些沟通方式是只有爸爸可以做到的，所以只要爸爸有时间陪伴孩子，就尽量去做如下的事情。

比如，坐"直升飞机"。

一岁半的晨晨最喜欢跨坐在爸爸的肩膀上，站起、蹲下、旋转、甚至走起来。对他来说，从来没有试过站在这么高的位置上看世界。当爸爸动起来的时候，他觉得刺激又新奇，不禁咯咯地笑起来。

男性和女性不同，女性由于在怀孕期间就做好了充分的准备，所以她们的母性显得充足和天然。而对于多数父亲而言，则是要在和孩子的相处中，才慢慢认识到自己是一个父亲了。

在这个游戏之中，爸爸的伟岸和有力，在面对柔软的孩子全然的依赖时，也会更加激发出他们内心的责任感，从而更有意愿积极投入到育儿之中。

让爸爸带孩子去运动。无论是足球、篮球，还是跑步，都让爸爸带孩子多体验。男性之间的协作、奋进，简单直接——甚至是有些粗砺的交往方式，都会让孩子更懂得合作，性格更坚毅顽强。

如果家有男孩，可以和爸爸一起打闹。

如果爸爸常驻外地，怎么办？

即使爸爸和孩子不在同一个城市，也依然可以在回家探亲的时候，做上述几个方面的努力。还可以用视频通话、写信等方式和孩子沟通。

可以在孩子成长的每个阶段，都送给孩子需要的礼物。每次爸爸回家都会像圣诞老人一样，把孩子心心念念的礼物带回来，这也是一种别样的温暖。

但是这里要注意，有些常驻外地的爸爸，容易陷入两个极端：出于愧疚，在物质上补偿无度，然后看到孩子成长状态中不理想的情况，又容易因为焦虑而过度暴躁。在孩子眼中，这就是一个人格分裂的爸爸。教育孩子，要温和而坚定，多和妻子沟通。

即使无法常常陪伴，爱却从未缺席。

全家一起反复做情绪教养游戏，就是极好的沟通途径。

构建"特殊时刻"。比如全家一起出游之类，具体的方案，可以让孩子也参与进来。即使这样的时刻一年只有几天，也会给孩子记忆中留下温暖的底色。

父亲的角色，是光荣，也是责任。

在你忙于事业的时候，如果你不希望回家就面对妻子的抱怨，甚至孩子也会说"爸爸，你干脆就不要回家"；如果你不希望在你人到中年，再去慨叹"事业做得再好有什么用，我把孩子耽误了"；如果你不希望到了晚年，期盼与孩子享受天伦之乐的时候，却过得清冷孤寂……那么，请爸爸和妈妈共同努力，为孩子营造一个温馨的家庭环境；为孩子一生的性格，打下明亮坚定的底色。

今日作业

在家里设一个手机保管箱(小盒子就可以)，由孩子保管，爸爸只要在家，哪怕只有半个小时，手机交由孩子保管，全心全意陪伴孩子，实现高质量陪伴。

026 孩子顶嘴怎么办

你孩子曾经和你顶嘴吗？当时你有什么感觉，什么反应呢？

搜狐曾做过一项调查，孩子慢慢长大后，父母最讨厌他哪种行为，75%的父母选择了顶嘴。

为什么多数父母都讨厌孩子顶嘴

孩子顶嘴，父母会有被冒犯的感觉。

美国作家帕梅拉·李在她的育儿畅销书里说：在很多人看来，孩子顶嘴就是和自己作对。

孩子顶嘴，父母会觉得，权威不在。

孩子顶嘴，父母还容易有伤心的感觉。

"我为你牺牲那么大，做了那么多，处处都是为你好，为什么你不但不'感恩'，还那么和我说话，把我的关心推开，甚至视我为敌人？"

之前的课程中，我曾经讲过"发现需求"，听过那一课你就会明白，其实真正让你生气的，不是孩子顶嘴的行为本身，而是你期望孩子能够听话，或者能够感恩，是这种期待落空所带来的失落，也是"失去权威"之后的尴尬。这种情绪不是"孩子惹你生气"了，而是你的期待落空让你感觉不适。

你想要孩子长大之后怎么样

当你年老,孩子独自面对生活中的沟沟坎坎的时候,你是希望他沉稳果断有主见,还是唯唯诺诺没主意?

我先给你说两组研究结论:

弗吉尼亚大学研究发现:

那些在家跟爸妈经常争论的小孩,更能够轻松应对外界的意见分歧。研究让 150 个 13 岁的孩子描述他们和爸妈之间的一场矛盾。两年之后对比了他们与爸妈的争吵方式和与同学的相处方式,那些跟爸妈有矛盾、但能保持冷静的孩子更能承受来自同学的压力。

也曾有专家做出这样的研究:

将 2~5 岁的孩子分成两组:一组平时喜欢顶嘴,反抗性较强;另一组平时乖顺,反抗性较弱。

结果发现,反抗性较强的孩子中,80%长大以后独立判断能力强;反抗性较弱的孩子中,只有 24%长大以后能够自我行事,但是独立判断事情的能力仍然比较弱,常常依赖他人。

你觉得,一个孩子从来都不懂得表达自己的意见,总是会顺从别人,他是不是能在长大之后的某一天,突然就变得有主见了?

听到这,你是不是觉得,顶嘴的行为也没有那么可气?

重新解读孩子的"叛逆期"

人有三个叛逆期,不同的叛逆期有不同的个性发展、心理生理发育特点,父母应对的方法也要不同。

(1)2~3岁时,出现的叛逆行为是人生第一个叛逆期的表现,称"宝宝叛逆期"。

(2)6~8岁时,则来到人生第二个叛逆期,称为"儿童叛逆期"。

(3)12~18岁时,是人生第三个叛逆期,这是大家最常见熟知的"青春叛逆期"。

孩子叛逆期的发展特征是除感受到各种情绪外,还有一点非常明显,就是他开始更多地追求自主。当他的自主和父母的要求有冲突时,他会公然挑战父母,敢于去说"不"。

你会发现,孩子的所谓叛逆期,都是他成长中重要的里程碑。他从一个没有自主意识的柔软的小婴儿,逐渐成长为有自己思想的人。

你要明白一个道理:孩子们为什么会出现?他们的出现,是来取代我们的。

父母的爱就是一场得体的退出,随着孩子逐渐成长、强大,我们干涉他生活的机会会越来越少。

孩子的成长,往往意味着父母的"失去"。

从失去软萌小宝宝全身心的依赖到失去权威。慢慢的,他渐渐长得个子比我们高,力气比我们大,见识比我们广。我们在他的世界里,影响越来越小,从神一样的存在,缩成平淡无奇的两个点。

这是为人父母的真相，只是我们很难接受。

身为父母，要习惯于这种"失去"，要坦然面对这种"退出"。

孩子不是我们的附属品，他是另外一个人。

保护自己的独立人格，对别人的"侵略"反感甚至反抗，这是人的天性。

孩子顶嘴到底怎么办

有的家长说："呀，原来孩子顶嘴是好事啊，证明他成长了，那我就不管他了。"

我们接受了孩子爱顶嘴，并不意味着，就此欣喜地放任自流。因为"顶嘴"只是一个外部表征，它有内在的原因，也有可能会发展到不同的方向。

有的孩子在"顶嘴"的基础上，形成会思考、有主见、敢表达的品质。

有的孩子则会沉溺在"一句话噎死人"的快乐里，变成一个出口伤人的"杠精"。

我们应该引导孩子，既有能力在该拒绝的时候勇敢说"不"，又有得体的教养和温暖的态度。

第一，冷静分析，圈定你家的"顶嘴高频事件"是什么。是关于吃东西，还是穿衣服，还是学习，或者礼貌教养方面？

如果在生活方面，最好的教育就是不控制，孩子有了自主意识，去选择自己喜欢的。比如，穿什么衣服，吃什么样的食物，去哪里玩……这些东西，不妨给孩子自由。诸如这些事，让孩子自己做主,培养他们的分析能力、社交能力,锻炼孩子承担后果的心理素质。如果你觉得是礼貌教养或者学习习惯方面,以后的课程中都会学到实用的方法。

第二,试着去梳理孩子叛逆顶嘴的心理原因。孩子顶嘴,一般说有以下几个原因:其一是寻求关注,其二是争取权利(我可以,我能行),其三是试探底线,其四,他只是在表达自己的观点。

你不要纠结孩子到底属于哪一种,我的看法是,无论哪种都有相应有效的办法。记住,教育孩子,整体态度应该是温和而坚定的。

秘诀一:多和孩子做情绪教养游戏。经过平时经常性的疏导,孩子一般不会积累多少内心的愤怒,而且能够使孩子明显感觉到平等交流的氛围。在这样环境下长大的孩子,顶嘴自然会减少。

秘诀二:多提建议,少发命令。把自己的想法,以建议的方式提出。孩子的认知系统并不完善,因此在和孩子的语言沟通上,需要照顾到他的理解能力与范围。同时,还要注意,需要交代的事情,说一次就好。反复唠叨,孩子就会启动防御机制了。

秘诀三:给孩子选择。根据具体情况确定是给他无限的选择权,还是有限的选择权。比如说,做饭之前问问孩子今天想吃什么,这就是无限的选择权。再比如说到了约定好的做作业时间,你可以给他有限的选择权,"宝贝,做作业的时间到了,你是现在就做呢,还是过两分钟再做?"而且最后要加上一句话,"你来决定。"

今日作业

比如说,孩子要出门,你知道天气预报降温了,让他穿件暖和的外套,他坚定地顶嘴"哎呀,不用"。你说:"今天降温了,不穿外套你会着凉。"孩子说:"就不穿。"

你该怎么办?

027 怎么批评孩子才是对的

在批评孩子的时候,你有没有对孩子这么说呢?

"你怎么总是这么调皮,能不能让妈妈省点心?"

"你把家里弄得这么乱,作为惩罚,今天不许看动画片了。"

"我和你说过,不要这么做,你偏不听,现在吃苦头了吧。"

身为父母,教育孩子要温柔而坚定,面对孩子有一些不良行为的时候,肯定难免要批评。而如果批评方式不当,轻则招来孩子的反抗引发一场家庭战争,重则有可能给孩子留下心理阴影,影响他以后的幸福生活。

学会描述事实而不是评价孩子

首先要学会观察事实、表达事实。要区分观察和评论,印度哲学家克里希那穆提说,"不带评论的观察是人类智力的最高形式。"

比较这两组句子:

冰激淋好吃。

冰淇淋是奶制品。

足球黑白相间。

足球相比跳舞,是更好的运动。

观察陈述的是事实,而评论则是主观的看法。《非暴力沟通》的作者马歇尔·卢森堡认为,暴力语言来自道德评判,也就是依从自己的道德进行判断,在心里给人"贴标签"——在心里对人进行分类。

观察就是客观地陈述事实,不加任何评判。训练观察事实,可以想象你就是一个摄像头,只是表达事实。

场景:下班回家,7点多了,发现孩子还没有写作业,你会怎么说?

如果下班回到家,看到孩子没有写作业,"你怎么总是这么懒""你怎么总是对时间没个规划",这全都是评价;而"你今天作业还没有完成",这才是事实。

"我儿子经常不刷牙。"这不是一句观察,因为"经常"是评论。"本周我儿子有两次不刷牙就上床。"这才是观察。

如果把事实和评判一起说,人们首先会听到评判,并且很容易心生叛逆。所以,正确地批评孩子,是学会观察和陈述事实。

要区分事实和判断,"我认为""我觉得""你总是""你永远""你从来"……这些词语后面接的话,基本上都是典型的评论性语言。

遇到孩子出现问题了,我们太急于教育指正,结果就出现了很多下意识的"指责",只说事实、不作评判是很多父母最缺失的一个能力。

为什么"说事实"很重要?孩子出现所谓的捣蛋行为,他的出发点是不一样的,有的时候他只是因为缺爱,他在通过这样的行为来刷存在感,求得父母的关注。孩子只有感受到被爱被接纳,才不会一次又一次地挑战我们来赢得关注。而这样的孩子,你越批评他,他越觉得缺爱,不但会继续这个捣蛋行为,甚至会变本加厉。

很多年纪小的孩子有时是意识不到自己哪里做错了,当我们说清楚事实和事实造成的影响时,就是在帮助他们总结问题,这时他们才明白为什么玩具弄一地是不好的,也就更有教育意义。

告知后果而不是惩罚孩子

很多家长迷信奖励和惩罚。如果孩子做得好,会马上给出奖励,如果孩子做错事,又会马上给他惩罚。这种方法对于纠正孩子的行为好不好用呢？好用,非常好用。你看,那些驯兽员用的就是这样的方法,能够让海豚会做数学题,让狮子去钻火圈。

惩罚,固然在一段时间会有明显的效果,但是它所带来的负面作用是得不偿失的。我主张的是,要告诉孩子他行为的后果,而不是急着去惩罚他。只有这样,孩子才能真正明白,为行为划定边界的原因是什么,他才能够真正和谐地与其他人相处,他约束自己的行为是因为他想成为一个更好的人,而不是仅仅由于对惩罚的恐惧。

我们看这几组对话。

"你怎么又把玩具弄了一地？你怎么总是记不住我说的？"
——指责

"我看到你把玩具撒得到处都是，这样其他人走路会被绊倒。"——事实和造成的影响

"我让你画画的时候小心点,你看,现在洒了吧。"——指责

"我看到你把画盘打翻了,颜料弄在地上不容易清洗。"——事实和造成的影响

把我们自己想象成那个犯错的孩子,显而易见,哪种方式更容易被理解和接受。因此,当孩子做错事情的时候,我们不要急着指责,也不要急着去惩罚,只需要告诉他这个事实和造成的影响即可。

培养"解决问题的思维"

我们批评孩子,最终的目的是为了让他以后的行为有所改进,不在同样的地方摔倒。所以一定要思路清晰地培养孩子"解决问题的思维"。

这种思维方式在人的一生中是非常重要的,你会发现在现实生活中经常会有人仿佛被"卡"在一个特定的位置上,为生活所困。

比如说某人身处一个不幸福的婚姻中, 他既没有勇气离婚,有各种各样的顾虑;也不去学习夫妻的沟通技巧,没有智慧去改进,这就是把自己"卡"在这个不幸福的位置上,不去改进,不去主动想解决问题的方法。

人生经常有这样的情况,因此,培养解决问题的思维至关重要。

所以在批评孩子的时候,我们把发生的事实和后果告诉他,

接下来就要去跟他一起探讨,我们应该怎么做?要么和他一起探讨,消除不良影响的方法,要么和他一起研究,下次如何避免这样的情况再次出现。和孩子一起去探讨更多的解决方案,既是尊重孩子,更是给了他宝贵的独立思考和解决问题的能力。

今日作业

假设你的孩子 5 岁,把纸巾一张一张抽出来玩,扔得满地都是。你会怎么处理?

假设你的孩子上了小学,最近经常贪玩写不完作业,你会怎么处理?

028 怎么表扬孩子才是对的

我在咨询中，有一次一位妈妈和我分享了她遇到的情况。某天，她正在厨房忙着做饭，6 岁的儿子走进厨房，说："妈妈，我能帮你做点什么呀？"她说，虽然她从来没教过孩子做家务，孩子也帮不上什么忙，但是妈妈很开心呀，儿子可以主动来帮忙做事情了。

妈妈说："你真是个好孩子，真棒！"

孩子听了，也很开心。那一天，母子两个气氛特别融洽。妈妈也认为，怪不得育儿课老师都会说，要经常夸孩子，孩子会更懂事。

可是她很快就发现从那以后，孩子不管做什么，比如做手工呀，或是做作业呀，没一会儿就会跑过来问，"妈妈，你看我棒不棒？"

如果妈妈没有及时回应孩子，没有夸孩子棒的话，孩子明显就没劲儿了，即使干，也是不情愿的样子，有的时候干脆就放弃了。

还有一个妈妈跟我讲过，她的孩子 4 岁时候的一件事情。一家人去公园郊游，走累了坐在草地上休息。她和丈夫就在那里看看手机，看看有没有错过什么重要的电话。孩子很安静地坐在一边的草地上，没吵没闹。难得见到儿子这么乖的样子，妈妈忍不住夸了一句："宝贝你真乖！"谁知道，孩子听了这句后，就把旁边的花草连根拔起,还把带着泥土的花草往上扬,弄得身边乱七八糟。妈妈当时就发飙了,忍不住教训了儿子一顿。

你会表扬孩子吗

为什么孩子会这样呢?难道说夸奖孩子没有用了吗?

现在的儿童教育观念里,常常说要肯定孩子。这当然没错。接纳和欣赏就是爱的基础性表达。

于是,很多父母会把"好棒、懂事、真乖"挂在嘴边,认为这么夸奖可以让孩子更棒、更懂事、更乖巧。然而,很多事情,用这种方式夸奖,孩子不但没有变得更积极主动,反而各方面的表现、成绩和能力都下降了。

和批评指责比起来,赞扬当然能对孩子的成长起到更好的作用。但是如果赞扬应用不当的话,有可能孩子会变成讨好者,或者成为总是去寻求别人认可的人。长大之后,他的认知也有可能形成依赖于别人观点的自我概念。这样的孩子对自己没有一个恒定的评价,如果受到了别人的肯定,那一天就会心情很好,自信心满满,如果某一天遭受了一些挫折,或者是被人否定,那一天情绪就会跌到谷底。而且对自己的能力也没有一个客观的认知,不知道自己可以做成什么事情。以后面对挑战的时候,就容易退缩怯懦,明明可以做到,也不敢尝试。

成年人之所以会这么做,是因为他们认为孩子的自尊是可以通过赞扬给予他们的,而实际上,自尊既不能被给予,也不能被接受。自尊是培养出来的,是从应对失望、解决问题,以及从错误中学习,从大量的机会中培养出来的。

你会区分赞扬和鼓励吗

正确的做法,是少赞扬,多鼓励。赞扬和鼓励是不同的。

第一,赞扬是指向人的,鼓励是指向行为的。赞扬比较笼统,如"你真乖,你真棒"这样的话。比如说孩子刚不小心把牛奶打翻在地,爸爸听说孩子比赛得了好成绩,所以兴奋地说,"宝贝,你可真棒!"孩子就懵了,"什么情况?这是在说我这个牛奶打翻得恰到好处吗?"我们表扬孩子的时候,是有公式的,就是"具体行为+鼓励"的方式。

一定要有具体的行为,告诉孩子是他的什么行为受到了鼓励。例如,孩子吃完饭后,自己把碗筷放回厨房。如果这时家长只是说:"你今天表现得不错。"效果会大打折扣,因为孩子不明白"不错"指什么。你不妨说:"你知道自己收拾碗筷了,可以分担家务了,妈妈真高兴!"

第二,赞扬是针对结果的,鼓励是针对过程的。赞扬是针对天分,鼓励是针对努力。少说"你真聪明""你真漂亮",多说"宝贝能坚持练琴,进步很快,真棒"。

少赞美结果,多赞美过程。少说"考了一百分,真棒",多说"宝贝学习很用心,考了一百分,真棒"。

第三,赞扬会导致孩子为他人而改变,而鼓励则会让孩子为自己而改变。

赞扬会使孩子觉得得到他人认可的时候自己才有价值,而鼓励则会觉得自己就是有价值的,哪怕没有得到他人的认可。

今日作业

从孩子今天的行为中,找到一个值得鼓励的点,用正确的方法鼓励孩子。

029 孩子特别黏人怎么办

经常有朋友问我:我家孩子特别黏人,都 5 岁了,晚上睡觉非得跟爸爸妈妈一个被窝,白天也频繁地需要大人抱他,他是一个男孩子呀,这长大了可怎么办呢?

还有的小一点的孩子,接受不了妈妈去上班,不管怎么讲道理,一看到妈妈准备上班出门,就抱住妈妈,各种哭闹,妈妈无奈,有的时候只能偷偷地溜走。

曾经有一个两岁宝宝的妈妈特别苦恼地找到我,说只要她一下班,孩子就像长到她身上一样,一秒钟都不能见不到妈妈,就连妈妈上个厕所,她也会在外边撕心裂肺地哭。晚上睡觉之前,必须得让妈妈给她讲绘本,如果妈妈说累了,她就开始哭闹。妈妈说白天上了一天的班,晚上又被孩子这么黏着,累都累死了。

还有的孩子,本来平常她都很正常,可是经历了一个小长假,妈妈连续陪伴了三天五天,甚至七天后,到了假期结束,要上班了,孩子就一反常态,开始大哭,不让妈妈出门。这难道是陪孩子太久,反而把孩子惯坏了,是不是以后就不应该这么长时间陪着孩子,免得她这样大哭大闹?

孩子为什么会黏人

上面所有的现象,包括有一些孩子,即使单独分屋睡觉,也会抱着一个什么毛绒玩具呀,抱着妈妈的一件衣服呀,才能入睡,这都是一个问题:安全感不足。

你可能会说:"我陪伴孩子的时间很多,陪伴的质量也很高,他怎么还是安全感不足呢?"

所谓的安全感,指的是孩子相信自己,他知道自己在面对各种困难和问题的时候是安全的,可以从困难中走过去。假如他的安全感不足,就会本能地去寻求最让他有依赖感的那个人。

要想解决上述一系列问题,重点就是要培养孩子的安全感。具体怎么做呢?要诀有两个。

多让孩子自主做事情

我曾反复讲过,在孩子适当的时候,就要努力地放手,让他试着去做和他年龄相适应的事情。比如自己爬行,自己走路,自己吃饭,自己穿衣服,自己收拾书包,自己做一些力所能及的家务。平时也要训练孩子多动手,从小时候的涂鸦、涂色、做手工,到长大了自己拼乐高、做家务,都要在保证基本安全的前提下,放手让孩子去做。那些可以由孩子做出选择的事情,就放手让他去决定,像这样的生活细节,每一个环节,每一次过程,都会为孩子增加一份安全感。

同时相信你也一定会领悟到,在孩子做事情的过程中,不要去催促他，不要去奢求他一下子就能达到一个完美的结果，放手让他去失败，让他去学习，让他从这个过程中积累经验，获得自信。父母越是保护得过度，孩子就越容易没有安全感。切记，过度保护，其实就是在给孩子的安全感减分。

面对特别黏人的孩子，你要做的不是要减少陪她的时间，恰恰相反，你要多陪伴孩子。之前的课上我也讲到过，要给孩子高质量的陪伴，那是为了安慰实在太忙的爸爸妈妈，如果你实在实在很忙，你能做到给孩子高质量的陪伴，也是可以的。但不能因为这样，就理所当然地减少陪孩子的时间。

我在家陪孩子，也是他做他的事情，我做我的事情。但是，只要孩子来找我，我都尽量给他回应。有时候我在书房读书，他在外面练琴，他会跑过来说："妈妈，我想要个抱抱。"我就会立刻放下手头的事情，给他一个大大的拥抱。

特殊的亲子仪式

孩子小的时候，可以学一些抚触、按摩推拿的手法。如果实在不会，就手法轻点，轻轻抚摸，保证按不坏就好。有人说小儿推拿是伪科学，我们在这里不争论科学真伪与否，因为我要说的根本不是医学意义上的推拿，而是属于亲子之间的肢体接触。孩子小的时候，你抱他，亲亲他，这都是肢体接触。等孩子大的时候，比方说孩子做得好，就拍拍他的肩，拍拍他的背，摸摸他的手，这都是我们中国人比较可以接受的。我要鼓励大家，从孩子很小的时候，就养成习惯，爸爸和儿子、女儿都来抱一个搂一下，这对孩子来说是建立亲子关系的一个很好的方法。孩子需要父母的关爱和接触。当你接触他、搂抱他、抚摸他,表示你对他的关爱,对他的接纳,对他的鼓励。孩子会在这样的动作当中感受到你对他的爱,父母对他的无言的支持,这对孩子非常重要。这些动作传递的信息是父母完全接纳你,完全地爱你,孩子这时是神采飞扬的,他会很有活力。随着孩子的成长,有哪些亲昵行为已经不适合了,在相应的年龄,应该用什么样的方式去表达自己的爱,这方面内容在性教育专题将会讲到。

今日作业

不管你的孩子有没有黏人的情况,都要抱抱孩子,说"妈妈爱你",或者"爸爸爱你"。如果"爱"这个字,你实在说不出口,就用自己的方式表达出你爱孩子、孩子对你来说很重要。

030 忍不住对孩子发火后应该如何善后

在之前的课程中，我们都在学习如何构建良好的亲子关系。本模块最后一课，我要讲的是，如果你没有控制住情绪，对孩子发火了，或者一时失言，说了伤害孩子自尊的话，你该怎么去善后？

第一步，不要任由自己陷于自责之中

如果对孩子发火，很多人在情绪稍微平息之后，第一反应就是陷入到自责之中，悔恨："我都下了无数次决心，说以后不对孩子发火了，怎么又发火了？""我跟着琴琴老师学了 30 节课，怎么还是会发火？"

我要跟你说，这场火，发都发了，既然是已经发生的事情，就不要再无限纠结了。我们要努力想，如何才能补救，如何才能避免重演，如何才能改善。

第二步，识别自己发火的真正原因

你发火，导火索是孩子的某种行为或者言论，但真正的原因是这个吗？

你有没有对照思考过，是不是你自身的状态不够好，所以导致对孩子行为的宽容和理解度都降低了呢？容易引发自己状态不好的原因，其实有很多。

比如身体的疲惫。睡眠不足，过于疲劳，都会导致我们更难控制情绪。

比如生活的压力。孩子家长基本上都是人到中年，过着上有老下有小的日子，生活的疲惫和挫折都压在身上，免不了有诸多不如意，这时候如果孩子再不顺心，家长可能很容易爆发。

被其他人惹怒，借孩子撒气。还有的人，在工作中，或者在社会上忍辱负重，没有办法扬眉吐气。只有孩子是比自己更弱的链条，所以就很容易成为自己情绪宣泄的出口。

多数人，因为没有接受过情绪教养，成年了依然存在情绪控制方面的困难。

很多时候，你认为是孩子惹你生气了，但这并不是真相，真相是你对孩子不切实际的期待落空，让你生气了。明白了这个道理，你会更加客观地修正自己对孩子的期待。

第三步，认真善后

首先，真诚地向孩子道歉。

保持与孩子平等的姿势，蹲下来，平视孩子的眼睛，告诉他，"对不起。妈妈/爸爸错了，我不应该对你发脾气，我没有控制好自己，我是不是吓到你了？你现在还好吗？"

鼓励孩子说出自己的感受，如果孩子要让你抱抱安慰他，可以抱着他，轻拍他的背部说这样的话。

如果孩子不主动要求你抱抱他，不要因为内疚强行抱他，那是再次不尊重他的意愿。

其次，和孩子一起，讨论解决办法。

之前的课上我谈到过"解决问题的思维"，可以和孩子一起心平气和地去讨论解决问题的办法。

解决问题有两个层面，一个是针对孩子让你发火的问题，你们要商量出解决办法，比如说孩子每天都很磨蹭，而这一点特别容易让你发火。你可以问他："每天早上起来，我都很担心你会迟到，这让我有时候很生气，你觉得要怎么做，才能准时出门呢？"

一个是针对情绪问题，询问孩子，当你生气的时候，他希望你怎么做。不妨问问孩子，在遇到这些情况时，孩子希望你怎么做："在我很生气的时候，你希望妈妈、爸爸怎么做呢？"

孩子一定会给你很多答案，比如说到家里的冷静角去冷静一会儿。或者说吃一块糖，开心一下。你在让孩子发表意见的时候，不要担心他的意见不靠谱或者实行不了，因为你们接下来继续探讨，不靠谱的意见自然就会被否定掉。

再次，认真感谢孩子的原谅。告诉孩子自己有时候做得可能并不是很恰当，有时候会犯错，谢谢他愿意原谅你，给你改正的机会。

你所做的这些，都是在为孩子树立良好的榜样，也是在帮助你自己成长和学会管理情绪。

想想看，除了自己的孩子，还有几个人能够在你一次次发脾气之后，对你还不离不弃、不计前嫌的？珍惜和保护这段缘分。

同时不要忘了，多和孩子做第一章所讲的情绪教养的游戏,这是一套万能的方法。如果在你家里,时常和孩子一起进行情绪教养游戏,孩子和你的关系一定会很和谐,孩子成长中出现的一些困惑、走的一些弯路也会很容易得到解决。

今日作业

在亲子关系方面,你有什么困惑,或者好的经验,欢迎写信与我交流。

第三章　习惯养成

031 好习惯，受益终生

1988 年，76 名世界顶尖的科学家们齐聚一堂，包括当时年仅 46 岁的霍金。

当记者问科学家们"您在哪所大学、哪个实验室学到了您认为最重要的东西"时，一位诺贝尔奖获得者回答道："在幼儿园。"他在幼儿园里学到了一生中最重要的东西：把自己的东西分一半给小伙伴；不是自己的东西不拿；东西要放整齐；吃饭要洗手；做错了事情要表示歉意；学习要多思考；要仔细观察大自然……从根本上说，他学到的东西就是这些。

他的回答让现场所有人为他鼓掌。这个时代的脚步太快了，搞得我们每个人都很着急，急着长大，急着成功……我们现在的很多父母习惯了超前学习，三四岁就让孩子认字，上小学之前就要学习小学的知识，小学的时候要急着去学初中的知识，却很容易忽略基础教育的重要性。没错，知识能够改变命运，但没有幼儿时期养成的好习惯做支撑，那它也只能是空中阁楼。所以我们会见到很多人，上了大学之后，还不知道基本的人际交往礼仪，甚至到工作岗位上，都不懂得如何与人相处。

美国心理学巨匠威廉·詹姆斯有一段对习惯的经典注释："种下一个行动，收获一种行为；种下一种行为，收获一种习惯；种下一种习惯，收获一种性格。"

这一章，共有 20 课，涵盖主要的生活习惯、学习习惯和行为习惯。

在正式讲解每一种习惯的养成方法之前，照例还有一些理念性的东西，先分享给大家。

好习惯要慢慢养成

你不要因为孩子暂时没有养成好习惯，而过度焦虑。很多家长都是因为看到孩子出现不理想的状况，然后就在心里开始脑补，说："这么小就这样，长大了可怎么得了。"然后就很焦虑，甚至在这种焦虑情绪的支配之下，开始启动吼娃模式。

比如前几天有个朋友跟我讲，她 6 岁的女儿学习画画，刚上了两节课，就说什么也不去了。她当时就火了，说："自己说要去，然后又不坚持，干什么事儿也没个恒心，这以后怎么行？"

当然，我们后面的课程中会专门有一节课去讲，怎么能帮助孩子坚持做一件事情。我们当然知道，做事情有恒心、有毅力，是人非常珍贵的一种品质。可是并不代表说，孩子现在说要放弃，就真的会彻底放弃，也许他只是因为各种原因，比如说老师不慈爱，同学不友好，或者只是单纯的他有畏难情绪；再或者只是他觉得时间安排得不合适，也许你把这些问题解决了，他还是可以继续坚持学画画。更何况，孩子放弃了一件事情，不等于他会放弃所有的事情。也许这个决定确实不合适，确实应该放弃，转而去学更适合他的。这是他小小人生中第一次试错的过程，第一次自己决定放弃和选择的过程。但是如果父母因此就责备孩子，反而阻断了孩子的一次珍贵的成长机会。

所以即便孩子暂时没有养成好的习惯，你也不要焦虑，只要你有决心带着孩子一起去调整，什么时候开始都不晚，一切都会越来越好。在罗振宇的跨年演讲中，他分享了约翰·列侬的一句话：所有的事情到最后都是好事。如果它没变成好事，那说明还没到最后。

抛弃"好用"的奖惩手段

要想让孩子养成好习惯，我个人认为，奖励和惩罚不是好的选择。虽然会见效很快，但这是动物园驯兽的路子，做对了给奖励，做错了给惩罚，简单粗暴，立竿见影。但是，这种方法从根本上缺乏对孩子的信任和尊重，长期来看，并不利于孩子心智的成长。好习惯，来自家庭的"熏陶"，来自孩子对父母行为的模仿，也来自父母温柔而坚定的教育。

平常心看待停滞和反复

在孩子养成好习惯的过程中，存在停滞和反复都是非常正常的现象，他有可能甚至会走一步退两步，请你给孩子耐心，不要说"我为你付出这么多,我陪你一起养成好习惯,可是你竟然还是做不到"。仔细想想,在现实生活中,你决定要减肥,这个决心都下了多少次了,可是更多时候,你不是依然如故吗?希望你能够宽容人性中所固有的惰性。

想要改变自己并不容易,只要大方向是向前的,我们不放弃就好了。

而且这些好习惯,也不会立竿见影产生明显的效果。这是一个静待花开的过程,你要相信,好习惯是会让孩子受益终生的。

今日作业

列出你认为最重要或者你最受益的 5 个习惯,在接下来的课程中你可以用学到的方法着重培养这些习惯。

032 怎么培养孩子早睡早起的习惯

你家的早晨是什么样的？

有人告诉我，她家儿子是个"起床困难户"，从孩子上幼儿园的时候，就经常给老师发信息："对不起老师，我家娃起晚了，今天得晚到会儿。"

等上了小学，倒是基本上没迟到，但是每天家里都是一场没有硝烟的战争。每天早晨她都要求自己："我要耐心，要温柔。"可是当她一次又一次走进儿子房间，一次又一次叫醒失败后，她好不容易积累起的耐心终将被摧毁，然后就开启了新一天的吼娃历程。

孩子晚上不睡觉，早晨不起床，是让很多家长头疼的事，而且这种习惯如果持续下去，对孩子将来的健康和学习都是不利的。睡眠不足会影响孩子的身高发育，睡眠中生长激素的分泌明显增加，一般是晚上 22 点到凌晨 1 点，为睡眠激素分泌的高峰时期，如果孩子睡得太晚，身高就会受到影响。睡眠不足也会影响孩子的反应速度，如果长时间睡眠无规律、不充分，孩子会有明显的反应速度慢、记忆力减退的现象。

一年之计在于春，一天之计在于晨。让孩子养成早睡早起的习惯，他们每天都是非常从容的，学习能力和学习成绩都会得到提升，就连与同学的人际关系都会更融洽。如果孩子每天都能够精神饱满、朝气蓬勃地享受学校生活，那是多好的事情啊。

怎么培养孩子早睡早起的习惯呢？

别要求孩子活成日程表

在讲培养孩子良好的作息时间之前，我照例先要讲一条理念：你永远不要试图要求孩子活成一张丝毫不差的日程表。我主张，孩子最好有一个大致的日程表，但这个日程表只是一个参考，一个目标，千万不要把它当作一个机械执行的东西。孩子的时间管理，更多的体现在一种大方向上的规划，而不是让自己的生活，机械地按照日程表分秒不差地运行。我主张，我们一切的努力，包括自律，都是为了让生命更美好，而不是在努力的路上直接去"反人性"，使人机械化、工具化。

尤其是孩子，他对于时间还没有明确概念。你是否还记得自己小时候是不是一到放学或者节假日，就和小伙伴在外面疯玩儿到天黑，完全不知道吃饭时间到了，直到妈妈喊你回家吃饭。

体谅到这些，现在轮到自己叫醒孩子起床时，一定不要简单粗暴，不要奢求孩子在听到你的指令那一刻就马上弹起来。因为在被叫醒的那一刻，我们的大脑要完成一系列复杂的转换，先要检查环境是否安全，需要把潜意识进行切换，也需要神经系统的启动，然后四肢才会苏醒，这个过程，最短的也需要三五分钟。留恋被窝，流连梦境，这是人的本能，如果父母总是愤怒地冲进房间大喊，或者一下子拉开孩子的被子，甚至是去打孩子的屁股，这种在熟睡中突如其来的侵犯，会破坏孩子睡眠的安全感，加上父母不耐烦的指责，孩子出现"起床气"就顺理成章了，而且时间长了还会影响孩子的身心健康。

6 岁以下

我个人认为，6 岁以下的孩子，没有必要在作息时间上有过多过细的要求。

对于学龄前的孩子，尤其是 3 岁以前的孩子，生活大致有一个规律就好了，平时也可以困了就睡。培养低龄孩子早睡早起有两个要点：

1.言传身教

良好的作息习惯，同样也需要父母的言传身教。尤其是母亲怀孕时候的作息，基本上就是孩子出生之后的作息。我自己就是一个例子。有几个习惯是让我受益至今的，一个是坚持阅读，一个是做事情专注力强，还有一个，就是早睡早起。我儿子泥泥从小就是每天早晨 5 点半起床。他起床之后有时候会看看书，有时候会发发呆，也有时候会玩玩具，有时候会完成前一天没有完成的作业。每天的早晨都过得散淡而从容。

家长的作息习惯会对孩子产生潜移默化的影响。如果家长平时就有白天很晚起床、半夜熬夜不睡的习惯，孩子就会"有样学样"，他们也不会养成一个良好的生活作息习惯。因此，家长是否能够规律生活，早睡早起，合理安排假期生活，对孩子有潜移默化的督促作用。

2.睡眠仪式

睡前一个小时，避免剧烈运动，避免强烈刺激孩子的活动。

比如说手机电脑游戏,如果孩子过不了关,他是很难安下心来,进入睡眠程序的。

到了睡眠时间,全家要营造一种安静温馨的睡觉氛围,灯光调暗,电视关闭,大人不要聊天了,也不要继续玩手机,最好是可以陪伴孩子一起入睡,轻柔地聊一聊天,为孩子做做抚触,或者讲一个睡前故事。如果家长要加班,也请等孩子熟睡之后,再去做自己的事情。

6 岁以上

1.约定法

建立一个日程表,对于已经上学的孩子,要和他约定好,每天几点起床,大致建立一个生活日程表,至少入睡和起床时间要相对固定。

2.各种花式叫醒法

光线叫醒法。人类的本能就是日出而作、日落而息,所以利用光线会容易使人醒来,可以到时间差不多了,把孩子房间的窗帘拉开,调整一下光线。

音乐叫醒法。可以选择孩子喜欢的节奏明快、轻松愉悦的音乐,使孩子在他喜欢的乐曲之中醒来。

闹钟法。可以和孩子一起,选择一个他喜欢的闹钟,或者用手机闹钟,选择一曲他喜欢的音乐,来叫醒孩子。

下面介绍的两种方法,更加温馨。

早餐诱惑法。听说每一个"最牛早餐妈",都会有一个开心快乐、按时起床的好宝贝。妈妈每天精心准备的早餐,孩子会满怀期待,在满满的爱意和饭菜的香气中,开启幸福的一天。

轻吻法。和孩子一起玩亲吻的游戏,亲吻孩子的额头,把他叫醒。可以结合她喜欢的童话的情节,玩吻醒巨人、吻醒公主、吻醒王子,等等。

还有一个"馊主意",如果孩子总是心不在焉,磨磨蹭蹭,你用尽了各种办法还是很崩溃,那不妨就对孩子用一次"崩溃疗法":让他迟到。让他亲自体验一次迟到的后果,匆匆忙忙地出门,在众目睽睽之中进入教室,同学异样的眼光,老师或严厉或温和的批评……通过这一次,他就会领悟到,上学是他自己的事情,如果迟到,后果是由他自己去承担的。他自然就知道,要早睡才可能会按时早起。而且他会知道,每天早晨要合理地安排好时间。

今日作业

召开一次家庭会议,把作息时间约定下来,并且约定好睡前仪式和早起方式,全家人一起养成早睡早起的好习惯吧。

033 怎样培养孩子养成良好的生活习惯

　　培养孩子养成良好的生活习惯非常重要。良好的生活习惯会让人受益终生,它是基本健康的保障,也是未来高效工作和快速成长的基础。

　　先说一条原则:要想让孩子养成好的习惯,家长对孩子的态度,一定要温和而坚定,这是一个必须坚持的基本原则。在生活习惯教养方面,具体表现就是:要体现坚定,你就要说话算话,而不能朝令夕改。一旦你在孩子心里失去了权威感,他就会有恃无恐。尤其是你让他觉得用哭闹的方式可以威胁到你,那么他只会把哭闹的方式不断升级。要体现温和,你就不要过分严苛,不要吼叫,温和但是明确地提出你的要求。而且,到了约定时间,孩子还没有行动的时候,你要给孩子一个缓冲的时间。比如说,快到出门时间了,孩子还在玩玩具,你不要直接冲过去怒吼说:"怎么没完没了啊,赶紧给我起来走!"而是可以问他:"宝宝时间到了,你是过一分钟离开还是过两分钟离开?"其实他并没有一分钟还是两分钟的确切概念,不过你既给了他选择,又给了他缓冲,通常孩子都会配合的。

6 岁以下生活习惯养成重点

　　教育部发布的《3~6 岁儿童学习与发展指南》

目标1　具有良好的生活与卫生习惯

3~4 岁	4~5 岁	5~6 岁
1.在提醒下，按时睡觉和起床，并能坚持午睡。 2.能主动参加体育活动。 3.在引导下，不偏食、挑食。喜欢吃瓜果、蔬菜等新鲜食品。 4.愿意饮用白开水，不贪喝饮料。 5.不用脏手揉眼睛，连续看电视等不超过15分钟。 6. 在提醒下，每天早晚刷牙、饭前便后洗手。	1.每天按时睡觉和起床，并能坚持午睡。 2.喜欢参加体育活动。 3.不偏食、挑食，不暴饮暴食，喜欢吃瓜果、蔬菜等新鲜食品。 4.常喝白开水，不贪喝饮料。 5.知道保护眼睛，不在光线过强或过暗的地方看书，连续看电视不超过20分钟。 6.每天早晚刷牙、饭前便后洗手，方法正确。	1. 养成每天按时睡觉和起床的习惯。 2.主动参加体育活动。 3.吃东西时细嚼慢咽。 4.主动饮用白开水，不贪喝饮料。 5.主动保护眼睛。不在光线过强或过暗的地方看书，连续看电视等不超过 30 分钟。 6.每天早晚主动刷牙，饭前便后主动洗手，方法正确。

我们来挑几个比较难做到的事情，看看如何培养好习惯。

一是老实坐着吃饭。培养良好的用餐与饮食习惯，鼓励孩子自己用餐。小技巧：预先的一些"小费事"可以换来饭后的"大省事"：可以在孩子饭桌周围铺一些废报纸接住洒出的饭粒，使用打不碎的碗，给孩子穿上易清洗的围兜。

用餐定时定点。吃饭时间要固定，而且要求孩子一定要坐在餐桌旁吃饭。不能边看电视边吃饭或边玩边吃，吃饭时不能随意走动。已经能够正常吃三餐的孩子，就要控制零食摄入的时间和数量，免得影响正餐。

二是按时刷牙。让孩子选择他喜欢的牙具，可以买一个玩具沙漏，沙子滴完刚好三分钟。这样，刷牙就变得有趣多了。还有一种方法叫作音乐法，这个方法可以有效解决孩子在生活中的磨蹭问题。具体方法是，在音乐播放器里，由孩子选择一些他喜欢的音乐，每段音乐时长大约在三四分钟。然后可以跟孩子约定,在哪首曲子结束之前穿好衣服,在哪首曲子播放的时候完成洗脸刷牙。

三是玩具归位。采用孩子喜闻乐见的方式,引导孩子养成良好的习惯。如:要求孩子玩完玩具放回原处,可以用游戏的口吻对孩子说:"玩具要回家了,你帮它找找家在哪儿,把它送回家吧!"

6岁以上生活习惯养成重点

大一些的孩子,可以和他一起商量制定作息时间表。在这里我特别要提醒一点,那就是和孩子一起商定作息时间表的时候,不要把它安排得满满当当,全都是课内作业、课外班,几乎没有休息和娱乐的时间。如果是这样的作息时间表,不可能受到孩子的欢迎, 他会觉得这一切都是为了剥夺他的自由和快乐。你一定要告诉他,我们训练自己高效率地做事情,正是为了能够为自己争取到自由的时间。比如说作业是肯定要做的,他用一个小时做完,那剩下的时间就可以自由安排,而如果磨蹭到三个小时做完,他就没有任何的自由时间了。在这要提醒家长,你不要让孩子完成学校的作业,之后又给他布置大量的家庭作业,这样很容易让他做作业的时候更磨蹭,因为他会在心里想:"老师留的作业,我快点做完了有什么用?还不是要做爸爸妈妈留的作业,还不如磨蹭会儿呢。"其实在孩子成长的过程中,多做几道题,少做几道题,没有那么重要,重要的是让他从小养成高效专注做事的习惯。

也有很多家长问我,该如何处理孩子和手机的关系?有一些家庭采取的是严格禁止的方法,不许孩子触碰。我个人的观点是,小学阶段的孩子,可以每天定时定量地接触一下手机,对于网络游戏,在他完成一天任务的时候,可以赋予他玩一会儿游戏的权利。但是要监督他,能够在规定时间内停止。为什么我不主张绝对禁止孩子玩电子游戏呢?因为人的本性就是:你越禁止、越压抑,他就会越渴望。孩子小的时候,你还能管得住他,一旦他到了青春期,上了大学,脱离了父母的管束,他就容易为少年时期渴望而不得的游戏求得补偿。所以赋予他玩游戏的权利,同时鼓励他懂得适可而止,懂得自律,这对孩子来说是一种珍贵的品质。未来在他漫长的人生道路上,他会面临很多诱惑,父母的这种信任和从小养成的自律,可以使孩子在面对各种诱惑的时候,能更有定力。

帮助孩子养成习惯时,我们要努力做一个有趣的家长,要学会用有趣的方式带领孩子完成生活好习惯的养成,而不是干巴巴、冷冰冰的,一个接一个的命令。你可能会说,有趣哪是一时半会儿就能学会的呢?不要紧,今天我就给你介绍一种有趣的方式:

好习惯游戏"周六宝箱"

适合年龄:3 岁以上

准备道具:纸箱或纸盒

游戏方法:

1.为孩子准备一个特别的纸箱,告诉孩子,这个箱子是爸爸、妈妈用来装他平时乱丢的东西用的。如果是孩子每天都要频繁使用或玩的东西,一旦收进宝箱,只有到了周六才可以打开并重新使用里面的东西。即便是重要的东西被收到了里面,孩子也只能等到周六才可以重新得到并使用。

2.对于被收到箱子里的短时间内孩子可能不会再用或再玩的东西,可根据具体情况设置更长的封存时间。例如隔周的周六或者下个月的某个周六再交给孩子。

3.做这个游戏时,也可由孩子把其他家人四处乱放的东西收集到箱子中,由孩子来监督保管,到周六的时候,再把里面的物品拿出来。还可以定期比一比谁乱丢的东西少,对冠军可专门开一个家庭会议,可以发奖,可以互相鼓励。

游戏关键:

如果孩子总是随便乱丢乱扔自己的物品、玩具,而父母除了跟在孩子屁股后面收拾外没有其他的好办法,那不妨和孩子玩这个"周六宝箱"的游戏。这个游戏会让孩子将自己的行为与这种行为的后果联系起来,引发他的思考。当一种行为与一个人的需要有了关联,这种行为更容易成为一种习惯。当归位的习惯成了自然,孩子做起事来自然也就井然有序啦。

今日作业

在帮助孩子养成好的生活习惯这方面,你用过什么有趣的方法呢? 可以来信告诉我,跟大家一起分享。

034 家长陪写作业的正确方式

如果我问你,你和孩子在一起的时候,什么时候最容易崩溃?答案十有八九就是陪孩子写作业的时候。正所谓"不做作业,母慈子孝,连搂带抱。一做作业,鸡飞狗跳,鸣哇喊叫,让路人笑话,让老人血压升高,让邻居不能睡觉"。有人笑称这是"作业伤害",同时伤及孩子和家长,而且杀伤力不可限量。

你究竟应不应该陪孩子写作业

经常有朋友问我,孩子写作业到底该不该陪?几岁的孩子才需要陪?我认为,只要你家孩子还没有做到完全养成良好的学习习惯,就应该陪。最应该陪的时候是上小学一年级第一学期的时候,因为那个时候孩子刚刚上学,正是需要养成良好学习习惯的关键时期。如果你的孩子现在已经到了小学高年级,但是依然没有养成好的学习习惯,那同样也是需要陪的。

那接下来问题就来了,怎么陪写作业才是对的呢?我给你说一个总的原则:现在陪是为了早日不陪。我们陪伴孩子是为了辅助他养成好的学习习惯,是为了有朝一日他可以独立完成学业,而不需要家长再继续陪伴了。所以,你在陪伴的时候,一定不要让他对你产生依赖性,好像爸爸妈妈不坐在身边,孩子写作业就没有信心。具体该怎么陪伴呢?

准备工作要提前做好

一旦开始做作业,在固定的时间单位中,不要去打扰孩子,也不建议孩子离开书桌。至于这个时间单位,根据孩子的年龄和专注力而定。一般是 15 分钟至 50 分钟不等。像坐姿之类的事情,要在开始做作业之前就纠正好,最忌讳的就是,孩子刚写一笔,你过来吼一嗓子:"你这字怎么写这么歪?"又写了第二笔,你又过来吼一嗓子:"坐直了!"好不容易写了第三笔,你再来一嗓子:"哎呀,你写错了,怎么上课一点儿也不认真听讲,这么简单的题还错。"如果这样去陪孩子,那还真不如不陪。在约定好的固定时间单位里,比如说 25 分钟,你就让孩子自己去做,专心致志不要离开书桌。可以告诉他,不会做的题先跳过,等时间到了,统一帮他辅导。

一定要控制情绪不要打骂孩子

我相信,如果你认真阅读这本书,并践行到现在,你至少应该不会沾火就着了。打骂行为突出的家庭,孩子成绩层次相对较低。

有教育专家认为,尽管很多时候孩子给父母造成的只是小麻烦,但父母表现出的痛苦会在孩子心里成倍放大。如果家长一味地催促、唠叨甚至武力威逼,只会让孩子反感、害怕甚至焦虑,对做作业越来越缺乏主动性。

不要近距离监督

在孩子专心写作业的固定时间里，不要坐在他旁边监督他。要在离他适当远的同一个空间内，安静地做你的事情。在这个阶段，你们最好在一个房间，距离 3~5 米的范围。在陪写作业的时候，不建议把孩子自己关到房间里，因为你看不到他写作业时候的状态。更不建议直接坐到对面，凶神恶煞地监督着他，这样要么让孩子觉得压力巨大，要么就会对你形成依赖，处处都想要去问你。在距离他 3~5 米的范围内，既给他安全感，又不会给他造成过多的干扰。这个时候建议你不要看电视，不要玩手机，最好的选择是安静地坐到一边看书。

习惯比结果重要，兴趣比分数重要

你陪孩子，目的是陪出好习惯，而不仅仅是陪出眼下的好成绩。我们的目标是，尽快让孩子不需要我们的陪伴，就可以独立完成学业，养成受益终生的良好的学习习惯。重点要陪的是：

第一，养成固定时间做作业的习惯。帮孩子认识做作业的重要性，养成放学回家先完成作业再做其他事情的习惯。或者也可以先休息十五分钟，喝点水、吃点水果再开始。总之，培养孩子在固定时间完成作业。

第二，形成每天复习、完成作业、预习的学习顺序。预习的重点是能提出问题，从而带着问题上课；复习是找到薄弱环节，并在薄弱环节多投入时间复习。我个人不建议家长给孩子留额外的作业，除非孩子的学校在安排学习方面有疏漏的地方，否则一般学校给安排的作业就足够了。

第三，要培养孩子独立做作业的习惯。孩子刚入学，家长要辅导孩子熟悉各科作业的标准、格式和规则，待孩子掌握要求后，就要逐渐放手，让孩子独立完成作业。

第四，和孩子沟通，要用明确的语言。不要模糊地说："学习要用心！作业要整洁！"

其实对于作业整洁这件事，每个人要求的标准可能都不太一样。所以你要学会用明确的语言和孩子沟通，什么叫作业整洁呢？你把它细化成几个点，比如说，行列要对齐，字要写得大小均匀，尽量横平竖直，作业本平整，没有脏污墨迹，等等。当然，对于刚上一年级的孩子来说，他们的小手还没有发育好，要求他们把字写漂亮，这是一件很难的事情，你要一点一点地让他进步。

如果孩子成绩不理想，作业不会做，你要理性地帮他分析原因是什么。如果孩子在发育方面存在健康问题，就需要去正规医院检查治疗；如果孩子非常健康，上课也认真听讲但还是听不懂，或者听得一知半解，做题的时候不能融会贯通，是暂时的能力问题，家长要耐心点，多花点时间慢慢帮孩子补基础。你要知道，孩子的发育不是一个直线上升的线条，他可能会有暂时的停滞，然后到了某一天突然间像开窍似的开始爆发。你一定要有耐心，等到那一天。如果孩子走神、没认真听，是态度问题，需要适当地管教，但不要暴力惩戒，情绪不要失控，家长始终要保持平和的心态，及时鼓励孩子，让孩子保持对学习的兴趣和积极性。接下来本书将会介绍很多训练孩子专注力的家庭游戏和方法,只要你坚持和孩子一起做这些专注力游戏,你们的亲子关系和孩子的学习能力都会有明显的提升。

第五,陪伴孩子完成作业之后,要给他一些游戏和自由的时间。如果孩子愿意和你一起玩,就做一些亲子游戏,如果孩子想看一会儿动画片,就和他约定,看 15 分钟到半个小时。或者可以安排一段时间的户外活动。你不要看到孩子很配合,就无限制地给孩子加码。

习惯比结果重要,兴趣比分数重要。要把重点放在培养孩子的学习习惯、保护孩子的学习兴趣上,不要盯着一时的分数。

今日作业

用今天学到的方法陪写一次作业,再问问孩子的感受如何。

035　孩子写作业磨蹭怎么办（一）

孩子磨蹭的原因和表现各不相同，我们试着逐一分析。

注意缺陷多动障碍（ADHD）

缺陷多动障碍，在中国被称为"多动症"，是儿童时期常见的一类神经障碍。表现为注意力不集中、活动过度和容易冲动，常伴有学习困难、品行障碍等，明显影响孩子学业、身心健康以及成年后的家庭生活和社交。要注意的是，缺陷多动障碍是儿童第一大疾病，在儿童当中的患病率平均在5%左右，有的报道7%或10%，初步估计应该在5%到10%。注意缺陷多动障碍最容易被误诊，也最容易延误治疗，因为它表现出来的症状就是淘气、不听话、上课注意力不集中，家长一般觉得只是坏毛病，而忽视了它是一种疾病。疾病就得要去正规医疗机构就诊。若诊断确实是多动症，家长也不要害怕，现在有个别医院对多动症的诊断也较泛化，一些没有那么严重的孩子也会被诊断为多动症。希望家长对孩子平时表现的惹人生气的行为，多一分体谅和悲悯。孩子不是有意气你，孩子是无法自控才会这样的。我认识一些心理专家，只是辅导家长，在家庭中运用一些心理疗法，在治疗多动症方面都取得了明显效果。在实际的治疗中，也要配合心理疗法，我后面讲的这些方法，其实它适合于一切孩子,包括有多动症的孩子,都可以用来帮助孩子解决受挫折以后的情绪抑郁和由学习困难而导致的自尊心不足。在实施过程中,父母和教师要对孩子进行鼓励,帮助他们树立信心。

多动症孩子的自控能力是比较差的,所以家长们应该多多对孩子进行自我控制训练,让孩子能够增强自控力。这一心理疗法的主要任务是通过一些简单、固定的自我命令让患儿学会自我行为控制。例如,出一道简单的题目让患儿解答,要求孩子命令自己在回答之前完成以下四个动作:停——停止其他活动,保持安静;看——看清题目;听——听清要求;答——最后才开口回答。

故意磨蹭型

找各种理由,总是坐不下来。孩子天生好动,有的只是贪玩,有的则因为学习成绩不理想,写作业比较吃力而想办法逃避拖延。

贪玩的孩子,要教给他责任感。其实多数孩子上学之后很怕老师批评,都知道作业是必须完成的。只要和他约定好,回家后几点开始写作业,慢慢培养他的学习习惯就好。对于因为学习吃力而害怕写作业的孩子,要给他信心,告诉他:"每个孩子都有适应的过程,这是正常的,妈妈和你一起努力,妈妈相信你。"

有的磨蹭是父母变相"引导"出来的。一个孩子曾经跟我说:"快点写作业?我为什么要快呀?写完我也不能出去玩,写完了老师的作业,我还要写妈妈布置的作业,总之就是没有玩的时间……还不如慢点写呢！""磨蹭"成了孩子的一条对策。希望爸爸妈妈们不要给孩子加"父母作业"。学校作业按时按质完成了，剩下的时间就让孩子自己安排吧。

"橡皮综合征"

你要知道，有一种冷叫"妈妈觉得你冷"；有一种磨蹭，叫"妈妈认为孩子磨蹭"。有的家长对于孩子这个年龄所正常能够达到的书写速度，没有一个客观认识。其实孩子是正常的，孩子也尽力了，只是你认为他很慢。要想判断孩子的正常速度，你可以观察他在写作业的时候，有没有停止，是不是一直在写，只不过是书写比较慢。或者他其实在努力地思考，只不过因为知识掌握得不熟练，所以做题比较慢。

我儿子上一年级的时候，写作业很慢（现在也不算快），本来他小手就比较柔弱，写字没有力量，而且又有点追求完美，写的字稍微有一点点不整齐或者不干净的地方，就擦掉重写，加上他是精细动作发育不太好的那种孩子，擦也擦不好，经常把作业本弄得一团乱。

还有的孩子写作业慢是父母"训练"出来的。有的父母希望孩子是完美的，样样都要求孩子做到最好。比如作业，即使有一丁点儿不好的地方，父母都严格要求孩子改好、重写，直到达到父母要求的工整。这样要求的最终结果，孩子不是写作业慢就是恐惧学习。

对于这种喜欢使用橡皮不停擦来擦去的现象，心理学上称之为"橡皮综合征"。原因是孩子学习压力大，心情焦虑，怕出错。对这类孩子,父母不要过多指责,更不要打骂,而要多鼓励。

告诉孩子,你现在还小,写字是一个长期熟练的过程,只要姿势正确,勤加练习,以后会越来越好。孩子做作业时尽量少用橡皮,如果作业本保持清洁、在一定时间内迅速准确地写好字,就及时鼓励,给孩子正面反馈。经过一段时间,这一习惯会逐渐得到纠正。

时间观念差

如果孩子没有时间概念,写作业、做事磨蹭也就是自然的事了。因为孩子时间观念差,家长更是不放心,到时间就会提示:"该写作业了。""到练琴时间了,别看电视了!""该睡觉了!"

很多时候,家长这样一遍一遍地提醒孩子、催促孩子,因为有家长在,孩子更加不用操心怎么安排时间了,也就更难建立起时间观念。因此,如果你想让孩子成为时间的主人,你就让孩子自己安排自己的时间。和孩子一起约定,看电视最多不超过多少时间,每天几点开始写作业,等等。

"一分钟专项训练"

对于时间观念差的孩子,可以进行"一分钟专项训练",让孩子感受一分钟可以做多少事。

一是根据孩子的学习程度,每天准备几十个简单的加减法口算题。

二是一分钟写数字训练。每天让孩子练习一分钟写

"0123456789"的快速书写。

这样的训练,能够让孩子对一分钟有一个概念,了解到时间的宝贵,一分钟是可以做很多事情的。训练时以一分钟为一组,每天练二到三组,还要注意记录孩子的成绩,并进行对比。

三是一分钟呼吸训练。接受过这样训练的孩子,他不需要借助任何计时的工具,就可以对一分钟有一个概念,对于以后参加限制时间演讲等活动,也会很有帮助。

今日作业

分析一下自己孩子写作业磨蹭的原因,找到对策和办法。

036 孩子写作业磨蹭怎么办(二)

曾经有位咨询者,这样描述她家的日常:

放学了,8岁的儿子,一心想玩电子游戏,却只能在我的高压下开始写作业。只见他懒洋洋地坐在那儿,慢腾腾地打开书包,然后猛地书包口冲下,"哗啦"一下把书包里的东西倒在床上。我只要一看他这副德行,气就不打一处来。我就忍不住数落他:"跟你说了多少次了? 拿书要一本本地往外拿,而且,书包要收拾整齐,做过的废卷子和其他废纸你得清理一下啊。再看看你的房间,简直是猪窝,都快没有下脚的地方了。"儿子一声不吭,不动手收拾,也不顶嘴,就跟没有听见一样。他打开作业本,边写边玩,一块橡皮、一支铅笔都能玩半天,橡皮几天就玩坏一块,上面用笔尖扎得到处都是窟窿。我为了不让他边写边玩,让他把门打开,我监督,只要看他又玩了,就开始数落,急了就坐在他旁边做监工,看着写,写得不对马上指出来:"这不对,谁教你这样写的? 给我擦了。"甚至急了就帮他擦,他边写边改,我边唠叨,经常写完作业已经晚上八九点了,甚至更晚。

增效神器:番茄钟

相信通过第 34 课,你已经能看出来,这位妈妈在陪写作业过程中出现的问题。今天再介绍一个陪写作业行之有效的方法:番茄钟。

这个思路来源于番茄工作法,是一种简单易行的时间管理方法,是由弗朗西斯科·西里洛于 1992 年创立的一种时间管理方法。不但孩子学了会特别有用,对成年人提高工作效率也会很有帮助。

番茄工作法的要求是:

1.一个番茄时间是 25 分钟,这个时间不可分割,不存在半个或一个半番茄时间。

2.一个番茄时间内如果做与任务无关的事情,则该番茄时间作废。

3.永远不要在非工作时间内使用"番茄工作法"。(例如:用 3 个番茄时间陪儿子下象棋、用 5 个番茄时间钓鱼,等等。)

4.不要拿自己的番茄数据与他人的番茄数据比较。

5.番茄的数量不可能决定任务最终的成败。

6.必须有一份适合自己的作息时间表。

具体使用上,要注意以下几点:

1.每天开始的时候规划今天要完成的几项任务,将任务逐项写在列表里。

2.设定你的番茄钟(定时器、软件、闹钟等),时间是25分钟。

3.开始完成第一项任务,直到番茄钟响铃或提醒(25分钟到)。

4.停止工作,并在列表里该项任务后画个×。

5.休息3~5分钟,活动、喝水、方便等。

6.开始下一个番茄钟,继续该任务。一直循环下去,直到完成该任务,并在列表里将该任务划掉。

7.每四个番茄钟后,休息25分钟。

在某个番茄钟的过程里, 如果突然想起要做什么事情,则区分以下情况分别处理:

a.非得马上做不可的话,停止这个番茄钟并宣告它作废(哪怕还剩5分钟就结束了),去完成这件事情,之后再重新开始一个番茄钟;

b.不是必须马上去做的话,在列表里该项任务后面标记一个逗号(表示打扰),并将这件事记在另一个列表里(比如叫"计划外事件"),然后接着完成这个番茄钟。

上述是番茄工作法,你在需要专注工作的时候,可以使用。

在孩子写作业的时候,也可以使用番茄工作法,选择一个待完成的作业,将番茄时间设为25分钟,专注工作,中途不允许做任何与该任务无关的事,直到番茄时钟响起。带孩子的话,不建议用手机作为工具,可以买一个实物的番茄钟。

设定25分钟,和孩子约好番茄钟不响就不能离开桌子,专心做作业。25分钟之后,可以放松5分钟至10分钟,再开启下一个番茄钟。实际上,有时候在孩子看电视的时候,也可以用番茄钟来倒计时。设定固定的时间,到时间就离开电视机。所以那段时间我家泥泥很仇视番茄钟,我才领悟到,为什么番茄工作法的发明人建议不要在非工作时间使用番茄钟。

孩子习惯养成的阶段,家长的陪伴是非常重要的。孩子按照约定好的时间开始写作业,家长不要看电视、玩手机,最好在旁边安静地读书,关注孩子的状况,也不要急切地干涉孩子。告诉孩子,有问题先跳过,等到最后再统一解决。家长在陪伴孩子写作业的时候,也可以利用这个时间,完成自己的学习。孩子和家长共用番茄钟的时间,各自做自己的事情。

多让孩子自主安排时间

在假期里,可以考虑适当放手,给孩子自主安排时间的权利。孩子不是流水线上的螺丝钉,需要适当地给他们自主的时间,可以发呆,可以自由地做自己喜欢的事情。有一年暑假,我带了两个孩子,都是平时在家里妈妈催促练琴写作业很困难的孩子。我只是告诉他们:除了午休和晚上入睡的时间是固定的,每天的任务是写完当天的作业、背诵两首古诗、写一篇日记、完成一部分阅读,加练琴20分钟。这些任务只要完成就好,你喜欢什么时候完成就什么时候完成。两个孩子都可以主动地完成每天的任务,根本不用催促。孩子很喜欢这种自主安排时间的方式,不仅更加主动,完成的质量也更好。

孩子的下一个寒暑假,你要不要试试呢?实际上很多人是这样活着的:想玩又放不下工作,工作的时候又不能专心。从小培养孩子,该学习的时候高效专注,该放松的时候自由随意,这是多么令人神往的境界啊。

今日作业

给自己和孩子都定一项番茄任务,你们共同完成,看看谁执行的情况好。

037 怎样摧毁一个孩子的专注力

你曾经为孩子的这些行为习惯苦恼吧：

上课不专心，容易开小差，有时候做小动作、东张西望。

平时做作业速度很慢，拖拖拉拉，并且粗心大意、错误百出，明明已经掌握的基础性知识，还是总出错。

打开作业本准备写作业，作业没进展，却一会儿找东西，一会儿玩橡皮，一会儿又去吃零食。磨蹭半小时，没写几个字。

经常丢东西，今天书找不到了，明天笔丢了，后天作业本又不知所踪。

家长或老师提的要求，经常听不清或者好像压根没听见，好像在神游。

本来正在做事情，可是外界一点儿风吹草动都能让他马上分心。

专注力缺陷其实很普遍

专注力又称注意力，指一个人专心于某一事物或活动时的心理状态。人的注意力受多方面因素的影响，注意力障碍，常常是许多学习成绩差的学生的共同特点。

专注力缺陷是很多家长要面临的问题，因为 10 个孩子，至少有 7 个孩子有注意力缺陷问题，只是严重程度不同而已。

专注力差的孩子,容易有以下的情况发生:

人际关系紧张。不听从爸爸妈妈或老师的话,通常使家长反复经历挫折与愤怒;轻易打断别人谈话,不假思索的回应;或是无法按照社会要求控制自己的行为;容易错误理解、轻视或疏忽别人传递信息的真实含义,致使人缘不佳;人际关系的恶化往往会影响到孩子的情绪健康和人格健康,处理不当,甚至产生严重的心理问题。

学校纪律难约束。各种行为问题会逐渐增加,语言和行为有冲动性,部分儿童具有高攻击性;经常漏掉事情;上课时小动作多,如玩铅笔、玩橡皮、抠这抠那、玩课本、撕书等,易导致课堂上违规、违纪等情形,有旷课、逃学的倾向。

学习成绩差。注意力集中时间比其他孩子短,而且容易分心散漫;回答不切实际的答案,无法表述事情的来龙去脉;上课难以集中注意力,对授课内容一知半解。作业拖沓、学习时易走神、发呆、被无关事情吸引,导致学习费时、效率低下,学习成绩较差。即使考试前书念得很熟,考试时也会因分神而记不起来或写错等,严重影响学习和考试成绩;办事时总是丢三落四,如经常忘记学习用品放在哪里,学习容易半途而废。

自理自立能力差。无法完成有结构性或有目标的活动,如家务、作业等;有时在无特别原因的情况下,会有非常愤怒的倾向;自我整理、打理能力差,常有脏乱现象;因为注意力不集中,因盲目的玩耍方式或行为在运动和生活中容易受伤。

你无意中的很多行为其实都在损害孩子的专注力。

不适当的干扰

孩子正在专注地做一个手工,家长看着无比心焦:"这样做不对呀,这样会做坏的。"于是急忙夺过来说:"哎呀,不是这样,快看看我怎么做。"

孩子正在儿童乐园里玩得不亦乐乎,家长每隔十分钟就要把孩子拉过来嘘寒问暖,"怎么样,渴不渴,来喝点水。""走,我们不玩这个了,去那边看看。"

傍晚,妈妈领着孩子散步,妈妈走了好远了,突然发现孩子怎么没跟上来,回头一看,孩子正蹲在地上观察一只蠕动的小虫子。妈妈一只手拉起孩子说:"走了,有什么好看的,快走呀!"

在孩子读书、做作业的时候,家长不要以关心之名总去打扰、分散孩子的注意力:一会儿削个苹果送过去,一会儿送一杯开水或饮料;一会儿关照要保持距离、注意保护眼睛,一会儿提醒多穿一件衣服、当心感冒;一会儿批评孩子什么不对;一会儿又表扬孩子表现不错……如此这般,既分散了孩子的注意力,又弄得孩子心烦意乱,哪里还能专心学习呢?

过度的干预和打扰,不仅会让孩子变得缺乏主见,感到茫然,也在无形中破坏了孩子的专注力。

让孩子陷于紧张焦虑

当孩子淘气、或者做事不如自己所愿时,很多家长就会对孩子大加指责、唠叨。指责会让孩子产生紧张心理,打击孩子的自信心，剥夺孩子的安全感。经常唠叨让孩子容易产生厌烦抵触心理。

焦虑会影响孩子的专注力。急性子的家长容易在潜移默化中影响孩子的情绪，孩子也变得遇事易急躁不安、不能冷静下来专注于解决问题。

家长紧张焦虑也会让孩子变得情绪化，内心无法保持平和镇定，所以做事的时候难以集中精神。

负面心理暗示

打击孩子对提高专心素质的自信。自信往往通过多肯定、多鼓励来达到。有的家长常常说"我们孩子注意力不集中""我们孩子总是不专心"，或者孩子自己说（或认为）"我不专心""我无法专心"等，这都非常不利于自信的培养。应当多一些正面暗示，尽量避免负面暗示。

"电子产品带娃"

很多家长出于对孩子的溺爱，或是内心浮躁，没有耐心给孩子高质量的陪伴，有时候孩子提出要求，就把手机扔给孩子："玩去吧！"有的是对孩子沉迷于电子产品放任不管，孩子一放学回家待在电视机前，一坐就是几个小时；或者玩起平板、手机没有节制，家长放任不管，或者说管不了。有的家长自己就手机不离身，为了自己的清静，甚至主动诱导孩子玩游戏。时间久了，孩子沉迷在游戏之中，除了玩游戏的时候，再难专注于一件事情超过 30 分钟。

在这里多说一句，为什么很多青少年会陷入网瘾？因为有的人在现实生活中找不到成就感，唯有在游戏中才可以获得价值感。而且，手机游戏最终满足的是一种控制感，在他们的内心世界里，玩手机游戏是自己的事情。这个时候，没有家人在旁边加以评判，他们的心里是放松的。所以，要想防范青少年网瘾，我认为重要的着力点有两个：一是让孩子广泛体验，至少培养一项健康的兴趣和特长，从多渠道获得成就感；二是从小锻炼孩子的专注力和自我控制的能力。

我还要给患有注意缺陷多动障碍孩子的家长提个醒，患有这种疾病的孩子，要特别注意尽量戒掉电子游戏。这是因为，患有注意缺陷多动障碍的孩子往往难以集中注意力，下意识的小动作很多，而电子游戏的很多操作就是下意识的手上重复性动作，容易加重孩子的病情。对于这类孩子，一时完全戒断电子游戏，孩子可能会反抗得很厉害，可以跟孩子共同协商一些替代性办法。我有一个朋友，她的孩子有轻度多动，医生要求一定不能再玩电子游戏。她跟孩子商量时，孩子一开始大哭大闹，后来她引导孩子说，医生说不能玩电子游戏，但是并没有说不能玩所有的电子产品，比如你可以用电子绘图软件画画，或者学习编程，自己编辑设计游戏，或者可以替换成半个小时的电视时间，等等。这样孩子就能够接受，并且慢慢转移了对电子游戏的依赖感。现在她的儿子能用 Procreate 软件画出特别漂亮的电子手绘作品。

今日作业

你是否做过干扰孩子专注力的事情呢？检查一下，以后可不要再做了。

038 玩出学习力：亲子专注力训练(一)

专注力的衡量是一个非常复杂的问题,现在很多孩子出现专注力不集中的现象,直接影响儿童的学习和生活。专注力是否集中,可从以下五个方面进行判断:

集中性

专注力的集中性指的是,在同一对象上注意时间的长短。与稳定性相反的表现是注意力的分散。注意力的分散,又称分心,是指在注意过程中,由于无关刺激的干扰或者单调刺激的持续作用引起的偏离注意对象的状态。专注力集中性好的孩子,经常会全神贯注地去做事情,有时候甚至会忘了身边的一切。我们会从很多伟人那里听到类似的故事。专注力集中性差的孩子,听到一点儿声音就会分心,特别容易受到干扰。

持续性

注意的持续性是指注意在同一对象或活动上所保持时间的长短。这是注意的时间特征。但衡量注意持续性,不能只看时间的长短,还要看这段时间内的活动效率。专注力持续性差的孩子,上课坐不住,一会儿东扭扭,一会儿西扭扭,小动作多,而且经常"溜号"。回家写作业磨磨蹭蹭,总爱东张西望。写作业写写停停,似乎总是写不完,俗话说就是没长性。

分配性

注意的分配性是指同一时间内把注意指向不同的对象。比如,孩子能够一边看书,一边记录书中的精彩语言。但是,人的注意力总是有限的,不可能什么东西都关注。不过在注意的目标熟悉或不是很复杂时,有意识地培养孩子同时注意两个或几个目标,并且不忽略任何一个目标,可以有效训练孩子的注意力分配性。

在孩子的实践活动中,注意力的分配有重要的现实意义,比如,孩子写作业的同时总是会伴随思考。这一事实也证明,注意的分配是可行的,孩子在学习中可以做到"一心二用",甚至"一心多用"。

转移性

注意的转移性是指一个人能够主动地、有目的地及时将注意从一个对象或活动调整到另一个对象或活动。专注力转移的速度是思维灵活性的体现,也是快速加工信息形成判断的基本保证。比如,在孩子看完一个有趣的片子后,让隔壁的姐姐给孩子来讲解数学的解题思路,如果孩子能迅速地把专注力从片子中转到解题当中,孩子的注意转移性就不错。例如,在学校课程安排上,如果先上语文课,再上数学课,学生就应根据教学需要,把注意力主动及时地从一门课转移到另一门课。

广度性

注意的广度性是指注意的范围有多大,它是指人们对于所注意的事物在一瞬间内清楚地觉察或认识的对象的数量。专注力广度差的孩子,在眼皮底下的东西都找不着,学习粗心大意,审题经常漏字漏题,漏看小数点儿,阅读速度慢,重复多,细节辨认能力差,长大后说话做事也容易"没眼色"。

怎么理解这几个维度呢?我来举几个小例子,大家自己做下选择题吧:

1.丁丁一边写作业一边听音乐。( )

A.集中性 B.持续性 C.分配性 D.转移性 E.广度性

2.小胖正在看书,妈妈在厨房大叫:"开饭啦!"可是他根本听不见。( )

A.集中性 B.持续性 C.分配性 D.转移性 E.广度性

3.佩佩在看显微镜,换了许多切片在研究,其他孩子来找她玩她也不动心。( )

A.集中性 B.持续性 C.分配性 D.转移性 E.广度性

4.闺蜜们聚会,静一看到大家,就会立即发现萍换了新发型,丽的心情不是很好,敏的着装风格有了变化……( )

A.集中性 B.持续性 C.分配性 D.转移性 E.广度性

5.他(她)每到下课就会玩得满头大汗、特别投入,可是上课铃声一响,他(她)就会立刻收回思路,很投入地、如饥似渴地跟着老师的思路走。( )

A.集中性 B.持续性 C.分配性 D.转移性 E.广度性

看了这几个例子,大家可以把专注力的这几个特性对号入座吗？想一想,我们自己或者孩子在哪个方面有所欠缺呢?

(答案:1.C 2.A 3.B 4.E 5.D)

提升专注力,是一件需要长期关注的事情。对于专注力的训练,就如同我们健身,与大脑训练和肌肉训练的原理一样,都是用进废退的。所以无论是孩子,还是你自己,都可以通过训练来提升自己的专注力。

接下来的几节,我会集中介绍适合家庭做的专注力游戏。既可以在家里和孩子当作亲子游戏去做,也可以在等车、排队的间隙做起来,使无聊的时间变得有趣,更可以在聚会的时候和朋友们一起玩起来。在欢笑中,提升孩子和你的专注力,也会使亲子关系更和谐。你在孩子眼里,就是一个十分有趣的"游戏宝盒"。

今天介绍一些适合学龄前孩子的专注力游戏。

戴帽子

适合年龄:1.5 岁~3 岁

参与人数:2 人

道具:各种不同的瓶子和配套瓶盖

玩法:这是一个配对游戏,家长把家里的各种空塑料瓶的瓶身和瓶盖放成两堆,让宝宝来配对,给瓶子"戴上合适的帽子"。瓶盖的大小要区分明显,让宝宝在动手操作中加强观察的注意度,同时还能锻炼小手的肌肉。当然如果孩子拧盖子太困难时,我们可以先要求孩子把盖子扣上。

莲花开

适合年龄:1~6 岁

参与人数:3 人

道具:结实的大浴巾或者床单

玩法:孩子坐在浴巾的中央位置,有两位家长拉住浴巾的两端。家长说,"莲花莲花合上",这个时候往中间收拢。然后说"莲花莲花开放",这个时候再把浴巾打开。再说"莲花莲花合上",再次往中间收拢浴巾,然后说"莲花莲花转起来",这个时候家长把浴巾向自己怀里拉,并且,按逆时针方向跑起来,转 1 到 2 圈后可以停下。

玩这个游戏的时候,孩子会觉得很开心,很有趣,他一定会觉得有点刺激,有点新奇,会咯咯地笑。这个游戏为什么会有利于增强孩子的专注力呢? 就是通过速度和方向的变化,来刺激孩子的前庭觉,提升专注力品质。学者研究发现,6 岁以下的幼儿在良性刺激下, 脑部新智力学习会呈现爆炸式快速增长,特别是那些帮助集中专注力,保持警觉和计划新行动的功能区域会呈现高度活跃,因此越早给予孩子良性刺激越好。

本章参考资料

李洁,《超强亲子游戏》,中国妇女出版社,2016 年。

今日作业

让孩子在专注力游戏中挑选一个,家人一起玩出专注力吧。

039　玩出学习力:亲子专注力训练(二)

专注力训练可随时随地进行,以游戏的形式拓展孩子视觉与听觉的认知,在这个基础上,以丰富多样的游戏拓展认知的宽度、广度,这样才能为注意力向高阶专注服务。在培养孩子专注力的过程中,家长的作用至关重要。

平等对待孩子

为什么我的这本书把情绪教养放到了重中之重的位置上?

我特别赞同著名产品人梁宁的比喻:如果把人想象成一部手机,情绪就是底层的操作系统,有的人是苹果系统,有的人是安卓系统,你后天所学习的所有知识和技能都是安装在底层操作系统上的一个一个 APP。后天学习的一切知识都是理性,而真正驱动一个人的,其实是他的感受、他的情绪、他的底层操作系统。当一个人陷入情绪冲动的时候,当一个人被愤怒被恐惧所控制的时候,就好比手机的系统崩溃了,这样的话,所有的APP 都会无法运行。也就是说,当你陷于情绪之中的时候,后天所学的一切知识和技能,一切训练习得的理性都不能说服你。

训练孩子有良好的情绪识别和调节能力,就是给了孩子一个优秀的底层操作系统。在他漫长的一生中,可以不断有新的知识和技能,也就是有新的 APP 安装上去并能顺利运行。

真正相信孩子

有了信任,你就可以学会约束自己的言行,不会总去干扰孩子。

当孩子认真画画、玩泥巴时,不要一会儿指导、一会儿又端茶倒水的,尤其是正在上学写作业的孩子,妈妈因为心疼,一会儿弄个猕猴桃一会儿又送个鸡蛋,这些都是影响孩子注意力的行为。

一定要给孩子的时间留白

那些把孩子的业余时间用课外活动塞得满满的家长,以为是在争分夺秒,其实是得不偿失的。任何人都需要有时间的留白才能静下心来思考,而静下心来是注意的第一步。我们再用手机系统来做比喻,你的手机一点空间都没有,它能够顺利运行吗?

下面再介绍一些适合家庭进行的专注力训练游戏。

在陪孩子做游戏的时候,你要让自己成为一个活力满满、有情有趣的家长。比如同样是带孩子做游戏,你如果跟他说:"来,我们要做专注力训练了。"孩子可能反而会觉得这是一种负担。

1.听音"侦破"游戏

适合年龄:3~6 岁

参与人数：2 人及以上

所需道具：可以敲击的乐器或物品。

其实，所有的游戏，如果都能加上各种有趣的细节，孩子更愿意参与。比如，下面介绍的，是个似乎挺枯燥挺普通的游戏。但是，游戏之前，家长可以先讲一个故事。具体的故事情节，你们可以自由发挥。比如，我编的故事是，森林里有一块珍贵的绿宝石，这颗绿宝石白天反射着太阳的光辉，夜晚会发出温暖的光芒，可以普照森林的每个角落。每天晚上，小动物们都在绿宝石温柔的光线下，进入梦乡。那些暴躁的小动物们，看到绿宝石，就都会变得温柔。绿宝石就这样保护着大森林的祥和安宁。可是，突然有一天，绿宝石竟然失窃了。森林里陷入了一片混乱。狮子老虎无比暴虐，连小兔子都变得狂躁起来。现在，就要靠宝宝拯救森林啦。只要你听出这些声音，就可以侦破这起绿宝石失窃案。

然后，家长利用乐器或物品，击打出不同节奏的音响效果，请孩子说出每次击打的次数和变化。比如，孩子听出，这是非洲鼓的声音，然后可以让他复制模仿，再现你的节奏，这就算是侦破了。然后，盗窃绿宝石的，就是家里有非洲鼓的某种动物，你和宝宝自由发挥去吧。

2.传悄悄话

适合年龄：2~4 岁

参与人数：3~5 人

刚会说话的孩子，对悄悄话特别着迷，当他们自己能说悄悄话时，他们会很自豪。说悄悄话能有效地帮助宝宝集中专注力，同时还有助于宝宝学着调节声调。

　　具体方法灵活多样。比如我们先小声地告诉孩子一句话：冰箱里有西瓜和苹果,没有饮料。然后让孩子用悄悄话的形式告诉另外的家人,事后再检查正确率,根据结果来改变悄悄话的内容和长短,从易到难逐渐提高游戏的难度。

今日作业

　　反思一下,孩子每天是否有留白时间,如果没有,请尽量给孩子保留一段他可以发呆、干点学习以外事情的时间。

040 玩出学习力:亲子专注力训练(三)

你关心孩子的学习成绩吗?

你可能会说,我当然关心啦。每个家长都关心孩子的学习成绩。

但是,你关注过孩子的专注力问题吗?

你以为的学习态度不好其实是专注力出了问题

经常有人找我咨询,说一年级的孩子,考试特别马虎,经常漏题,读拼音的时候甚至会漏掉一行。有时候上课也是心不在焉,妈妈很担心,怎么办?

其实,这不是学习态度问题,是专注力的问题。很多家长,在发现孩子学习成绩不理想的时候,意识不到是注意力方面的问题,成绩差了就补课,同样的课一节不行就补两节,一门功课不够就两门、三门地补,结果使得孩子更加疲惫,更加无法集中注意力,补课效果适得其反不说,还拖垮了孩子的小身子骨。有的家长即便关注到了孩子的注意力问题,也没有采取科学有效的方法帮助孩子纠正,而是习惯性地批评指责,既无效果又伤害孩子;还有的家长认为注意力不集中是暂时性问题,孩子长大了自然会改变,所以不闻不问。

在前几节中,我们了解到专注力的重要性,也介绍了专注力的测试问卷,结合问卷和对孩子的观察,你的孩子的专注力水平怎么样呢? 我要告诉你,不管你的孩子专注力水平如何,都是可以通过训练不断提升的。连你自己,作为成年人都可以。这些游戏,都是在为大脑做"健身"训练,而且可以增进亲子关系,一举数得,要不要做起来呢?

我个人十分受益的几个习惯,最主要的一个就是我的专注力很好,做事情效率很高。再就是我始终坚持阅读,这是我获得新知和身心平衡的重要渠道。所以在我的书中,我会尽可能多的把训练方法分享给你,让你和你的孩子都能有更多的收获。

我们现在已经知道,成绩差,不一定是孩子不努力;总是粗心大意,不一定是孩子不认真。可能只是他的专注力水平不理想。所以,不要责备孩子,而要用爱,用信任,和孩子一起,在亲子游戏中,使孩子的专注力水平得到训练和提升。再来学几款游戏吧。

1."一模一样"游戏

适合年龄:2 岁以上的孩子。大一点儿也可以玩,只是动作难度要根据孩子的年龄而定。

参与人数:2 人以上

游戏的玩法:家长与孩子面对面坐好,家长一边喊指令,一边指出自己相应的部位,孩子也随家长一起按照指令指出自己的相应部位,家长做什么动作表情,孩子也要跟着做什么动作,表情要求是一模一样。

孩子模仿大人就像照镜子一样, 这个游戏属于影子游戏,也是镜子游戏的一种,可以发展幼儿动作的灵敏性,提高专注力。

这个游戏还有多人玩法,也可以适合大一些的孩子们群体做游戏。一个人做一个难度相对大一些的动作,或者三个连续动作,其他人都学,如果学不对的,可以接受惩罚。

2.乒乓球干扰注意游戏

本来一个人要保持注意力高度集中就不容易,如果旁边再有人进行干扰,你会觉得更难以集中注意力。比如,你在做作业时,旁边正在上演吸引人的电视节目,你就会注意力分散,然而正因为有干扰,有难度,才能在人为设置的更困难更复杂的情境中,训练注意力的高度集中。乒乓球干扰注意游戏就可以用来训练我们排除干扰的能力。孩子把球放在球拍上,围绕桌子不停行走,要求乒乓球不能掉下来。你在旁边出口算题或者其他问题,你几岁啦?后天是星期几?等等。当然你也可以"瞎捣乱",但不能碰到他的身体。提升难度还可以要求他记住围绕桌子共走了几圈。他为了不输给你,不得不保持镇定和注意力集中,完成你的题目又要保持手中的球不落地,这对提高注意力非常有效。

3.倒着数数

有心理学家研究,倒着数数可以集中注意力,心理学家提出来的这个方法,叫倒计数训练法。例如:从 100、99、98……依次数到 1,也可以从 100、98、96……依次数到 2。若是能做到又快又准,反复练习,注意力则会有一定的提高。

4.正数倒说

训练目的:锻炼孩子的听觉专注力,及培养孩子的听觉记忆,使孩子能更为完整地接受听觉信息。

训练方法:妈妈可以随便说出一串数字:465187

孩子就要把这串数字倒着复述出来:781564。

然后换成孩子出题,妈妈来回答。

注意:一开始先不要太难,根据孩子的年龄大小,可以从 3 位数、4 位数、5 位数说起,慢慢熟练了,高年级的学生就可以升级到 8 位数、9 位数,甚至更多。

5.天女散花

取 25 块到 30 块大小适中的彩色圆球,或积木、跳棋子,其中红色、黄色、白色或其他颜色的各占三分之一。将它们完全混合在一起,放在盆里。用两手迅速抓起两把,然后放手,让它们同时从手中滚落到沙发上,或床上、桌面上、地上。当它们全部落下后,迅速看一眼这些落下的物体,然后转过身去,将每种颜色的数目凭记忆而不是猜测写下来。检查是否正确。

6.舒尔特方格(Schulte Grid)

在一张方形卡片上画上 1cm × 1cm 的 25 个方格,格子内任意填写上阿拉伯数字 1~25 等共 25 个数字。训练时,要求被测者用手指按 1~25 的顺序依次指出其位置,同时诵读出声,施测者一旁记录所用时间。数完 25 个数字所用时间越短,注意力水平越高。

11	18	24	12	5
23	4	8	22	16
17	3	13	6	9
10	15	25	7	1
21	2	19	14	20

以 7~12 岁年龄组为例,能达到 26 秒以上为优秀, 42 秒属于中等水平,超过 50 秒则属于专注力较差。

以 12~14 岁年龄组为例, 能到达 16 秒以上为优良, 26 秒属于中等水平,超过 36 秒则属于专注力较差。

18 岁及以上成年人最好可到达 8 秒的程度, 平均看一张图表的时间大约是 25~30 秒。

如果是小的孩子,可以做 3×3 到 4×4 的,如果经过一段训练,或者是成年人,可以从 5×5 到 7×7。

经过一段时间的训练,专注力将会得到显著的提升。舒尔特方格是全世界范围内最简单、最有效也是最科学的注意力训练方法。寻找目标数字时,注意力是需要极度集中的,把短暂的高强度的集中精力过程反复练习,大脑的集中注意力功能就会不断地加固提高。

这个游戏的优点是比较简便易行、成效卓著,但它的不足就是趣味性相对较差的。所以,请你开动脑筋,为这个游戏增添趣味性吧。

今日作业

自己动手制作适合孩子年龄的舒尔特方格,也可以跟孩子互相给对方画方格,家人一起锻炼注意力。

041 玩出学习力：
专注力训练和提升综合素养的组合玩法

前面我给你介绍了很多适合家庭亲子的提升专注力的游戏。今天我再给你介绍几个游戏,这些可以让孩子把专注力训练和提升综合素养结合起来。尤其是可以和他现在所学的一些特长班的学习内容相结合,这样就可以一举多得。

专注力与数学思维

躲开"3"游戏。跟"明 7 暗 7"的要求一样,从 1 开始数数,凡是和 3 有关的数字,3 的倍数,都不能说出来,要用拍手表示。这个游戏比"明 7 暗 7"难度大一些,因为和 3 有关的数字出现的频率高,3、6、9、12、13、15、18、21、23、24……一不小心,就会中圈套,所以注意力必须得高度集中。

圈数字训练。这是锻炼、发展注意力的一种常用方法。所谓圈数字训练,是指从一组数字中用圆圈圈起某一指定数字,通过由浅入深的多次练习,借以提高注意的品质。

小学生圈数字训练可分为四种类型进行:第一种,训练圈"3"的能力,目的是锻炼注意力的指向性和集中力;第二种,训练圈"3"前面的一个数字,这是对注意转移力的一种训练;第三种,训练圈"3"前一位的"7",这种训练有助于发展注意力的选择性;第四种,训练圈"3"和"7"中间的偶数或奇数,目的在于扩大注意的广度和分配能力。

下面是用来进行练习的部分随机数字表:

5 4 3 7 9 1 2 5 7 6 5 0 8 1 3 4
5 6 4 5 1 2 6 8 3 4 0 8 7 3 5 2
0 9 4 7 8 9 0 1 8 5 2 4 1 7 8 0
1 5 4 6 3 4 9 1 2 2 5 4 1 8 6 4
5 5 2 1 8 0 7 3 2 5 8 6 0 6 7 5
9 2 5 4 3 4 4 7 3 5 0 6 4 9 1 0
5 4 6 1 5 7 6 8 1 6 2 4 7 2 5 0
4 2 5 6 8 9 8 4 9 8 7 1 4 9 3 6
2 5 2 6 8 5 7 1 9 8 4 9 2 7 4 7
5 5 9 3 7 0 4 1 2 8 7 5 9 6 3 4

训练中应当注意,每一种训练都需在3分钟内完成,每次连续练习的时间应控制在20分钟以内。每天练习1~2次,30~60次为一个周期。

圈数字训练的评分方法是:计算圈对的、圈错的和漏圈的三种数据。全部圈对的数字的总和称为粗分。圈错的加上二分之一漏圈的称为失误。粗分减去失误称为净分。

专注力与语言表达

大声读书。如果你的孩子报名了口才之类的学习,大声诵读本身就是专注力训练。每天安排一个时间(10~20分钟)让孩子选择他们喜欢的小文章大声为父母朗读,这是一个使孩子口、眼、脑相互协调的过程。孩子在读书的过程中,尽量不读错、不读丢、不读断。把这种训练一直坚持下去。

记录新闻。听"新闻和报纸摘要"节目或看"新闻联播"节目,或别的新闻节目。在刚听(看)完之后马上写出共多少条新闻,其中国内多少条,国外多少条,男女播音员各播多少条,最主要的6条是什么。坚持20天就有很大的提高。

学播音。广播、电视播送新闻时,他(她)说一句,你学一句,你嘴上学上句时,耳朵要注意下句,否则你就学不下去。每天5分钟左右即可,连续一月,就能达到"跟得上",到连续学10分钟不错5个字时,注意力的专注性就达到良好了。这种游戏在你合格之后也最好经常"玩玩",以训练自己的大脑。

如果希望孩子在玩耍中学会背诵古诗词,下面几种游戏特别适合你家。

大声小声游戏(人越多越好玩):一句大声,一句小声。依次诵读。

以读《弟子规》为例:

弟子规,圣人训。首孝悌,次谨信。泛爱众,而亲仁。有余力,则学文。

父母呼,应勿缓。父母命,行勿懒。父母教,须敬听。父母责,须顺承。

冬则温,夏则清。晨则省,昏则定。出必告,反必面。居有常,业无变。

事虽小,勿擅为。苟擅为,子道亏。物虽小,勿私藏。苟私藏,亲心伤。

亲所好,力为具。亲所恶,谨为去。身有伤,贻亲忧。德有伤,贻亲羞。

玩法如下：比如，第一个是小明，小明读"弟子规"，大声。第二个人是小华，她小声读第二句"圣人训"。依次大声小声诵读。错了的可以接受一些有趣的惩罚。还可以任意变化，提升难度，比如，三句大声，一句小声。

专注力与音乐、美术教育

背唱曲谱。除了音乐专业的学生或音乐天才之外，人人可用此法训练自己的注意力。选你喜欢的歌曲，不再唱它的词，而是唱它的谱，有条件的弹（拉）琴更好，不是照着唱（拉、弹），而是背下来的唱（拉、弹）。你若能在一个月内熟练准确无误地背着唱下 15~20 首歌谱，你的"注意力的持久性"必会提高到足以支持取得优秀学业的程度。

观察和复制世界名画。选择孩子喜欢的世界名画，细心观察画上的每一个细节：构图、色彩、风景、人物等各个方面，然后让孩子试着自己画出来，看看细节呈现度有多少。然后再让孩子对照原版，细致临摹。

这些不朽的艺术品之所以能够传世，作者的功底都是令我们敬仰的。在孩子开始接触一种艺术门类的时候，就让他看到这个领域里最顶尖的作品，他才知道，什么才是好的。大师是我们最好的老师，他们的作品可以穿越世纪来影响当今的我们，那为什么不去向大师请教呢？孩子通过研读和临摹大师作品，也许有一天自己创作的作品中也带出他们画作中的影子，哪怕有一点点也足够了。我们模仿别人，是为了找到更好的自己。

今日作业

你还有哪些提升专注力的小游戏,请来信与我分享吧。

042 孩子总是丢三落四怎么办(一)

你家孩子有粗心大意的表现吗？有没有经常丢三落四的情况发生？今天丢了蜡笔,明天忘了橡皮,后天上学又忘了把水杯塞进背包里……但是,孩子们真的是不走心吗？他们真的忘性太大,自己也控制不了吗？

什么是感统失调

孩子平日马马虎虎粗心大意，甚至经常丢三落四出状况，除了有可能是父母没有帮助他们建立良好的生活习惯之外,还很可能是专注力的问题。更深层的原因,需要考虑是不是存在感统失调的情况。

感统全称感觉统合,感觉统合是大脑的功能,感觉统合失调即为大脑功能失调的一种,也可称为学习能力障碍。1972 年,美国南加州大学临床心理学专家爱尔丝博士(Ayres.A.J)创导了感觉统合(Sensory Integration Theory)——"感统"理论。

"感统"是指将人体器官各部分感觉信息输入组合起来,经大脑统合作用,完成对身体外的知觉做出反应。只有经过感觉统合,神经系统的不同部分才能协调整体作用使个体与环境顺利接触;没有感觉统合,大脑和身体就不能协调发展。

心理学界调查表明,北京城区学龄儿童感觉统合失调的比率根据轻、重不同分别为 35.9% 和 10.3%。Ayres 博士认为,感觉统合失调会造成注意力缺陷障碍,而科学的感统训练对注意力缺陷障碍具有良好的矫正作用。感统失调并不是真正意义上的病症。感统失调的孩子智力都很正常,只是孩子的大脑和身体各部分的协调出现了障碍,使得许多优秀的方面表现不出来。

感统失调儿童的矫正期在 3~12 岁, 而最佳矫正期是 3~7 岁。也就是说,幼儿园和小学低年级阶段是矫正的最好时期,通过训练很容易纠正感统失调的现象。

哪些孩子需要考虑属于感统失调?

1.学习成绩不佳的孩子。听讲经常漏掉内容,神游,看字也经常忘记。

2.多动、多语,自控力差,注意力不集中的孩子。

3.书写困难,写字出格、写字小、偏旁部首颠倒,数字颠倒的孩子。

4.动作不协调,跑、跳差,不敢荡秋千、不敢走平衡木的孩子。

5.操作不灵活,不会用剪刀、手工课折纸差;扣扣子、系鞋带等精细动作困难的孩子。

6.反应迟钝,疼痛感差,不怕登高;喜欢旋转,永远转不晕的孩子。

感统失调的表现有:

视觉感不良

表现是无法流利阅读,经常出现跳读或漏读,多字少字。写字偏旁部首颠倒,甚至不识字,学了就忘,不会做计算,常抄错题抄漏题等。

听觉感不良

表现为对别人的话听而不闻,丢三落四。经常忘记老师说的话和布置的作业等。

动作协调不良

表现为平衡能力差。走路容易摔倒,经常出现摔伤,不能像其他孩子那样会翻滚、骑车跳绳和拍球。手工能力差、精细动作差等。

触觉过分敏感

表现为紧张、孤僻、不合群,害怕陌生的环境,咬指甲、爱哭,过分依恋父母,容易产生分离焦虑,或过分紧张,爱惹别人,偏食或暴饮暴食,脾气暴躁。触觉遍布全身,是人体所有感觉系统的基本感觉通路。触觉过分敏感的孩子,因为每时每刻都会接受大量从外部环境传递过来的感觉信息,所以很可能这个信息还没来得及处理,下一个新的感觉信息已经到来。这会造成什么情况呢?比如孩子看到桌上有橡皮想要装进文具盒,可是很快他又看到旁边同学在玩一个很有趣的小玩具,所以立马就凑了过去,结果回头彻底忘记了还要装橡皮这回事,给人造成一种丢三落四的印象。这样的孩子,一般还同时会伴有专注力差、情绪不易控制、抗挫能力差等感统失调的表现。

触觉反应能力不足

与触觉敏感的孩子正好相反,触觉反应能力不足的孩子,通常反应比较迟钝,但也正因为触觉系统感应不良,他常常会忘了拿东西也没有什么感觉,所以也很容易给人一种马虎大意、丢三落四的感觉。这类孩子,除了丢三落四,通常还会伴有对房间里的脏乱差没有反应,对刮伤、割伤或被射击引起的疼痛反应不明显,以及在游戏过程中,撞到其他小朋友,却感觉不到自己对对方造成的伤害,因而一点儿歉意也没有等失调的表现。

前庭觉功能失调

和触觉一样,前庭觉也是感觉统合的三大主要感觉系统之一。它的主要功能就是控制大脑各种感觉信息输入和输出。前庭觉比较迟钝的孩子,因为不能很好地传递信息到大脑,不能很好地输出大脑处理过的信息,所以,很容易导致感觉、动作信息传递的延迟甚至半途而废。想一想,孩子的感觉输入没有完成,或动作输出没有实现,还能很好地完成应有的动作吗?还是以桌上的橡皮为例,孩子可能通过视觉或触觉接受到了来自它的信息,但是因为这些信息在经过前庭这个大脑的"门槛"时没有顺利通过,最终大脑根本就没有收到信息,又怎么会下达让手去把它收起来的指令呢?前庭平衡功能失常表现为:好动不安,走路易跌倒,注意力不集中,上课不专心,爱做小动作,容易违反课堂纪律,容易与人冲突,调皮任性,爱挑剔,很难与其他人同乐,也很难与别人分享玩具和食物,不能考虑别人的需要,还可能出现语言发育迟缓、语言表达困难、说话迟缓等现象。

本体感失调

他们不知道如何控制自己的身体。身体本身是有感觉的,当肢体做出反应时,身体可以感觉到各肢体的位置,明白自己与外部物体的距离、空间和方向。这个神秘的感觉就是所谓的本体觉。本体感失调,可能无法正确估计与食物的距离,而且握东西时会晃动、拿不稳;可能会出现语言功能的障碍,因为声带的肌肉松弛,而无法控制音量和音调;可能会动作缓慢、动作不流畅、动作做得不确实或肌肉张力不够,甚至是动作松垮、步态摇晃不稳……表现为缺乏自信,消极退缩,手脚笨拙,语言表现能力差等。

家长或老师看到孩子出现这些类似情况,可能以为他是故意不坐好、故意不专心写字、故意动作慢、故意懒散,以为他少根筋、不认真,然而事实上这是因为大脑神经本体觉发展出现了问题。

很多家长看到孩子丢三落四,总是习惯于责备他们不走心不认真,殊不知与其这样空洞地批评,不如改为实质的指导。

今日作业

对照本节所介绍的各种原因,分析判断一下孩子丢三落四的原因。

043 孩子总是丢三落四怎么办(二)

在介绍为孩子进行感觉统合训练的具体方法之前,有一点非常重要的提示要分享给你,那就是,无论孩子的成长过程中出现了什么样严重的状况,你都不要在孩子面前表现出过分的焦虑。只要你有信心,有行动力,加上正确的方法,通常孩子所出现的一些行为上的问题,都可以得到矫正。但是如果你为此太过焦虑,对于问题的解决,反而会适得其反,焦虑的情绪会传达给孩子,更增添他的心理压力。一定要相信孩子有无穷无尽的潜能,他有巨大的向好向善的力量,指责、焦虑和苛求,是关闭他内在动力的负能量。唯有你的接纳、相信和鼓励,才会激发他的内生动力。

在家里,可进行如下感统训练的游戏。

1.投篮游戏

指导目标:强化前庭觉、手眼协调及运动企划能力。

指导重点：可以在墙上挂一个用纸箱或篮子做成的篮球架。让儿童抓起较大的球,走过去将球放入篮子内。不够高时,以板凳垫高。可让儿童拿较小的球,以投球方式丢入篮子内。

延伸活动:也可在地上放个箱子,让儿童以俯卧姿势,将球丢到箱子内,连续丢 20~30 次。

2.大海中的鱼

适用对象:本体感不足、身体反应迟钝的幼儿。

指导目标:强化幼儿对周围环境变化的反应能力。

指导重点:让幼儿轻轻仰躺在地上或床铺上,大人用轻薄的床单或毛巾在幼儿的正上方,如波浪般用力振动。床单要够大,足以碰触幼儿的全身,让他体验忽明忽暗的视觉刺激。振动时,风的气流也会影响幼儿触觉和筋骨的反应,以强化本体感。

延伸活动:游戏中让幼儿抱着毛绒玩具,强化他的触觉及肌肉反应。

3.过山洞

适用对象:行动笨拙、容易撞墙跌倒、身体协调不佳的儿童。

指导目标:强化身体灵活度,健全本体感,丰富运动企划能力。

指导重点:将木板架在矮椅子或箱子上面,做成好几种高度、形态不同的组合。让儿童俯卧或仰躺由木板下方钻过去,或躺在圆形滑车上钻过去。

延伸活动:指导儿童携带毛绒玩具、大洋娃娃或球类来进行以上游戏,以丰富运动企划能力。

对于触觉防御过强的孩子,让他们多玩水、玩沙子、光脚踩在沙滩上,用梳子多梳头、轻轻抚触全身等,用软毛刷子集中刷儿童敏感的部位,也具有相同的功能。刷子刷大腿及脚底,对触觉刺激的强化也有很大的帮助。还可以用柔软绸布刷身。具体方法:一是用干毛巾或丝绸等柔软的绸布刷孩子的手臂、足部、胸部和背部。二是注意对反应敏感的孩子不要太用力,以帮助其慢慢适应;对反应迟钝的孩子用力可稍大些,以活化他的接收神经。三是为了让孩子放松、不紧张,可以边做边讲故事或唱歌,营造轻松快乐的气氛。

在家庭中进行触觉刺激的训练,时间应在半小时以上。这是因为,触觉刺激对神经系统产生影响的时间一般在 30 分钟以上,而且时间越长、效果越好。但在实际操作中要根据孩子的耐受程度来随时调整。

还有一个非常好的训练,那就是跳绳。都知道跳绳可以强身健体,却少有人知道,重要的是为了练习身体的协调发展,更少有人知道,它可以练习注意力,顺便可以练习节奏感、数数等。要培养孩子的注意力,就培养孩子跳绳吧。学习跳绳非常难,五岁左右再练习。

如果孩子比较小,3~7 岁,多做这组感统训练游戏。如果孩子超过 12 岁,感统训练方法效果不好,就做前几天介绍的专注力训练游戏。

如果孩子总是丢三落四,还要协助孩子养成好的习惯。

自己的东西自己负责

从孩子适当的年龄起,就给他养成自己的东西自己负责的习惯。出门的时候,让他自己背上一个小背包,引导他自己收拾东西,如小水杯啊,纸巾啊等。如果带孩子出去旅行,一定要给孩子买一个小小的旅行箱, 价位可以根据家庭的经济情况而定。引导他自己收拾自己的东西,出门自己拿自己的小行李箱。里边装多少东西并不重要, 行李箱是不是收拾得秩序井然,也不重要,重要的是让孩子有一个鲜明的主体意识:这是我的权利,也是我的责任。

从泥泥上小学开始, 我和全家人从来没有帮他收拾过书包,整理过东西。上学是他自己的事情,收拾书包是他自己的事情。泥泥现在五年级了,基本上没有丢过东西。

东西放在固定地方

从小,就让孩子养成用完东西归位的习惯。尽量把东西放在固定的位置,如果可以用清晰明确的语言教孩子,归位之后还能有秩序的美感就最好了。这点我做得很差劲,我天生秩序感比较差,后天也没有努力改正,现在我的东西大多数虽然都有固定位置,可是看上去很乱。

养成走前检查的习惯

离开家或者离开一个地方,你和孩子都要养成检查东西的习惯。泥泥现在不管在哪吃饭,离席之后都要留下来检查一下,有没有遗忘的物品。

如果你平时容易丢三落四,我教你一个口诀,"台前幕后,伸手要钱"。所谓台前幕后,就是离开一个地方的时候要检查,桌面上有没有遗漏物品,座位上、地上有没有遗漏的物品。桌面上就是台前,座位上、地面上就是幕后。伸手要钱就是出门必带的几样物品:"伸"是身份证,"手"是手机,"要"是钥匙,"钱"是钱包。

如果孩子有丢三落四的习惯,不要去指责他、呵斥他,而要相信他、引导他,孩子总有一天可以养成好的习惯。

今日作业

在你家里,孩子的东西都有固定的地方吗? 如果没有,请给孩子的房间设置好衣架、包架、书柜、杂物筐等,引导他学会物品归位。

044 怎么引导孩子制订计划并且按计划执行

曾经有一位妈妈咨询我,她想给儿子订假期计划。可是以前的计划从来没有执行过。她费了好多心思,给儿子制订了详细的计划,每天从起床到睡觉之间的时间都安排好了:包括什么时间写作业,什么时间可以看电视,什么时间出去玩,甚至连午休时间都写得明明白白。上班前,她把计划贴在儿子的写字台前,并嘱咐儿子照着计划做,儿子答应得好好的。然而她下班后发现,儿子把她的计划和嘱咐当成耳边风,作业一个字都没写。

众所周知,让孩子养成订计划并且执行的习惯,好处是非常多的:可以培养孩子的规划能力、责任意识与毅力;可以让孩子学会分配时间,判断事物的优先级;可以帮助孩子养成良好的学习习惯和作息习惯,尤其在寒暑假,更可以进行很好的复习和预习,承上启下,新学期开始的时候,可以上一个新台阶。

为什么给孩子订的计划很容易泡汤呢

一是计划只由家长制订,孩子没有参与进来。多数情况下家长会在假期开始前就安排好每日的计划,孩子需要做的就是按照家长制订好的时刻表严格执行。如果假期计划都由家长说了算,而孩子没有参与其中,他对此就没有责任心,也没有担当意识,自然不会配合执行。

二是只告诉孩子目标,而不告诉孩子原因和意义。常有家长给孩子订计划时会这样说:"这个寒假,你要背下 1000 个单词,读完 2 本英文书……"这样的目标很难让孩子从心底里产生认同感,因此他们面对这些任务时完全是被动执行的,效果自然不是很好,孩子也难有动力实现目标。

家长可以换一种角度,让孩子真正明白做这些事情、完成这些计划的价值是什么,以后会有什么样的益处,孩子才会对自己的未来负责。

三是计划没有弹性,不能随时调整。曾经在网上看到过一个完美主义的家长制作的假期计划表,密密麻麻的,几乎细化到了分秒。要知道毫无弹性的计划,会激起孩子的逆反心理,最终完全不可能执行。

四是孩子自律性较差,家长没有及时监督、引导。孩子在学校学习了一个学期,终于盼到了放假,自然是会偷懒懈怠,提不起"精气神"。还有很多低年级的孩子,自律性会比较差,需要家长进行监督和引导。这个时候,家长绝对不可以因为孩子没有完成计划而大发脾气,或是什么都不管让孩子自己看着办。

当孩子偷懒或是懈怠时,家长要及时进行监督,让他们坚持按计划进行,但需要注意说话的方式方法,以引导为主。

怎样才能制订一个可执行的计划?

让孩子参与计划的制订

和孩子一起商量计划的内容,除了制订详细的计划外,还要进行每日的计划检查"打卡",并和孩子一起制订激励政策。适当的激励政策会起到监督和敦促的作用,鼓励孩子坚持按计划执行,以培养他们养成良好的作息习惯和学习习惯。

计划要相对具体并具有可执行性。比如,妈妈让孩子每天复习2小时,复习哪一科目?复习哪一个章节?怎样来检验复习的效果?这些细节都没有,只是告诉孩子去复习2个小时,是很难执行的。

可以做月计划、周计划和日计划,也可以将整段时间、整块任务分割成几个短期计划,比如只做3天或者5天的短期计划。根据孩子的表现和反馈、题目的难易程度和家中事务的安排,来灵活调整。

对孩子要完成的任务,首先要进行评估,然后要用时间abc法进行排序,制作任务清单。按照轻重缓急,把孩子的任务分成三类:a类是重要级,包括重要且紧急的事情;b类是次要,包括紧急不重要和重要不紧急的事;c类是一般,即它包含不重要、不紧急的事。通常来说,孩子充分的睡眠、一定的自主时间、完成学校作业,这些都属于紧急而重要的a类任务。健康的饮食、适当的运动、周期性的交友,属于b类的次要性任务。其他的比如课外作业、练琴是一般的c类任务。然后按照时间的abc法,合理安排各项任务的优先级。比如说要在保证充足睡眠的前提下,首先完成学校老师留的作业,然后保证孩子一定的自主时间,最后才是适当的运动。在这个前提下,如果还有时间,才是完成课外班作业、练习钢琴、阅读等。当然,具体的abc,可以根据自己的情况而定。我只是要提醒你,要学会抓大放小,把最有效的时间用来做最重要的事,而不能期望孩子每一分钟都是满满的、高效的。

要给孩子自主的空间

可以在每天的任务完成之后，给孩子一段自由的时间，让他可以自主安排，可以发呆、玩玩具，甚至可以玩游戏和看动画片。只要提示他注意控制时间就可以，这样反而更有利于他养成自律的习惯。也可以让他体会到，完成任务之后所获得的奖赏，越努力，越自由。

当然你要警觉，如果一周里，孩子每天都不能有自主时间，说明你给他安排的任务量太大了。你就要从两个方面入手去调整，第一是给他缩减任务量，第二是着手帮助他努力提升学习效率。

给孩子阶段性的正向反馈

为什么孩子会容易沉迷游戏，是因为在游戏的设置中，相隔很短的时间就会得到一个明确的正向反馈，完成一个任务就加分。每天可以让孩子在日程表里把完成的任务划掉，这个过程是很能给人成就感的。孩子完成了一个阶段的任务之后，可以给孩子一个鼓励。但是要处理好，不要用外在的奖励去诱惑孩子。

在这里要提醒一点，孩子完成不了，家长就会愤怒，但是孩子完成了，他又不自觉地、不断地去提高目标，就会让孩子觉得永远都完不成爸爸妈妈的要求。所以一定要不断去发现孩子的进步,及时给他积极的鼓励,并且适可而止。

今日作业

小到逛市场、大到出门旅行,每次都让孩子参与制订计划。今天你跟孩子一起制订计划了吗?

045 孩子沉迷网络,怎么办

关于青少年网瘾,时常可见媒体报道。

有的网瘾少年,因为父母禁止自己上网,为了反抗父母的管教,而殴打、甚至残忍杀死自己的亲人。

有过网瘾少年被父母送去某"拯救训练营",却被教官殴打致死的报道。

更多的家庭,虽然没有这种极端的事情发生,但是几乎每天都在因为孩子沉迷网络、荒废学习而担忧、焦虑,和孩子冲突不断。有的孩子与父母顶嘴、抗议,甚至离家出走。

不必妖魔化网络

当今处于网络时代,人们越来越深地与网络产生联系。网络游戏也是人们娱乐、减压很普遍的方式。但过度沉迷游戏,对青少年来说,危害也是显而易见的。一些网络游戏忽略游戏精神内核,混淆历史人伦,或以暴力和色情为噱头;并且网络游戏玩家鱼龙混杂,素质水平参差不齐。青少年涉世未深,判断力有限,长期沉迷其中,不仅导致身体羸弱,产生心理障碍,更容易造成价值观混乱。当孩子们发现书上学的与游戏中不一致时,当他们认为暴力可以解决一切时,当他们眼里只有游戏中的自己时,家庭、学校和社会都将面临巨大的挑战。

正因如此，很多家长一提起网络，就谈之色变，甚至连手机、电脑都不敢让孩子去碰。还有人说，国家就应该出台强硬规定，把网络游戏全部禁止，免得危害青少年。

污名化、妖魔化网游不合时宜，禁止网游更非明智之举。青少年沉迷网游，固然有一些游戏开发商想方设法吸引孩子延长在线时间的诱因，更与家庭教育缺位息息相关。在孩子成长过程中，如果家庭教育不力，孩子经常面临困惑甚至创伤，那么，即使没有网络游戏，孩子也会有其他行为失范的表现。在多元化社会，孩子身边的诱惑很多，面对毒品、色情、暴力等，如果家长不能辅助孩子构筑一条坚固的内心防线，那么，即使没有网络游戏，依然可能有其他行为失范的危险。

简单地说，在孩子成长的过程中，需要父母扮演好"导师"和"朋友"的角色。倘若家庭、学校不能及时补位，就可能被网络游戏或者其他不良诱因乘虚而入。

孩子为什么会沉迷网络

分析原因，主要有三个：一是网络能"刷存在感"；二是网络游戏能给人成就感，而且不需要基础；三是在网络世界不孤独。如果解决了这三个问题，让孩子的内心需求可以通过现实生活的途径满足，网瘾问题自然就解决了。

网瘾能反映出孩子早年的欲望，童年时没有得到什么，长大了就会下意识地去弥补。比如小的时候没有伙伴，就倾向于在网上聊天交友；小时候有许多没有实现的幻想，就倾向于玩角色扮演的游戏，在游戏里成为魔术师、战士。网上聊天能满足孩子并未得到满足的情感交流需求,在游戏里能找到现实中没有的成就感、满足感、归属感、操纵感。因为在现实生活中,父母不能给予孩子这种感觉,他才会特别依赖网络。

网游成瘾是青少年成长路上的拦路虎,多管齐下才能赶跑它。国家、学校、游戏公司都应该有所行动。在这里,我们只说最牢固的防线:家庭。

如何防范孩子沉迷网络

从孩子小的时候,就给孩子掌控感。关于掌控感内容可参看第 11 课。

引导孩子培养一项特长,使他能够获得自信和成就感。家庭多给孩子鼓励,也引导他掌握社交能力,可以获得现实生活中的社会支持系统。

不要禁止孩子接触网络,而要从小训练他自律。越禁止,孩子越好奇,被压抑得越厉害,到失去控制的时候,补偿性反弹越厉害。

孩子已经有沉迷表现了,家长该怎么做

一般这样的是青春期的孩子。如果孩子还小,通过本课学习到的方法,你肯定可以帮助他养成好习惯。另外,无论你曾经感到多么无能为力,都不要寄希望于外面所谓的网瘾矫正机构。正规的心理治疗当然可以辅助,但是,在未成年人成长的道路上,谁也不能替代家庭中的信任、鼓励和爱。

　　停止对孩子的指责。要知道,你认为你说的都是金玉良言,什么"天天玩游戏,怎么能考上大学"、"爸妈花钱供你读书,你怎么这么不懂事",在孩子听来,全是指责和否定。记住,青春期的孩子,最重视的是肯定,最怕的是指责和否定。

　　不要和孩子起冲突,更不要直接没收手机、摔手机。还有的家长,为了控制孩子,把孩子喜欢做其他事情的权利都剥夺了,这样,孩子会被刺激得更加愤怒,更加对抗。这完全无益于问题的解决。

　　真正平等地和孩子交谈,他对于未来的构想,他想过怎样的生活。哪怕他说得特别不靠谱,你也别发火,继续往下探讨。比如,他说:"大学考不上就考不上呗,我打工一样养活自己。"你可以引导他:"你能打什么工,怎么谋生?"通常,这样平等理性的沟通,都可以使孩子得到"我也想控制"的答案。

　　孩子也有改变的意愿,很多时候只是没有毅力去克服。要知道,沉迷网络的孩子,未必是快乐的。很多孩子只是无力挣脱,又去网上寻找安慰,进入恶性循环。你要相信孩子是可以克服的,也要坚定地告诉他,他可以做到。不要刻意限制上网时间,而是从正面提出自己的要求,要和孩子协商,比如一要认真、高质量完成作业,二要保证足够的睡眠时间,在此前提下,上网时间不受限制。加上前几课提到的番茄钟等各种方法和工具,他自然会更加专注和高效。坚持一段时间,他也会感觉自己很棒,会慢慢从其他途径寻找到成就感。

　　堵不如疏。家长应该引导孩子合理安排游戏的时间和频率,帮助孩子分辨游戏的优劣、善恶、品位和价值。教育从来不是一件容易的事情,多花时间陪伴孩子在现实世界中寻找乐趣和成就感,与孩子一道正确地看待世界,才能避免网游成瘾。

借助网络,开发孩子多方面能力

孩子天生爱玩电脑,无师自通,家长何不利用这种兴趣和优势进行引导和转化? 例如:可以引导孩子学习编程,告诉他,别人还在玩游戏,你已经可以自己编游戏了,这个多酷;天生对机械感兴趣的,可以从电脑硬件入手,教孩子组装电脑的技巧;对色彩、文字和音乐敏感的,可以教孩子用软件做相关的创作和设计;喜欢"王者荣耀",就引导孩子把历史故事还原,因为我们已经在游戏当中,培养了跟历史人物之间的感情,虽然背离历史,但是至少这些名字孩子听着是亲切的。所以完全可以借机把它转向一个更有建设性的方向。这当然不是一个学历史的好入口,但是,相对于面临网瘾风险,能引导出对历史的兴趣,也是好事。

要想在动漫方面有所发展,必须学好数学、物理以及美术等方面的知识,还要进入大学学习有关计算机程序方面的知识。这时,我们趁热打铁,告诉孩子要想玩得更好,成为专家,得打好基础,学好功课。

更应让孩子们意识到,生命真正的意义在现实世界。只有将游戏中的团队协作、永不言弃、想象力、创造力等带到现实生活中,才是实现游戏的价值所在。要让孩子们知道,游戏的门外还有更加真实和广阔的世界,值得与亲人挚友携手去探寻和感受。

互联网文化已经席卷全球。不必谈网色变,这是你无法控制的。教育的步子跟不上，所有的利器都会变成射向自己的子弹。电脑本身只是个工具，人类最大的智慧在于利用工具，而不是被工具所奴役。鼓励孩子，作为万物之灵，要努力做工具的主人，不要被网络奴役。

今日作业

在防止孩子沉迷网络方面，你有什么好的办法呢？欢迎来信与我分享。

046 怎么能让孩子做事情有毅力、能坚持

前段时间,我的一位好友十分焦虑。她说,孩子想学画画,费尽心思给孩子找了老师,报了课外班,可是去了三次,孩子就说不想再去了。

她十分焦虑,最担心的是,孩子做什么事情都没有长性,这样下去怎么可以?

放弃有时候也是一种理性选择

做事情有毅力,能坚持,肯定是一种好的品质。但是,不要机械理解为,任何事情都不能放弃,要具体问题具体分析。

孩子想要放弃,原因可能是多方面的。可能是老师的方式不适应,同学不够友好,一时冲动说喜欢,但是真的做起来发现挤占了自己玩耍的时间,又觉得苦……

还有的是孩子尝试过之后,发现并不是真正喜欢的。要和孩子通过情绪教养游戏,了解他想放弃的真正原因。

假如是来自孩子初学不适应的问题,家长可以引导孩子坚持。温柔而坚定的家长,不会因为孩子只是怕苦说放弃,就完全不去引导和激励孩子。

电视剧《家有儿女》中有这样一段对话:

刘星妈："小时候给你报这班那班,想让你学,你自己不学啊!"

刘星:"我不愿意学,你就不让我学啦!那时候我还小,我还不懂事,难道您也不懂事吗?您就应该从小培养我、教育我,从小您就逼着我学呀……"

刘星说完,妈妈顿时语塞。

在一个娱乐节目上,刘宪华的一段小提琴演奏令人惊艳。

Angelababy 问刘宪华:"你是小时候被父母逼着学小提琴的吗?"

"对,被逼着。"

"那你小时候愿意吗?"

"我不愿意,一直到我十一二岁,就一直不想拉,后来我参加了第一个比赛,从那个时候,就开始喜欢了。"

"那你觉得现在感谢父母吗?"

"非常非常感谢。"

这时的 Angelababy,怅然若失,说了一句话:"为什么当初没有人逼我?"

所以,必要的时候,父母需要"逼"一下孩子,当然,这不是呵斥指责,后面会有具体的方法。

当然父母也不应该走另外一个极端,很多孩子一开始选择的兴趣不一定都是合适的,他要尝试很久才能发现那件他愿意投入一辈子激情的事情,因此请允许他一开始选错"兴趣"。可以给孩子"试错"的机会,人生不是选什么都必须坚持,有时候,懂得放弃不对的选择,把精力用在真正对的事情上,恰恰是更明智的选择,关键看家长在选择的过程中如何发现孩子真正的兴趣所在和引导孩子。

怎么才能培养孩子做事有毅力呢?

家长要以身作则

家长答应孩子的事情,无论大事小事,都要做到,他就会学到什么是负责任。陪伴孩子学习一种特长,这个过程同样是对家长的考验,除了风里来雨里去的接送,还要陪伴孩子练习。建议在孩子学习初期,练习的时候家长陪伴着,在一边专注地做自己的事情。或者,家长也同时学习一样知识和技能,和孩子一起共勉。

帮孩子发现贴近天赋的学习内容

为孩子选择的学习内容,不是为了完成家长的梦想,而是贴近孩子天赋,学习他喜欢的事情。首先是帮助孩子找到一个"兴趣",再从这个兴趣出发去寻找合适的目的感。

这个过程,需要家长多去观察孩子,而且多带他去体验一些课程,帮助他找到兴趣。对于自己喜欢的事情,所谓坚持,其实就是享受。比如,我做读书会,每周一次带领学生读经典,至今有五年半的时间了。很多人问我:"你那么忙,是怎么坚持的?"其实真的没有那么难,只是因为我喜欢。

让孩子自己带着兴趣找到合适的"目的感",才能重新构建他的热情,从而建立起"恒毅力"。

用正确的方式给孩子鼓劲

心理学教授达克沃斯开展关于恒毅力的研究。她 2013 年在 TED 的演讲,短短 6 个月就获得了 1000 万次的点击量。之后她写了一本书,书名叫《恒毅力:人生成功的究极能力》。

恒毅力定义为一种包含了自我激励、自我约束和自我调整的性格特征。"如果你见一个孩子能很投入地一直做一件事很久,这就是恒毅力。"达克沃斯认为,让孩子在未来人生中获得成功的关键要素,并非智商,也非情商,而是一种向着长期的目标、坚持自己的激情、即便历经失败也百折不挠的坚毅品格。她强调恒毅力是可以自我掌控、自我培养的特质,不像天分无法改变。恒毅力可以经过训练获得,除了内在驱动力,还有外在驱动力,不仅可以用于教育,也可以运用到企业管理。

比如给 5 岁孩子一只碗,里面掺杂着红豆和绿豆,让他把两种豆子分开盛在不同碗里, 如果无聊了可以玩一会儿 iPad(几乎是全天下孩子们最喜欢的东西)。

然后研究者开始观察孩子的反应,刚开始孩子都会很兴奋地挑豆子,但很快就会进入一个无聊和纠结的状态,眼睛就瞄向了 iPad。

这时候,成人与孩子预设有三种不同的沟通方式:

第一种,成人会对孩子说:"你可以问问自己,我做得够努力了吗?"

第二种,成人用第三人称和孩子沟通,比如:"小红做得够努力了吗?"

第三种,成人会把孩子引导到一个超级英雄上,首先成人会问,"你最喜欢的超级英雄是什么呀?"孩子可能会说,"我喜欢蝙蝠侠!"接着成人可以拍拍孩子说,"小蝙蝠侠,你觉得你够努力吗?"

让人非常惊喜的是,当孩子被引导从"超级英雄"的角度来思考问题的时候就会坚持继续分豆子,而很少选择放弃去玩iPad。

为什么会这样?达克沃斯在分析时指出,如果没有引导,孩子就很容易从自己的视角思考问题,这时能想到的就是那些痛苦,为了快速消除这些痛苦,他们会想办法,比如玩iPad。

可是当孩子被引导到从"超级英雄"的角度来思考时,他们会暂时忘记自己已经坚持了这么久的痛苦,和iPad可能带来的愉悦感,而是把全部的思考重心放在"超级英雄"的特质上。他们会想到超级英雄身上那些坚持、不放弃的品质,希望自己也能和心中的偶像一样,于是就会选择坚持去完成任务。

培养微习惯

微习惯就是很小很小的习惯。当你开始做这件事的时候,你不会因为完成它感到困难。家长应帮助孩子把一个特别长的目标精细化,准确化,让他们有具体的方法去实现一个个小目标,从而变得更加有毅力,不愿意放弃。

今日作业

梳理一下孩子正在学习的各种课外班和技能班,发现孩子的真正兴趣或者特长所在,跟孩子约定一个他心目中的超级英雄,让超级英雄和你一起帮助他坚持一项学习。

047 如何培养孩子的阅读能力(一)

阅读能力是现代人必备的基础性能力。

阅读能力就是一个人的学习力、思想力和创新力。无论是从素质教育的角度还是从应试角度考量,阅读都非常重要。

在国际上,包括中小学生的国际学生评论项目(PISA)测验等指标性评价中,阅读能力一直是最为重要的项目之一。微观上看,阅读力关涉孩子的升学、就业,从更大层次上看,个体的阅读力关涉社会的整体阅读水平,事关整个社会的凝聚力、幸福力、竞争力,因而关系到国家民族的竞争力。聂震宁在《阅读力》中说:"阅读是我们社会发展最重要的基础之一。"

从应试角度上说,新课改之后,语文的广度、难度提升,因此语文在高考总分中区分度会最大,最容易拉开学生分数档次。得语文者得高考,得阅读者得语文。2018 年语文高考已经难出了新高度,接下来语文到底怎么学,怎么考?"教育部编义务教育语文教科书"语文教材总主编温儒敏曾说:"高考命题方式正在进行很大的改革,而且在悄悄地改。"

一是阅读速度,以前卷面大概 7000 字,现在是 9000 字,将来可能增加到 1 万字。二是阅读题量也增加了,今年的题量,不是题目的数量,是你要做完的题的量,比去年悄悄增加了 5%~8%。三是高考的阅读面也在悄悄变化,哲学、历史、科技,什么类型的内容都有。现在阅读的要求远远高出了语文教学平时教的那个水平。也就是说，只看教材，别说高考语文，就连中考语文都将应付不来。别再说什么应付考试、没时间阅读！孩子不阅读，根本应付不了考试。对于阅读少、不读书、语言基本功不扎实的孩子而言，此次教改已经不是噩梦而是审判。教改后考查了大量语文的超纲内容、考查全科素质成为标配，临时抱佛脚没有指望。

未来，阅读是一切学科的最重要基础，如果你依然说自己的孩子没时间读书，等同于说要自己的孩子放弃所有学科。

在家里没有读书的氛围下，怎样引导孩子爱上阅读？经常有朋友和我交流，说自家孩子别的行为习惯都很良好，但就是不爱读书，爸妈该怎么办？或者说对看书没有什么兴趣。

那么，如何培养孩子的阅读习惯呢？下面的几点是我个人的思考和经验总结，分享给大家。

培养对书籍的亲近感

我们经常会说"没时间读书"，其实，每个人的时间都是有限的，只是看你把哪一个事项优先安排。

爸爸妈妈要以身作则。如果你期待孩子热爱阅读，那就请你离开麻将桌和电视机，更不要边看手机边带娃。爸爸妈妈喜欢的东西，对孩子来说就是有强大吸引力的。如果爸妈每天手机不离身，孩子自然就会对手机兴趣浓厚。如果爸妈手不释卷，孩子也自然会觉得，书籍是个好东西。

如果有条件，多带孩子去体验阅读的氛围。可以经常带孩子去图书馆、去比较有品位的书店，也可以组织几个相熟的孩子一起读书。

带孩子出去玩的时候,除了为他们带好随身物品,也要让他们自己挑选书籍带上,培养他们在旅途中阅读的习惯。即使读不了几页,也是一种态度:书是生活中的重要组成部分,而且是很亲近、很重要的部分。

像上面这些,并不需要耗费太多时间,利用平时的零散时间就可以。主要是培养孩子对"读书"这件事的接受度,让他从小就知道,读书就是生活的一部分。

据说,在犹太人家庭,小孩稍微懂事时,母亲就会翻开犹太教经典《塔木德》,点一滴蜂蜜在上面,叫小孩去舔尝,孩子就会以为书是甜的。我们暂且不去考究这一说法的真实性,对于培养孩子阅读兴趣而言,这是个好思路。

所以在孩子刚开始阅读的时候,要为他们选择他们感兴趣的内容。不要急着给孩子超出他阅读能力、或者他完全不感兴趣的书籍。阅读兴趣高于一切,拔苗助长会适得其反。

捕捉阅读敏感期

如果自己家的孩子有这些特征,家长们就要注意了,因为这些代表着孩子的阅读敏感期来了:

无论什么书都翻来看,无论能不能看懂都一本正经地看,能看懂的会反复看。

凡是有书的地方,比如到书店或图书馆,兴致很高,看个不停,一会儿翻看这本、一会儿翻看那本;喜欢听故事,也会时常编故事给大人听,想象力丰富;指着书上的字阅读,即使大多数时候看不懂,会自编发音去读。

阅读敏感期一般是在孩子 4 岁半到 5 岁半的时候来临,有些智力较好的孩子会提前,只要智力正常,一般不会超过 6 岁。6 岁后的阅读相比于 6 岁前,孩子更难养成兴趣习惯,所以 6 岁前也称为儿童阅读的黄金期。

推荐书目:(个人意见,仅供参考)

1.6 岁前

《宝宝的第一本书》(读小库,全 7 册,幼儿认知类纸板书)[0~3 岁]

五味太郎:《洞洞动起来》(全 9 册)(洞洞纸板书)[0~2 岁]

《小小自然书》(读小库环保纸板书,把最质朴自然的大千世界送给最初的你)[0~3 岁]

《袋鼠妈妈婴儿第一套视觉翻翻书》[0~3 岁]

《我的第一套认知书》(套装共 7 册)[1~4 岁]

《影响孩子一生的自我意识养成绘本》(套装全 4 册)[3~6 岁]

《我感到……》(读库绘本,四册套装,帮助小朋友做好情绪管理)[3~6 岁]

《我的第一套亲子安全绘本》(套装共 4 册)[3~6 岁]

《吃掉黑暗的怪兽》[3~6 岁]

《青蛙弗洛格》

《神奇校车》

《不一样的卡梅拉》

2.6 岁后

《DK 的科普书》

《小王子》

《窗边的小豆豆》

《柳林风声》

《夏洛的网》

《北风的背后》(更推荐《乘上北风》版)

《长袜子皮皮》

《彼得·潘》

《昆虫记》

《纳尼亚传奇》(原文非常美,有条件的可读中英对照版)

《丁丁历险记》

"企鹅青少年文学经典系列"(这套书与上面书单有重复,下单时请注意)

今日作业

要让孩子爱看书,家长首先以身作则,把自己爱看的书都拿出来,或者上网选两本,每天晚上自己坚持半个小时的阅读时光吧。

048 如何培养孩子的阅读能力(二)

如何为孩子选择适合的书籍？

总体上,我个人的观点是:在孩子阅读的初期阶段,不宜在书目选择上限制过死,只要为孩子把好关,不让他们阅读暴力、色情等书籍,其他的,无论是科普、探险、小说、漫画,各种题材都可以让孩子自主选择。孩子当然需要读经典,但真的不是每部经典都适合孩子阅读,如果挑选不当,孩子对书中内容的兴趣不大,损害了阅读兴趣,得不偿失。对孩子而言,阅读兴趣是最大的,要让他们知道,读书是有趣的,有收获的,是可以丰富自己的。

选择适合他们年龄和阅读能力的书

2 岁左右的孩子,思维发展靠动作和感知来支持,所以要给他们选择体验书,尤其是可以促进多重感官发育的。比如立体书、翻翻书、触摸书,可以发声的书。这个年龄段的孩子读的书要买厚一些,纸张精良一些的,因为这个年龄段的孩子,可能会用咬、扔、撕等方式去探索书籍的世界。

3 岁左右的孩子, 可以为他们选择绘本。各种形状大小色彩,不同风格主题的,让他们多接触,多尝试。

给孩子挑的书要天真,充满童趣,不要急着教他们识字、算数。可以为他们选一些有助于习惯养成或者性格培养的书。

可以多为孩子选择故事书。挑选故事书,要遵循"4C原则":

一是有因果关系(causality),严密的逻辑链会增强孩子的逻辑和推导能力;二是有冲突(conflict),情节有起伏的内容才有看头;三是多样性(complications),孩子不容易失去兴趣;四是有多重角色(character),孩子会探索自己和他人思维的差异,社交情绪能力会得到发展。

给孩子讲故事最好的方法就是把孩子抱在怀里读上20分钟,这会把阅读和宠爱连接起来,只要几个月就会让孩子体会到阅读的好处,并爱上阅读。这样还增加了亲子关系的和谐度,一举数得。

9个月~1岁:色彩鲜艳的大图案硬纸书(纸板书),刺激大脑发育。大人通过让宝宝一边看,一边说出事物的名称,为宝宝说话打好基础。

1~2岁:大幅图画的图书,最好跟日常生活相关,比如炊具、电器、家具、宠物、玩具等,更利于孩子阅读和接触。

2~3岁:父母适宜给孩子阅读一些简短、有趣的故事,力求用孩子听得懂的口语表达出来,而不是书面语。

3~4岁:给孩子选择有细节和情节的故事,但注意最好还是以大量图片为主,图片能促进孩子的想象力,有助于孩子喜爱上阅读。

4~5岁:推荐有故事情节的连环画,比如《西游记》等,有情节有图案,不仅吸引孩子的眼球,还能让孩子持续阅读下去。

5~6岁:这个阶段孩子会对科学类的儿童故事比较有兴趣,有助于孩子思考,还能促进孩子的动手能力,当孩子有此类需求时要努力配合,否则孩子会由于各种阻力而放弃。

6~7 岁:幻想类童话一方面能满足孩子想象力驰骋的需求,孩子还能在有趣和轻松中感受愉悦,有助于孩子沉浸在阅读的海洋中。

8~10 岁:可以适当接触历史故事了,并且也到了孩子可以自由流畅阅读的阶段,让孩子养成独立看书的习惯吧。

10~12 岁:除非是非健康类书籍,建议家长不要限制孩子的阅读类型,只要孩子喜欢,大可放开手,开卷有益,有助于孩子建立广泛兴趣,建立更全面的知识。

什么时候培养阅读能力都不晚

你可能会问,"老师,我家孩子已经八九岁了,小时候没有养成阅读习惯,阅读敏感期也错过了,现在培养孩子的阅读习惯还来得及吗?"

当然来得及。

6 岁以后,孩子的阅读水平差异比较大。如果阅读习惯好的孩子,可能到八九岁就可以读古典名著的原著了,而有的孩子,八九岁还需要从头开始培养阅读习惯。对于这类孩子,不要一味地去看书上写的推荐"适合几年级阅读",因为他没有养成阅读习惯,从这个深度开始,很难坚持。更不要跟别的孩子比,说,"你看谁谁都开始读什么什么书了,你却一本书都不看。"指责是无益的。这种情况,建议从绘本开始,循序渐进。

具体的方法,就是"同主题阶梯式阅读"。从孩子感兴趣的主题开始,比如,孩子喜欢探险题材,那就从绘本、漫画开始,可以先给孩子选择《丁丁历险记》，从看图开始，培养对书籍的感情。然后慢慢过渡到《鲁滨逊漂流记》《海底两万里》之类的书籍。等孩子的阅读能力提升了，再去扩展其他题材。

也可以先从影视作品开始，再逐步引导孩子读原著，也不失为一条出路。比如看过《流浪地球》的电影，很多小男孩都对刘慈欣的系列科幻小说爱不释手。

怎么阅读才更有效

每天阅读的时间，要根据孩子的具体情况而定。有的孩子专注力好，可以时间长一点，对于6~9岁才开始培养阅读习惯的孩子来说，每天能专注阅读15分钟，只要能坚持，就是一个很大的进步。

阅读不是立竿见影的，要长期积累才会看到效果。很多家长担心孩子写作能力差，就急着送去各种各样的写作辅导班，却忽略了一点：阅读和思考才是写作能力的根基。

大量阅读的效果大约在6~8年后才能显现出来，孩子无论学习什么，都需要清晰的逻辑思维能力。阅读是积累渐进的技能。和孩子一起坚持阅读，总有一天会看到成效。

阅读的时间，可以因人而异，家长可以引导孩子，提升阅读的效果。这时候，阅读后的交流就非常重要了。

读完之后，可以和孩子交流一下，你读到了什么？训练他们的理解力和表达能力。还可以问问他，"你喜欢其中的哪个角色？你对这个文章有什么样的看法？"训练他们的思考能力。

要记得，如果孩子的观点和你不同，不要急着否定，我们确实要引导孩子有正确的人生观和价值观,但是,如果你在这个时候急着否定甚至批评孩子,损害的是孩子的阅读兴趣,还有和谐的亲子关系。如果给孩子留下一种印象:一读书就受"教育",一说真话就挨批评,后果……你懂的。

对于一时想不到如何提问的父母,我的建议是,你起码可以在孩子阅读前提出下列这些通用问题:

- 这本书的名字是什么?
- 从它的封面上,你能看出这是一本什么样的书?
- 你觉得这本书是什么内容的?
- 你期待从这本书里发现什么?
- 关于这本书,你已经知道了些什么?
- 你想学到些什么?
- 你为什么读这本书?

阅读过程中,这些问题可以抛给孩子:

- 你觉得接下来会发生什么?
- 这本书出现了什么难题?
- 你觉得主人公为什么这样做?
- 在你阅读这个部分的时候,你的脑中有一幅怎样的画面?

阅读结束后,你可以这样提问:

- 故事发生在什么地方?
- 故事的主角前后发生了什么样的变化?
- 这是一个什么样的故事?

今日作业

读一本孩子看过的书，按照给你的提示，跟孩子一起讨论这本书，也可以带着孩子参加读书会活动。

049 孩子不守规矩,还乱发脾气,怎么办

你家孩子有这样的情况吗?

讲好了再玩 10 分钟就回家,但是孩子非要耍赖不动;

孩子有些小毛病,和家长答应得好好的,说要改,转头就忘到了九霄云外;

还有的时候,一句话说了五六遍,但是孩子就是听不进去。

到了吃饭时间了,妈妈对孩子说:"收拾好玩具吧。"或者"把电视关掉""赶快洗手吃饭了",孩子却总是像没有听到一样。妈妈再去催他,还是不听不做。后来妈妈火了,孩子又开始哭闹。每天家里都是鸡飞狗跳,有时候父母实在火了,甚至开始动手打孩子。

怎么和孩子定规矩?跟孩子定的规矩要想有效,需要注意三个要点:提醒孩子看着你,告诉孩子怎么做,站在旁边看结果。

先让孩子看着你,孩子才会听你的

和孩子讲话的时候不能分神,还要学会吸引孩子的注意力,最简单的方法就是叫孩子的名字,和孩子有眼神交流。离孩子近一点,再叫他的名字,如果孩子不理你,你要对孩子说"看着我",或者走到他跟前,看着他的眼睛再提出你的要求。没有

眼神交流的命令,会大大减少孩子听话的可能性。

因为两个人之间进行眼神交流时, 就会有一种约定感,说起话来会更有说服力,而且有时候孩子玩得正起劲,可能根本就没有注意到你在跟他说话。

告诉孩子怎么做,保证孩子听明白

一要注意态度要严肃,口气要坚定。

不要用居高临下、愤怒挖苦的语气和孩子说话。孩子其实非常敏感,这些都会带给孩子心理压力。还有的家长,即使在定规矩的时候,也会用哀求的口气跟孩子说话,给了孩子拒绝的机会。

二是一次只讲一件事。

吩咐孩子做事时一定要简单、直接,一次只讲一件事。如果你希望孩子完成几件事,那你就让他先做第一件,让他完成以后过来见你,然后再让他做第二件,完成后再来见你。

三是让孩子复述你定的规矩。

让孩子复述,如果他说"明白了",就可以说,"既然你明白了,那就请重复一遍吧。"如果他重复得对,就坚定地说,"你听懂我们的约定了,真好,那现在去做吧。"

站在旁边看结果,准备好你的鼓励

跟孩子定完规矩后,不用做任何事,只需站在一旁静静看着孩子,大约持续 15 秒,不要走动,这点往往会带来奇迹:因为这会给孩子施加一定的压力,促使他完成你的要求。同时还要注意,如果孩子表现好,一定要及时夸夸他。

识别"乱发脾气"

孩子不守规矩,还乱发脾气,怎么办?

第一等级,冷静角。问孩子,你需要到冷静角冷静一下吗?

《这样跟孩子定规矩,孩子最不会抵触》的作者乔治·M.卡帕卡区分了"可以不理会的发脾气"和"乱发脾气"。

如下的情形,是可以不理会的"发脾气":

孩子一边嘟囔着"凭什么",一边还是照你说的去做了;

孩子生气了,躲进自己的房间,"砰"的一声把门关上。

卡帕卡所讲的"发脾气"指的是,在家长和孩子发生冲突的时候,孩子不停地尖叫、大哭,即使你说"别闹了",孩子也停不下来,发脾气的时候,孩子可能打你、踢你、扔东西。

第二等级,如果孩子进入失控状态,该怎么办?

乔治·M.卡帕卡介绍了一套有效的方法,那就是让孩子"面壁思过"。

首先,告诉孩子停下来。告诉孩子,停止他的行为,不要大吼大叫,但是声音要洪亮,使孩子能够听清你说的话,并把注意力转移到你的身上。让孩子看着你保持眼神交流,等待约 15 秒。

然后,要告诉他后果。告诉孩子,如果还闹个不停,就要接受面壁思过的惩罚。同样要语气严肃,并且保持眼神交流,再等待约 15 秒。

怎么执行"面壁思过"

这是一种小小的惩罚,通过把孩子撤离现场,减少环境对孩子的刺激,来让孩子冷静下来。

要选择合适的地点。这个地点必须是零刺激的环境,最好选用孩子能被孤立起来的地方,没有电视,没有电脑,没有玩具,也没有任何活动。可以选择的地方有:房间的一角,餐厅,客厅,过道等;楼梯台阶上;卫生间;客厅或椅子、沙发上;如果是比较小的孩子,可以选用椅子或沙发,同时你要待在孩子的视线之外,但要留意孩子有没有跑开。

注意,尽量让孩子自己去面壁思过地点。如果有必要,可以强行将他带去。

要语气严肃地对他说,"不许闹,没我允许不能离开。"

如果有必要,要抓住孩子的手,防止孩子打人。

如果孩子跑开,要把孩子重新带回来。

一旦孩子安静下来,就开始计时。但是不要告诉孩子,你将让他待多久,这个时候要保持家长的权威。最低处罚,4~5岁的孩子2分钟;5岁以上,大概几岁几分钟。比如,8岁,就大概8分钟。

如有必要,要采取一些强制措施。孩子停下来后,放开他,但告诉他要坐在椅子上,要时刻留意他,如果他再闹腾,你就要马上重新使用强制措施。刚开始使用这个方法的时候,你可能要重复好几遍,才能让孩子安静下来,但不要因此就失去斗志,要给孩子充足的时间来适应这个规矩。

例如,如果你告诉孩子要道歉,得告诉他怎么道歉。比如说,"你要看着我,告诉我你错了。"如果你只告诉他要道歉,而他就对着墙说"对不起",特别是他第一次这样做的时候,你又继续让他面壁,他当然会很生气。

最后是结束后的反思。

走到面壁思过地点问孩子:"知道我为什么把你放在这儿吗?"

不要激怒孩子,千万不能大声训斥或没完没了地说教,只需要让他明白自己为什么要被面壁思过。

如果孩子还小,你可以直接告诉他面壁思过的原因,同时告诫孩子,"你以后再这样闹,我还会让你面壁思过。"

最后也是非常重要的一点,就是允许他回到先前的活动之中。

当方法奏效之后,家长一定要克制住自己的说教,或者讽刺挖苦,千万不要说"你早这样听话,何必面壁思过?"或者"为什么不给你点教训你就做不到呢?"之类的话。这类的语言不但会冲淡惩戒的作用,还会很大程度上损害亲子关系。

所以,即使这些话在心里盘旋着,也要做到三个字:憋回去。

惩戒完之后,平时还是要继续从前讲的,好好爱孩子,给他接纳和安全感。

今日作业

观察一下自己的家里,哪里适合做面壁思过地点,下次孩子再出现乱发脾气的情况,请尝试这种方法。

050 屡试不爽的终极特效方案

如果,看到这里你仍然觉得没有足够的方法帮助孩子养成好的习惯,在这节课,我教你一个屡试不爽的终极特效方案,那就是:亲子共同进步计划。

榜样的力量是无穷的

与其一味要求孩子,不如和孩子一起行动起来。身教重于言教,孩子会从家长的努力中看到榜样的力量,更会感受到深深的爱。

行动周期是 21 天。在行为心理学中,人们把一个人的新习惯或理念的形成并得以巩固至少需要 21 天的现象,称之为 21 天效应。这就是说,一个人的动作或想法,如果重复 21 天就会变成一个习惯性的动作或想法。21 天之后,自然就更容易坚持,到 90 天就形成一个稳定的习惯。

做好约定。和孩子约定,你和孩子每人养成一个好习惯。最好是都由孩子来决定,问孩子,你最希望自己养成什么好习惯,你最希望妈妈能够养成什么好习惯?

制作"进步板"。约定好习惯内容,就设计制作"进步板",在表格中列明日期、各自的好习惯内容,以及每天的执行情况。每天晚上,互相评估,及时反馈。

(1)约定行为规则,并填写在"任务栏"里;

(2)约定奖励方式,并填写在进步板上;

(3)监督任务完成情况,并用约定的方式记录;

(4)统计任务完成情况,用约定的方式兑现奖励。

要及时给孩子正向反馈。

正向反馈的方式可以多种多样,不仅仅是物质的奖励。比如,我的小朋友慧哥儿,在和妈妈做这个计划的时候,他要求的奖励就是妈妈陪他玩10分钟游戏。

情感性正向反馈:赞扬、微笑、拥抱、亲吻等。

操作性正向反馈:跳绳、游戏、绘画等。

活动性正向反馈:看电视、过生日、郊游等。

拥有性正向反馈:衣服、玩具、书籍等。

消费性正向反馈:孩子喜欢的食品,如糖果、饮料等。

比较建议把21天拆成3周,每周实现任务,就获得一次"小奖励";全部完成,再获得一次"大奖励"。

起个高大上的名字

不要叫"改掉什么坏毛病"计划,而要叫"养成什么好习惯"计划。对孩子的每一个行为都需要给他正向的指引。虽然行动的内容是一样的,但是每一天在做的时候,考虑到自己正在改坏毛病,心情终归不是那么愉快的,你会觉得,自己挺糟糕的。而如果叫"养成好习惯",我们就觉得,自己本来就是美好的,而且还在变得更加美好。

每次只养成一个习惯

在 21 天的行动里,目标是养成一个好习惯,而不要把很多习惯堆在一起。如果你和孩子有很多好习惯要养成,那就找一个最紧迫的先做起来。等这个习惯养成了,再开启下一轮新的行动。

允许拖延、反复等情况出现

不要过分苛求你和孩子,养成一个好习惯并不容易,只要大方向是好的、进步的就可以。在约定的时候也可以规定,21天中,最多允许有几天延误;如果延误了,要做什么事情可以补偿。

一定要兑现承诺

和孩子约定好的事情,就要每天及时监督反馈。孩子达成约定的任务,一定要按照约定的奖励内容去兑现承诺。

今日作业

习惯养成模块的课程就到此结束了,你最希望孩子养成什么好习惯,你又准备怎么行动呢? 欢迎来信与我分享。

第四章　礼仪教养

051　不学礼，无以立

　　我想问你一个问题：如果你应邀参加一个非常重要的宴会，从事业发展的角度上说，对方是决定你命运的重要人物。对方向你发出邀请的时候，说的是"请你全家一起前来"，你敢带自己的孩子去吗？

　　你有信心他会全程保持安静，优雅用餐，不吵闹、不失礼吗？

　　当你精心打扮，盛装出席这个宴会的时候，即便带了孩子，你时时刻刻会担心他出丑给你丢人吗？

一个拿得出手的孩子，是自己最大的"奢侈品"

第一，幼学礼仪，可以修身。

礼仪规范的学习是修身的重要内容，它不仅是人际关系的润滑剂,"敬人者,人恒敬之",可以增进人与人的交往,把人际关系的矛盾大事化小、小事化无,它还能达到内强素质、外塑形象的良好效果。

2017年6月,在武汉天河机场国际航站楼,得知自己因为迟到,不允许乘坐这趟航班后,这一家三口其中的女性旅客张丹(化名),坚决要求乘坐该航班。正当值机员小段拿起电话,欲联系上级领导对此进行后续处理时,张丹突然冲进柜台,对值机员脸部掌掴两巴掌,因用力过猛造成较大声响,引起了周围工作人员和旅客的围观。张丹的同伴前来拉开她,但她仍辱骂值机员。后来媒体关注,该女子真实身份曝光,引起一片哗然。她竟然是某名牌大学的博士。

可想而知,她学习成绩优异,估计就是所谓的"别人家的孩子"。可是因为这件事情,她被处以行政拘留10日的处罚,让自己的后半生蒙上了巨大的阴影。可谓代价惨重。

当你的宝宝呱呱坠地的时候,你对他一定有很多的期望,希望他健康、快乐、成功、自信。要想帮助他达成这些期待,你一定要教会他,怎么样表现才会受人尊重。

第二,幼学礼仪,甚至可以治国平天下。一个人纵然拥有较高的知识水平、拥有丰富的物质财富,但不知礼仪,也只能沦落为金钱的俘虏,成为粗野、暴力的拥趸。近年来媒体对国人"低素质事件"的曝光,国外对中国游客不文明举动引发的争议便是例证。因此,衡量一个人修养的高低,不在于拥有多少知识和财富,而在于是否怀有对礼仪的崇尚之心,在生活中,是否常有涵养礼仪之举。

幼年时期是学礼仪的最恰当时期

在孩子的成长道路上，都会有获取某种知识和技能的关键时期。幼年时期，如果家人为孩子打下良好的教养基础，会让孩子受益终生。智力的发展与教养并不成正比，现在的孩子大多数都是集万千宠爱于一身，如果言行上不得体，又没有人去提示，他们糊里糊涂就会成长为教养缺失的人。长大之后，以自我为中心，缺乏同理心，缺乏团队合作精神，不懂得什么叫谦让，更做不到友善、合作。

学礼仪滋养孩子的精神

礼仪绝对不只是口头上的"请，谢谢，对不起"，也不只是外表上的"坐立站走"标准姿势，真正需要培养和塑造的，是孩子们的精神世界。国内儿童礼仪的领军人物纪亚飞老师提出，我们真正要培养的，是孩子的"感恩心、尊重心、恭敬心和谦卑心"。如果一个孩子，学到的第一个请求帮助的句式就是，"麻烦妈妈，帮我放上去"，他内心就知道，他在麻烦别人，别人在帮助他，哪怕是家庭成员之间，也是要知道感恩的。而假如他说的是，"给我放上去"这样没有称呼、没有请托语的话，这也会成为习惯，久而久之他就会觉得别人为他做什么都是理所当然的。

所以学习儿童礼仪，不是作秀，不是表演，不是像教广播体操一样要教会孩子几个标准动作，而是要让他们礼由心生。美好是来源于内心的。

今日作业

想想在你的家庭中，家庭成员之间说话等交往礼仪做得如何？

052 教孩子礼仪,就是过度约束孩子,
泯灭孩子天性吗

学礼仪是束缚孩子天性吗

在教孩子礼仪、引导孩子懂规矩的问题上,总有这样的声音:孩子的天性就应该自然发展,所以孩子需要自由。琴琴老师,你自己不是也讲要给孩子自由吗?

确实,现在大多数家长幼时所受的教育多是高压教育,小时候都经历过被粗暴管教,所以很多家长学会了宽容孩子,忍耐孩子。他们走出了一个极端,绕开了"把控制当成教育"的这个误区,但又大踏步地进入了另外一个误区,就是把纵容当成爱。

相信大家坐飞机、坐高铁等公共交通工具出行时,都曾遭到过"熊孩子"的骚扰。吵闹、尖叫、乱跑,有些家长,不但不约束、不道歉,最后把他惹急了反而还来指责你。"他还是个孩子,你别用这种态度说话。""你说你这么大人了,跟不懂事的孩子计较什么。"每一个"熊孩子"背后,都有一对"熊家长"。

有的孩子已经十三四岁了,在聚会场合,父母还要督促他们问候其他人。过程中,孩子也完全不融入聚会的活动,自己玩手机。在很多社交场合,连基本的礼貌都没有,一个这么大的孩子,连打招呼都还要父母教,都不具备正常的交流能力,谈何

"素质"呢？

过分的纵容，无边界的自由，反而会让孩子内心更加恐惧，因为他不知道怎么做是对的，也不知道怎么做是好的。

没有任何一个孩子想成为别人眼里自私无赖的人，大多数人只是因为不懂什么叫规矩，什么叫修养，因为没有人给他的行为划定一个边界。比如有的孩子，到了公共场合吃饭，甚至于长大之后，在职场中参加重要的商务宴请，依然会用筷子在盘子里飞舞着寻找自己想吃的食物，从而引来别人的侧目。但他却不知道发生了什么，因为他从小都是这样，筷子上下翻飞，自己想吃什么就去翻找着夹什么，他并不知道，用餐夹菜，是不要超过"盘中线"的，这才是教养。还有的吃饭的时候，连喝汤都是把碗放到桌子上，低头去喝。要知道，动物才是"以身就食"，而人都是要坐得端正，端起碗来把食物送到嘴边。

所以，家长有责任教导孩子什么是规矩。教孩子礼仪教养，就是为他划定做事的边界和尺度，只有这样，他才能得到真正的自由。

不要把孩子养成令人讨厌的样子

中国自古被称为"礼仪之邦"。钱穆先生曾经说过，中国文化的核心是"礼"，这个词意义深远，在西方的文化里没有对等的词可以翻译。

人和动物的区别就在于有没有"礼"，你是按照"礼"的要求生活，还是按照动物的野性本能在生活，就看你自己。人类是从动物界进化而来的，一边是进化前的动物性，一边是进化后完善的道德高尚的样子,作为一个人,处在这两者之间,你是选择往前走还是向后退呢?当一个人在排队的时候,无序插队,在乘坐公交车的时候到处乱挤;当一个人经常暴露贪婪的欲望时,这些就说明,动物性还在他的身上。倘若对动物性不加合理约束,看起来是在尊重人性,实际上就是把人降低到动物的水平。《礼记》中说:"为礼以交人,使人以有礼,知自别于禽兽。"

真正的自由是有边界的

礼仪,不是教孩子逆来顺受,一味忍让,而是教他温和得体地回应别人,需知"回不回应是修养,回不回答是权利"。

礼仪,不是教孩子巧言令色,见风使舵。子曰:"巧言令色,鲜矣仁。"巧言令色就是,把话说得太漂亮,见人说人话,见鬼说鬼话,让人听着特别舒服,但这种是表面文章,并非出自真诚的本心。一个真正的仁者,不会只在外在的东西上下功夫。

我们要教孩子的,是对他人、对环境、对规则的尊重,是要培养孩子拥有自信自律的品质,让他自重得体,热情善良,阳光大方。

自由放养不等于不去教养,顺应天性不等于随意任性,越自律,越自由。

今日作业

跟孩子讨论一些社会现象,说说哪些是缺乏教养的行为,哪些展现了人高贵的修养?

053 儿童形象礼仪

胡瑗是宋代理学酝酿时期的重要人物,毕生从事教育。他对学生既严格要求,又注意言传身教,并规定师生之间的礼节,自己常常"以身先之"。盛夏之季,他也整天公服端坐堂上,决不稍懈。有一次,学生徐积初次见胡瑗,头稍稍有些偏了,他就直呼"头容直"。这使徐积从中受到教育,时刻警示自己不仅要仪态端庄,更应该注意自己的心也要正直。在规章明、要求严的情况下,胡瑗的弟子"皆循循雅饬""衣冠容止,往往相类"。他的学生立于市井之中,外人一看就知道是胡瑗的弟子。

这种气度,就是从言行举止的细节中传承下来的。

儿童形象礼仪的几个要求

1.服装要内外有别

服装是分为居家服和外出服两种的,外出一定要穿外出服,不可以穿睡衣出门,如果家里来客人,同样也要换上外出服来接待。我个人建议内衣可以选择稍微质量好一点,相对更安全舒适的,而外出服,反倒是可以选择性价比更高的。

2.穿合体的衣服

因为孩子长得太快了,所以很多家长买衣服的时候会买大一码,甚至大两码三码的。这样,孩子在穿着的时候,前两年衣服穿着肥肥大大的,第三年倒是不大了,衣服又变得非常破旧。

3.尽量让孩子自己选择衣服

在划定范围的前提下,衣服上的色彩、图案、款式,只要符合场合着装的要求,完全可以让孩子自主选择。这样既给了孩子掌控感,表示了父母对他充分的信任,也会在选衣服的交流中,提升孩子的审美认知,锻炼孩子生活自理的能力。

4.拥有一身正式服装

建议每个孩子都要有一套相对正式的衣服。男孩子相对正式的衣服就是小西服,女孩子相对正式的衣服是连衣裙。到了相对正式的场合,要给孩子换上正式的衣服。比如说参加婚礼,参加一些音乐会之类的演出,这样的场合都是要穿正装的。我儿子从小到现在,一直都是有一套相对正式的小西服。穿的次数并不多,因为西服确实比较束缚人,大多数时候孩子喜欢舒适。在很多人眼里,这算乱花钱。事实上,让孩子在正式的场合,穿上正式的衣服,这是从小进行场合着装的教育。穿上西装确实会很束缚人,但是你要知道,在正式场合,人本身就是需要约束自己的。无论是中国古代的贵族君子,还是西方社会的绅士,他们的精神内核都有一条,那就是:严格自律。

在这里要声明的是,为孩子选择与场合相适应的衣服,不代表要为他选择多昂贵的衣服。正式的服装,有很昂贵的高端私人定制,也有物美价廉的衣服。我们所要求的"正装",意思不是"贵的衣服",而是款式正确、符合场合要求的衣服。

儿童服装选择的原则

第一，色彩明快。孩子是最有活力的，要为他们选择有活力的色彩。童年是多彩的，要让孩子的衣橱也是多彩的。

第二，安全舒适。为孩子选衣服，要选安全舒适的。比如说很多连帽带抽绳的衣服，其实是孩子的安全隐患，建议家长如果买的话也要把抽绳拿掉或者改短。再比如说，孩子在车里乘坐安全座椅的时候，不能穿着羽绒服，这个在以后的安全课程里还会有介绍。

为孩子选择舒适的衣服也很重要，很多家长喜欢给孩子穿牛仔裤，而大多数牛仔裤质地坚硬，并不便于运动，孩子穿着不算很舒服，所以，孩子的日常服装，建议选择比较柔软的仿牛仔裤，或者运动服装。

第三，注意场合。要从小教给孩子场合着装的知识。比如说在户外运动的时候，要穿着休闲运动的衣服。举例：一个女孩今年7岁，在年底之前的某一天，上午爸爸妈妈带她一起去采摘草莓，晚上要去参加新年音乐会。那她就很有必要一天更换2到3套衣服。上午采摘的时候要穿舒适的运动装，而且因为大棚里比较热，建议外套厚一点，里边要穿得薄一点，这样脱掉外套摘草莓的时候，孩子不至于出汗太多。而到了晚上，因为是参加比较隆重的活动，她就可以穿上礼服啦，比如精致的公主裙。

孩子的衣橱里要有如下三种类型的服装：

一是礼服。有一套就够。价位根据自己预算而定，款式正确就好。

二是生活装。这类衣服最多,适合去朋友家做客,日常上学、逛街、超市、去游乐园,等等。

三是运动装。在踢球、打球、跑步等体育运动的时候所穿的服装,根据不同的项目有不同的要求。

儿童服装穿着要点

一是要整洁。孩子的衣服要保持干净。至少穿上的时候得是干净的。有的家长,因为孩子卫生习惯不好,潜意识里就觉得孩子不配穿干净的衣服,因为反正穿一会儿也会脏。不知道你有没有听说过心理学上的"破窗效应":一面墙,如果出现一些涂鸦没有被清洗掉,很快的,墙上就布满了乱七八糟的东西;一条人行道有些许纸屑,不久后就会有更多垃圾,最终人们会理所当然地将垃圾顺手丢弃在地上。这个现象,就是心理学中的破窗效应。孩子穿的本来就是脏衣服,他会更加不去珍惜。为孩子选择干净整洁的衣服,本身传递的信息就是:你值得更好。

孩子的服装,避免追求品牌,只要整洁美观就可以。在孩子小的时候,要教育他对于自己的要求,更多的是外表是否整洁得体,行为是否规范自律,而不是过早注重对品牌的追求和攀比。

二是要端正。仪态端庄,会让人本能地希望自己的心也要正直。孩子的服装要穿戴齐整,帽子也要戴端正。

小女孩穿衣服不要过早的成人化,除了个别演出需要,日常不要穿吊带装、露脐装。因为这种强调裸露身体、过早展现性感的服装,让女孩子对审美和对自己身体的认知,都容易产生偏差和误导。在日常生活中,也不建议穿过于隆重的服装,礼服是在隆重场合穿着的,不宜作为日常生活服装。有的女孩子日常上幼儿园,上小学,都会穿着华丽繁复的公主裙,裙摆非常大,孩子活动起来很不方便,行走和跑跳的时候也容易绊倒伤害自己。另外如果天天穿着公主裙,容易让孩子产生一种错觉,真的以为她就是小公主。过于隆重的服装,有可能会给孩子造成过度的优越感。

孩子的日常服装纽扣应该扣好,衣裤齐整,鞋子也是干净的。另外,无论天气多热,也不建议小男孩光着膀子,因为这是非常不文明的行为。

今日作业

带孩子去选购一身他喜欢的正式的服装(可以稍稍贵一点),挂在衣橱里,教会孩子不同场合不同的着装礼仪。

相关知识点

1.《弟子规》:冠必正,纽必结。袜与履,俱紧切。置冠服,有定位。勿乱顿,致污秽。

2.子曰:"衣敝缊袍,与衣狐貉者立而不耻者,其由也与?"孔子说:"穿着破旧的丝棉袍子,与穿着狐貉皮袍的人站在一起而不认为是可耻的,大概只有仲由吧。"

3.胡瑗(993—1059),字翼之。北宋学者,理学先驱、思想家和教育家。因世居陕西路安定堡,世称安定先生。

胡瑗的学生在言谈、举止、服饰、容貌等方面,也深受他的影响,使人一望便知道是他的弟子,欧阳修曾说:"先生弟子十常居四五,其高第者,知名当时,或取甲科居显仕。其余散在四方,随其人贤愚,皆循循雅饬,其言谈举止,遇之不问可知为先生弟子。"《宋史·胡瑗传》也称:"礼部所得士,瑗弟子十常居四五,随材高下,喜自修饬,衣服容止,往往相类,人遇之虽不识,皆知其瑗弟子也。"

054　儿童举止礼仪(一):站姿礼仪

晋惠帝时侍中嵇绍,他是魏晋之际"竹林七贤"之一嵇康的儿子,体态魁伟,聪明英俊,在同伴中非常突出,晋戴逵《竹林七贤论》:"嵇绍入洛,或谓王戎曰:昨于稠人中始见嵇绍,昂昂然若野鹤之在鸡群。"这就是成语"鹤立鸡群"的来历。

钱穆先生曾在《师友杂忆》中写道,在常州府中学堂就读时,体操科老师刘伯能给他留下深刻印象。小学生遇到刮风下雨或者太阳暴晒的时候,往往就是躲避风雨,在有阴凉的地方不肯站出来。老师说:"你不是糖做的,怕什么太阳?你不是泥做的,怕什么雨?你不是纸做的,怕什么风?你是大丈夫,须白刃交于前,泰山崩于后,岿然不动,往那里一站,你就要想到什么叫大丈夫,什么叫浩然正气,内外都要有,这样就有层次了,内心里立住了,你会站不直立不正吗?体态一定会十分标准。"

标准站姿:直、高、挺

标准的站姿,从正面观看,全身笔直,精神饱满,两眼正视,两肩平齐,两臂自然下垂,两脚跟并拢,两脚尖张开60度,身体重心落于两腿正中;从侧面看,两眼平视,下颌微收,挺胸收腹,腰背挺直,手中指贴裤缝,整个身体庄重挺拔。好的站姿,不是只为了美观而已,对于健康也非常重要。站姿是人的一种本能,是一个人站立的姿势,它是人们平时所采用的一种静态的身体造型,同时又是其他动态的身体造型的基础和起点,最易表现人的姿势特征。在交际中,站立姿势是每个人全部仪态的核心。如果站姿不够标准,其他姿势便根本谈不上什么优美。

动作要领:

1.身体舒展直立,重心线穿过脊柱,落在两腿中间,足弓稍偏前处,并尽量上提。

2.精神饱满,面带微笑,双目平视,目光柔和有神,自然亲切。

3.脖子伸直,头向上顶,下颌略回收。

4.挺胸收腹,略为收臀。

5.双肩后张下沉,两臂于裤缝两侧自然下垂,手指自然弯曲,或双手轻松自然地在体前交叉相握。

6.两腿肌肉收紧直立,膝部放松。女性站立时,脚跟相靠,脚尖分开约 45 度,呈"V"形;男性站立时,双脚可略为分开,但不能超过肩宽。

7.站累时,脚可向后撤半步,身体重心移至后脚,但上体必须保持正直。

标准站姿练习游戏

1.五点靠墙:背墙站立,脚跟、小腿、臀部、双肩和头部靠着墙壁,以训练整个身体的控制能力。

2.双腿夹纸:站立者在两大腿间夹上一张纸,保持纸不松不掉,以训练腿部的控制能力。

3.头上顶书:站立者按要领站好后,在头上顶一本书,努力保持书在头上的稳定性,以训练头部的控制能力。

4.亲子训练:和孩子背靠背,一起做标准站姿练习。

效果检测:轻松地摆动身体后,瞬间以标准站姿站立,若姿势不够标准,则应加强练习,直至无误为止。

今日作业

学习累了,就跟孩子一起练习 3~5 分钟的站姿礼仪吧。

相关知识点:

1.勿践阈,勿跛倚,勿箕踞,勿摇髀。——《弟子规》。

注释:践阈:践,踩;阈,门槛。跛倚:偏倚,站得不正。箕踞:坐时两腿前伸,形如箕,是一种傲慢无礼的表现。髀:大腿。

译文:进门时不要踩到门槛,站立时不要身子歪曲斜倚,坐着时不要双腿张得像簸箕,也不要抖脚或摇臀,因为那样显得轻浮不庄重。

2."时学校行政首长监督下有舍监,如此后之训导长。首任舍监为刘伯琮师,为人大体与元博师相似。有一弟,名伯能,在校为体操科老师。时体操课学步德日,一以练习兵操为主。伯能师在操场呼立正,即曰:须白刃交于前,泰山崩于后,亦凛然不动,始得为立正。遇烈日强风或阵雨,即曰:汝辈非糖人,何怕日。非纸人,何怕风。非泥人,何怕雨。怕这怕那,何时能立。后余亦在小学教体操课,每引伯能师言。久知此乃人生立身大训也。伯能师坦爽直率,平日遇同学一如朋友兄弟,绝不有师生界线,学生亦乐从之游。"——钱穆《师友杂忆》

055 儿童举止礼仪(二):坐姿礼仪

你一定听过这句古语"坐如钟",你小时候也一定有长辈告诫过你,站有站相,坐有坐相。而在现实生活中,我发现很多孩子喜欢趴在桌子上看书,有时候用餐也趴在桌子上,有一些老人看到了说,现在的孩子怎么都像没骨头似的。

有时候,我去串门儿。经常是孩子看到我,还是坐在沙发上,并不起身,照常低头拿着手机玩游戏,偶尔会开口和我打个招呼,然后又沉浸到紧张的游戏之中了。

错误坐姿影响孩子发育

孩子不会天然就有正确坐姿的意识,需要家长来提醒。在提示孩子端正坐姿的时候,不要直接冷冰冰地说应该怎么坐,而是要把道理告诉孩子。坐姿正确,不但能保证孩子的视力健康和体格的正常发育,而且有利于孩子集中注意力,对孩子专心学习和思考也是有帮助的。孩子的骨骼正在发育期,坐着的时候如果腰背挺直,会对脊柱健康有利,而总是弓腰驼背,时间久了就容易脊柱弯曲。这不仅仅是不好看的问题,还会影响全身的血液循环,影响大脑的葡萄糖供应。

坐要懂礼

儿童的坐姿,最重要的要诀是懂礼。要知道什么时候该坐,什么时候不该坐。

1.和很多人一起用餐,长辈没有入座的时候,孩子不该坐。

2.儿童与尊长相见,不能坐满椅子,更不能倚靠椅背,而应该向前略倾斜身体,表示恭敬和倾听。坐下的时候要稳重端庄,不能翘二郎腿,更不能抖腿。

3.儿童坐着,当尊长过来和他讲话的时候,应该站起来,目视尊长,打招呼和回应尊长的问题。

4.坐下后不能随意离开,在长辈或尊长在的时候,不能频繁走动或频繁起立。

坐姿大方

儿童的标准坐姿是:

1.入座时要轻而稳。走到座位前,轻稳地坐下。女孩子入座时,若是裙装,应用手背将裙摆稍稍拢一下,不要坐下后再站起来整理衣服。

2.面带笑容,双目平视,嘴唇微闭,微收下颌。

3.双肩平正放松,两臂自然弯曲放在膝上,也可放在椅子或沙发扶手上。

4.立腰、挺胸、上体自然挺直。

5.双膝自然并拢,双腿正放或侧放。

6.大概坐满椅子的 2/3,脊背可以轻靠椅背,但是一定不要全部倚靠在椅背上。

7.写字时,眼睛与纸面保持一尺远距离。

孩子的坐姿尽量要求双腿并拢,双手可以自然地放在腿上,臀部不要坐满椅子,后背不能倚靠椅背,大腿和小腿大概成 90 度角,这样的坐姿能够仪态端庄,体现出自信。

什么时候该用标准坐姿

1.在和尊长讲话的时候,以及倾听尊长讲话的时候要用标准坐姿。

2.集会的时候要用标准坐姿,展现的是一个集体团结又上进的精神风貌。

3.在学校上课之前的三分钟,也要调整到标准坐姿,帮助自己调整状态,从课间休息的状态出来,准备好下一节课的学习。

那些经常在电脑前坐着的人,可能自己没有察觉,但其实很多人在电脑前坐着是如下的姿势:手搭在桌面上,头向前伸,离屏幕很近。身子前探,肩胛骨移到外侧,这是最舒服的姿势,但是看上去像驼背,走起路来像猩猩一样。而且不仅仅是姿态的问题,长此以往,很容易患上颈椎病。

小朋友可能会觉得怎么那么多的规矩呀,站呀坐呀立呀走啊,真是太麻烦了。你可以这样跟孩子说:教你礼仪规范,不是为了要给你带来负担,恰恰是为了帮助你成为更受欢迎的好孩子。放纵是顺从自己动物性的本能,而好好约束自己,才是更高级的人类应该做到的事情。尤其是在你的同龄人,很多都还做不到的时候,他们很多人都不敢去挑战,还停留在本能阶段,而你已经开始学习如何更好地自律了。这是一件特别了不起的事情呢,你愿意继续坚持吗?

今日作业

让孩子来检查、模仿一下妈妈或者爸爸坐在电脑前、看手机时候的体态,是标准坐姿吗?爸爸妈妈也来检查、模仿一下孩子坐在桌前的体态吧。

056 儿童举止礼仪(三):手势礼仪

　　手势在现实生活中的运用非常广泛,是信息表达的重要方式之一。

　　手势可以表达的含义非常丰富,背后蕴藏的感情也微妙复杂。招手表示友好致意,挥手表示依依惜别;举手表示同意和支持,摆手表示反对和拒绝;拍手是称快,拱手是致谢;用手轻抚是宠爱,手指他人是发怒,手遮面部是羞耻,等等。能够恰当地运用手势表情达意,会为交际形象增辉。而同样的手势在不同的国家和地区,又可能会有不同的含义,如果不知道入乡随俗,乱用手势,轻则带来尴尬,重则引发冲突。

　　人在紧张、兴奋、焦急时,手都会有意无意地表现着。作为仪态的重要组成部分,手势应该得到正确使用。手势也是人们交往时不可缺少的动作,是最有表现力的一种"体态语言",俗话说:"心有所思,手有所指。"手的魅力并不亚于眼睛,甚至可以说手就是人的第二双眼睛。在社交场合做一些不合礼仪的手势、动作,会给人造成蔑视对方、没有教养的印象,从而影响彼此的交流。

儿童手势礼仪要点

　　避免小动作过多。需要使自己的身体时时刻刻都处于受控制的状态,在该有手势的时候才使用手势,平时没有那些分散别人注意力的小动作。很多孩子经常不自觉地抓耳挠腮,尤其是紧张的时候。如果孩子还小,出现小动作过多,或者经常频繁眨眼之类的情况,如果排除了疾病风险的话,个人认为,不必急于纠正,那很可能是心理原因。有时候家长越焦虑,越强调,孩子越紧张,反而情况会表现得更严重。顺其自然,暗地里关注,而表面上视而不见,才有助于帮助孩子获得安全感。

但是,如果孩子已经 7~8 岁了,就应该适当地对举止得体提出要求了。无论哪个阶段,家长的以身作则都很重要。

手势礼仪要点

永远不要单独用食指指人。在人际交往中,只要能使用手掌的,就不要用手指。因为伸出的食指是带着一种消极的负面意识,对所指向的人和物具有伤害的感觉。所以才有所谓指哪儿打哪儿这样的话。人们吵架激烈的时候,会不自觉地用食指来指点对方,甚至开始侮辱谩骂。中国传统文化中也有不能用尖端物品指人的风俗,比如说茶壶嘴一般也不能指向人。

指引礼仪。在指引方向的时候,应当把手指伸直并拢,手与小臂成直线,肘关节自然弯曲,掌心斜向下方,明确地指向所指的方向,面部表情要配合,微笑点头。

介绍或者邀请他人的时候,要手心向上,就像把她捧在手心一样,表示对人的尊敬与重视。

如果擅长使用友好的手势,会让人如沐春风,使周围的人感觉到自己被重视被尊重,可以为人际交往加分。

在学习礼仪的时候，我一定要提醒各位小朋友，你学习过礼仪课程，你知道怎么做是对的，而有些别的小朋友没有学习过礼仪课程，当你发现他做错的时候，我建议你不要急着去纠正他，更不要说，"你这样做不对，你这样是没教养。"因为，当众粗暴地否定别人，同样也不是良好的教养。你的做法就是，做正确的事情，用你的言行举止去影响他。

在这里，我想给你讲一个故事。在很多年以前，一列火车上，一个妈妈带着孩子出门，对面坐的是一个年轻人。这个年轻人觉得口渴，于是从包里拿出一罐饮料。这个饮料是易拉罐的，但是显然年轻人之前没有喝过这样的饮料，他完全不懂得怎样去拉开拉环。这位妈妈看到了这个年轻人的窘态，她没有直接说"我来帮你开吧"，更没有嘲笑他，"你可真老土，连这个你都不会开。"这位妈妈让孩子也从包里拿出一罐易拉罐的饮料，然后当着年轻人的面，缓慢地拉开了拉环。年轻人瞬间就学会了，也顺利地打开了他的那罐饮料。这才是教养的最高境界，深入细致地体察别人的感受，又不给对方造成任何压力，更不会让对方觉得尴尬。

这是一种境界，让我们且行且努力，一起做一个更加有教养的人。

今日作业

和孩子一起练习一下指引方向时的动作吧。

057 儿童语言礼仪(一):称呼,问候

你认为什么样的孩子是有礼貌的孩子呢？从前我问过很多人这个问题,大多数人都会回答说:见人会打招呼的孩子。很多人都会把"是否问候他人",作为衡量孩子是否有礼貌的标准之一。

当然,是否懂得问候,并不是评价孩子是否有礼貌的唯一标准。但是放眼身边的孩子,你会发现很多孩子做不到这一点。见人会打招呼,确实是一个非常好的习惯,它可以让孩子在第一时间就传达出自己对他人的友好,可以让人际关系变得更融洽。一般来说,面对一个彬彬有礼、热情大方的孩子,所有成年人的内心都会变得柔软起来。孩子会得到更加温柔妥帖的对待,成年人被生活的压力所摧残的心灵,也会感到片刻的温馨。一个有礼貌的孩子,就是这样一个天使,既可以滋润自己的童年,也可以滋润我们的世界。

称呼礼仪

孩子们开口讲话之前要有称呼。在家里,需要爸爸妈妈帮助时,要说:"妈妈请你帮我什么什么……"在超市买东西,对售货员阿姨要说:"阿姨麻烦你,如何如何……"

标准式问候用语的标准格式:姓+尊称。马老师、王校长、张

阿姨、李叔叔、陈爷爷、刘奶奶……对待长辈一定不要直呼其名，如果年幼者看到一位满头白发的老人却直呼其名，一定会让人觉得很没有教养，会让人觉得内心对老人缺乏尊敬。如果一个学生直呼老师的名字，这也是非常不礼貌的行为。只有一种情况例外，那就是获得了尊长的许可，比如说在英文课上，大家都是直呼英文名，如果老师说"叫我 Helen 就可以了"，那就没有问题。对小朋友来说，一般看到与自己的爷爷、奶奶、姥姥、姥爷年龄相当的老人，可以称呼为奶奶、爷爷，看到与母亲年龄相当的成年女性，可以称为阿姨，看到与父亲年龄相当的成年男性可以称为叔叔。对于比自己年龄大，但是又没有成年的，要根据性别，称呼为哥哥、姐姐。

如果是平辈的同学、朋友之间当然可以直呼其名，但是不要用"喂""嘿"这样的称呼，更不赞成给同学、朋友起带有取笑、侮辱性质的外号。

问候的肢体语言

在向人问候的时候，一定要目视对方，不能看着别处，然后跟人家说，"刘阿姨，你好。"双脚要站定立稳，才开口说话，说完之后不要马上跑开。可以稍后退一步，待长辈离去，才走开。

问候的时候要面带微笑，说话的语音语调也很重要，要用洪亮而轻快的语气："张叔叔，您好！"

问候次序很重要

1.晚辈先问候长辈。体现对长辈的尊敬,就是要先开口去问候他。

2.个人先问候集体。当一个人面对一群人的时候,要个人先开口去问候集体。

3.同辈之间,谁先开口问候,谁就更有礼貌。

在这儿我要说一个观点,有很多人,特别不愿意主动开口跟别人打招呼,心里会想:他都不跟我打招呼,我凭什么跟他打招呼?

我想说的是,你做一件对的事情,不是因为别人先对你做了这样的事情,只是因为它是对的。换句话说,只对有礼貌的人有礼貌,那只说明人家有礼貌;而能够对所有人有礼貌,才说明你是有礼貌的。

问候的内容,可以是"你好,您好",也可以是与时间有关的,"早上好,中午好,晚上好"。刚刚见面,可以说:"你好,很高兴认识你。"在过节的时候,就可以灵活运用节日问候语。春节的时候,彼此相遇,可以问候一声:"王爷爷,过年好!"

再介绍一下中国古代的敬称与谦称,这是古代礼仪文明的重要组成部分。对于对方或对方亲属的敬称有令、尊、贤、仁等。令,意思是美好的,如令尊(对方父亲)令堂(对方母亲)令兄(对方哥哥)令郎(对方儿子)令爱(对方女儿)。称同辈友人中长于自己的人为仁兄,称地位高的人为仁公。

古人称自己一方的亲属朋友用家或舍,如家父、家母、家兄、舍弟、舍妹、舍侄。读书人自称：小生、晚生、晚学、不才、不肖。晚辈自称：在下。老人自称：老朽、老夫。称谓前加"先"表示已经故去，不在人世了，用于敬称已经故去的地位高的人或年长的人，如称死去的父亲：先考、先父。称死去的母亲：先妣、先慈。已死的有才德的人可以称为先贤。

简单说就是，对他人要用敬称，对自己则要用谦称。

优秀传统文化是中华民族的精神命脉，礼仪文化是中华民族创造的博大精深的灿烂文化的一部分。如今，古雅之气已经越来越少，恭敬之感已经越来越淡。优秀传统文化是一个国家、一个民族传承和发展的根本，如果丢掉了，就相当于断送了精神命脉。

今日作业

带着孩子演练一下不同场景、遇到不同的人打招呼的用语吧。

058 儿童语言礼仪(二):倾听,应答

人长了两只耳朵、一张嘴,其实,从某种程度上,倾听比表达更重要。只是很多人都把关注点放在自己的表达能力是否足够上,想尽办法提升自己说话的能力,却很容易忽略倾听能力,而学会倾听才是人际交往中的秘诀之一。

倾听礼仪要点

第一,要注视、微笑。身体略微前倾,我们的眼神也时刻传递着我们的教养,在和人交流的时候,眼睛应该关注着对方。

在以下三个场合,更应该强调要看着对方。

一是尊长讲话的时候,要用目光行注目礼;

二是有人呼唤的时候,要看着对方去应答;

三是在向别人表达情感的时候,要用眼神传递信息。

第二,偶尔点头赞同。通过某些恰当的方式,如目光的注视,关切同情的面部表情、点头称许、前倾的身姿及发出一些表示注意的声音,促使讲话者继续讲下去。

第三,适时妥善应答。会谈中,内心必须时刻保持清醒和精神集中,一般人听话与思索的速度大约比讲话快 4 倍,所以听别人讲话,思想非常容易开小差;同时,根据有关研究资料,正常的人最多只能记住他当场听到的东西的 60 %~70 % ,倘不

专心,记住的就更少。因此,倾听别人讲话一定要全神贯注,努力排除环境及自身因素的干扰。

第四,学会忍耐。对于难以理解的话,不能避而不听,尤其是当对方说出不愿意听、甚至触怒自己的话时,只要对方未表示说完,都应倾听下去,不可打断其讲话,甚至离席或反击,以免上"钩"、失礼,对于不能马上回答的问题,应努力弄清其意图,不要匆忙表达,应寻求其他办法解决。

应答尊长礼仪要点

尊长呼唤,须在 5 秒钟之内应答。

与尊长交谈,能够主动起立,获得允许或示意后才能坐下。

与尊长交谈,音量不要高过长辈,但是也不要太小,确保彼此可以清晰地听到。

与尊长交谈,能够看着对方,目光端正,目中有人。

与尊长交流,能够暂停手中的事情,先应答并看着对方。

与尊长交谈,身体应该转向尊长,而不是仅仅侧身或者扭头,更不能眼望他处。

尊长讲话的时候,能够做到眼睛注视,保持倾听,适当点头,适时回应。

尊长正在讲话的时候,不抢话或者插话,等待间隙表达自己的想法。

无论和自己意见是否一致,能够平静地表达观点,不要语言攻击或者情绪失控。

遇到不想回答的问题怎么办

在这儿还想讲一点,因为不是所有的长辈,问的话都是代表长辈应有的教养水平的。总有一些人,问小朋友的话,都是让小朋友真心不想回答的。比如说,考完试就追问孩子考多少分排第几名;还有人逗孩子,故意问他,"你是男孩还是女孩啊?"或者:"是你爸爸好还是你妈妈好呀?"甚至还有人会问孩子,"如果你爸爸妈妈离婚了,你会跟谁?"一定要教给孩子这一点:回应不回应是你的教养,而回答不回答是你的权利。如果有长辈问了孩子不想回答的问题,不要不理他,有教养的孩子应该当时就要有所回应,只是回答的内容,你可以教给他这样说:"这个问题,我不太想回答。"或者:"我可不可以不回答?"通常这样说,长辈也不会再继续追问了。

父母一定要担当孩子坚强的后盾,当面对一些让孩子不愉快的尴尬场景的时候,一定要勇敢地站出来维护自己的孩子,而不是碍于面子,强迫孩子去回答他不愿意回答的问题。

今日作业

跟孩子聊聊他有没有遇到过不愿意回答长辈问题的情况,说说他当时是怎样想的,什么感受,又是怎样回应的。再说说应当如何回应。

059 儿童语言礼仪(三):礼貌用语

俗话说:"良言一句三冬暖,恶语伤人六月寒。"礼貌用语就属于良言之列。礼貌用语在生活中起着非常重要的作用。

中国曾有"君子不失色于人,不失口于人"的古训,意思是说,有道德的人待人应该彬彬有礼,不能态度粗暴,也不能出言不逊。礼貌待人,使用礼貌语言,是我们中华民族的优良传统。

一个能说"对不起"的孩子,一定是一个有同理心的人;一个能说"感谢"的孩子,一定是一个心里有他人的人;一个能够说"没关系"的孩子,一定会是一个宽容的人。

请托用语

通常指的是在请求他人帮忙或是托付他人代劳时,照例应当使用的专项用语。在生活中,任何人都免不了可能有求于人。在向人提出某项具体要求或请求时,都要加上一个"请"字。

在我们身边很多家庭,家庭成员之间特别不习惯用礼貌用语去交流,好像家庭成员之间说了"请""谢谢"就显得特别见外,特别客气。其实形成良好的教养,最好的环境就是在家庭中。所以一定要和家庭成员之间达成共识,就是大家都学着去用礼貌用语交流,只有这样才会给孩子一个足够理想的耳濡目染的环境。

迎送用语

欢迎用语，最常用的欢迎用语有："欢迎！""欢迎您来我家！"等，往往离不开"欢迎"一词。记得加上称呼："王阿姨，欢迎您。"以表明自己尊重对方，使对方产生被重视之感。

送别用语，最为常用的送别用语，主要有"再见""慢走""走好""一路平安"等。需要注意的是，送别乘飞机的客人忌讳说"一路顺风"。

致谢用语

致谢用语一般为"谢谢""感谢您的帮助"等。

致谢的几种情况：

一是获得他人帮助时，二是得到他人支持时，三是赢得他人理解时，四是感到他人善意时，五是婉言谢绝他人时，六是受到他人赞美时。

无论别人给予你的帮助是多么微不足道，你都应该诚恳地说声"谢谢"。正确地运用"谢谢"一词，会使你的语言充满魅力，使对方备感温暖。道谢时要及时注意对方的反应。对方对你的感谢感到茫然时，你要用简洁的语言向他说明致谢的原因。对他人的道谢要答谢，答谢可以说"没什么，别客气""我很乐意帮忙""应该的"来回答。

应答用语

常用的应答用语主要有:"是的""好"。

推托用语

拒绝别人也是一门艺术。在工作中有时也需要拒绝他人,此时必须语言得体,态度友好,"不好意思,我也不知道"。不能直言"不知道""做不到""不归我管""问别人去",等等。

道歉用语

常用的道歉用语主要有:"抱歉""对不起""请原谅"等。

社交场合学会向人道歉,能够缓和双方可能产生的紧张关系。如你在公共汽车上踩了别人的脚,一声"对不起"即可化解对方的不快。道歉时最重要的是要有诚意,切忌道歉时先辩解,好似推脱责任;同时要注意及时道歉,犹豫不决会失去道歉的良机。

需要麻烦人帮忙时,说句"对不起,你能替我把调料罐递过来吗",能体现一个人的谦和及修养。

在生活中,我们必须杜绝以下语言:

不尊重之语——俗语说"矮人面前不说短话",面对身体有特殊状况的人,我们说话要特别注意用词。如,面对残疾人时,切忌使用"残废""瞎子""聋子"等词。对体胖之人的"肥",个矮之人的"矮"，都不应当直言不讳。

不友好之语——即不够友善，甚至满怀敌意的语言。

语言礼貌是现代文明的首要标志之一，在人际交往的过程中，如果能够注意到语言的礼貌，可以表现出一个人的亲切与友好、和蔼与善意，还能够传递出对交往对象尊重敬佩的信息，有助于双方互相产生好感，互相达成谅解。对于小朋友来说，从小能够习惯性地运用文明礼貌用语，注重自身的修养，能够为他这一生的人际交往打下良好的基础。

今日作业

跟孩子一起说说，礼貌用语都有哪些，做一些场景练习。

060 春节礼仪

丰富的民族传统节日是中国文化不可缺少的一个重要组成部分。它们反映了民族的传统习惯、道德风尚和宗教观念，寄托着整个民族的憧憬。我国主要的传统节日有春节、元宵、清明、端午、七夕、中秋、重阳、冬至、腊八等。每一个节日都有它的历史渊源、美妙传说、独特情趣和深厚的群众基础。

春节，是农历正月初一，又叫阴历年，俗称"过年"。这是我国民间最隆重、最热闹的一个传统节日。按照我国农历，正月初一古称元日、元辰、元正、元朔、元旦等，俗称年初一，到了民国时期，改用公历，公历的一月一日改称为元旦，把农历的一月一日称为春节。如何庆贺这个节日，在千百年的历史发展中，形成了一些较为固定的风俗习惯，有许多还相传至今。

安全礼仪

小孩子不要单独燃放烟花爆竹，远离燃放着的烟花爆竹，不要走近点燃未放响的鞭炮，坚决不买质量不明的烟花爆竹，不要在燃放烟花爆竹时嬉笑打闹，更不要将鞭炮扔进下水道等危险的地方。在武汉某小区，几个小朋友正在燃放鞭炮取乐，突然一声巨响，被爆炸气浪掀起的下水道井盖，将 8 岁男孩程某掀翻到数米外，右手被炸伤，头部严重受伤。

小孩子要远离危险游戏或玩具,例如玩具气枪、玩具弓弩之类;玩滑板、轮滑和骑车时要穿戴安全护具,切忌在人群、车辆中穿梭;和小伙伴玩耍时,要学会谦让,注意安全。

串门的时候,孩子不要离宠物太近,也不要主动去逗宠物;万一被猫狗抓伤、咬伤,首先用20%的肥皂水和其他弱碱性清洁剂冲洗伤口,持续至少15分钟,然后赶紧去医院接种疫苗。

对于不适合的食物,要懂得拒绝。比如,有些人会逗孩子,让孩子喝酒,这时候,孩子和家长都要温和而坚定地拒绝。一定不要为了面子,而忽略了孩子的安全。

春节年俗

春联是对联的一种,因在春节时张贴而得名。它以工整对偶、简洁精巧的文字描绘时代背景,抒发我们的美好愿望,是我国特有的文学形式。每逢春节,无论城市还是农村,家家户户都要精选一副大红春联。这个习俗其实是起源于宋代,在明代的时候开始盛行,到了清代,春联的思想性、艺术性得到了很大的提高,春节普天同庆,所以人们不仅在家门口贴春联,以前在猪舍鸡舍鸭舍也要贴对联呢。

宋朝的时候,人们在桃木板上写对联表达自己的美好心愿,因为桃木有镇邪意义。

可是你贴对了吗?首先贴春联时,要按照人朝门立,右手为上联,左手为下联,这是口诀。也就是说,春联的出句,应该贴在右手边,对句应该贴在左手边。上声、去声及入声字为上联,平声为下联。

后来由于横式书写格式改为由左向右,春联也可以上联在左,下联在右,横额顺序也是从左至右,适合人们的阅读习惯。若是将两种春联贴法"混合使用",就不太好。

中国人喜欢"福"字,每逢新春佳节家家户户都会在大门屋门庭院的墙壁上、器物上贴大大小小的"福"字,体现在新的一年里吉祥幸福、万事如意。大家觉得它不仅代表了丰衣足食,步步高升,富贵兴旺,还能代表心想事成、健康平安,也表达了对国泰民安天下太平的期许。很少会有一个字,能够承载这么多美好的心愿。

不过,"福"字的贴法也有讲究。大门口的"福"字,一定要正着贴,是迎福纳福的意思,表达了对春的向往和追求。所以你千万不要把大门口的"福"倒着贴,那会贻笑大方的。在民俗传统中有两个地儿,是可以倒着贴,一个是水缸,一个是垃圾箱,由于这两处的东西要倒出来,为了避讳把家里的福气倒掉便使用倒字的谐音,倒贴"福"字。

中国常用的行礼方式

1.抱拳礼

此礼法是由中国传统"作揖礼"和少林拳的抱拳礼(四指礼),加以提炼、规范、统一得来的,并赋予了新的含义,这是国内外一直被采用的具有代表性的礼法。

行礼的方法是:并步站立,左手四指并拢伸直成掌,拇指屈拢;右手成拳,左掌心掩贴右拳面,左指尖与下颏平齐。右拳眼斜对胸窝,置于胸前屈臂成圆,肘尖略下垂,拳掌与胸相距20~

30厘米。头正,身直,目视受礼者,面容举止自然大方。武术散打手在戴拳套练习和比赛时,可模拟似的行抱拳礼,两拳套合抱于胸前即可。

抱拳礼的具体含义是:(1)左掌表示德、智、体、美"四育"齐备,象征高尚情操。屈指表示不自大,不骄傲,不以"老大"自居。右拳表示勇猛习武。左掌掩右拳相抱,表示"勇不滋乱""武不犯禁",以此来约束、节制勇武的意思。(2)左掌右拳拢屈,两臂屈圆,表示五湖四海(泛指五洲四洋),天下武林是一家,谦虚团结,以武会友。(3)左掌为文,右拳为武,文武兼学,虚心、渴望求知,恭候师友、前辈指教。

2.春节更适用的,是拱手礼

拱手礼是我国的传统礼节,古今均常用,多用于祝贺、恭喜、拜年等喜庆场合。

拱手礼已经有两三千年的历史了,从西周起就开始在同辈人见面、交往时采用了。古人通过程式化的礼仪,以自谦的方式表达对他人的敬意。

国人讲究以人和人之间的距离来表现出敬意,而不像西方人那样喜欢肉体亲近。这种距离不仅散发着典雅气息,而且也比较符合现代卫生要求。所以很多礼学专家都认为,拱手礼不仅体现中国人文精神的见面礼节,也是最恰当的一种交往礼仪。

拱手礼男女有别

《尔雅·释诂》中说"两手合持为拱",就是说双手相握就是拱,而《说文解字注·手部》中解释得更清楚:"谓沓其手,右手在内,左手在外。男之吉拜尚左,女之吉拜尚右。凶拜反是。九拜必皆拱手。"意思是行拱手礼的时候,男女是有别的,男性拱手之时,右手在内,左手在外;而女性行拱手礼的手势则与男性相反,这样是吉拜,是日常生活中最常用的一种方式。但是在丧事上行礼的时候,手势则需要反过来。另外,两军交战时,双方行礼的时候用的也是凶礼,即《道德经》中所说:"君子居则贵左,用兵则贵右。"

标准的男子姿势是右手成拳,左手包住,因为右手是攻击手,包住以示善意;女子则相反,但不抱拳,只压手。

拜年的礼仪

1.拜年的顺序。首先要先拜家里的长辈,初一早晨晚辈起床后要先向长辈拜年,当然长辈受拜后会准备好压岁钱分给晚辈。春节期间,见到的每个长辈,还有平辈,都要拜年。当然,和我们之前讲的礼仪规范一样,一定要晚辈先开口向长辈拜年。

2.拜年的语言。拜年的时候要笑逐颜开,声音响亮,语言大都为"尊称+过年好+祝福",这个语言格式你记住了吗?比如小朋友们可以这样说,"爷爷过年好,祝您万事如意"。在语言上面还有几个特色可以跟大家分享一下。第一,小朋友和成人都应该记住一件事儿,开口之前有称呼,不能直接说过年好,要说,"爷爷过年好,外公过年好",当然如果孩子不确定,父母要提前引导和告知,因为中国人过年讲究的就是团圆和聚会,有时会见到难得一见的亲戚和朋友。这个时候父母就要及时告诉孩子应该如何称呼,并且避免使用一些绰号。孩子懵懵懂懂,你说他就叫,有时会让对方很不开心,记得要使用尊称。此外,在过节的时候,祝福话语要多说,过年图的就是吉利喜庆,大家也都喜欢听吉祥话,所以,要先教宝贝一些春节的吉利话,比如:"千顺万顺如意最顺,千福万福健康最福,祝您平安喜乐幸福如意。"这样的祝福语比较通用。也不需要斟酌对谁说,聚餐的时候很多人也喜欢让孩子举杯说几句。

3.关于压岁钱:长辈给未成年的小辈压岁钱是为了体现长辈对晚辈的慈爱之情。同时还有特别重要的意义是驱邪取吉,因为岁和邪祟的"祟"谐音。长辈们希望压岁钱能够驱邪免灾,保佑孩子们平平安安。压岁钱寄托着长辈对晚辈的殷切希望和深沉关爱,古时候人们觉得小孩最容易受到鬼祟的侵害,所以要用压岁钱压祟驱邪。

不过,以前的压岁钱可不是红包。以前的压岁钱是什么样的呢?你们见过铜钱儿吗?对,用红绳子把铜钱串起来给孩子,因此民间有这样的说法,以彩绳拴线,编为龙形,谓之压岁钱。起初压岁钱并不是真给钱,它是一种象征性的东西。后来,人们把压岁钱实用性的意义强化了,变成了真的货币。现在长辈还比较喜欢用连号的新钱做压岁钱,寓意着年年好运,连连高升。春节拜年的时候长辈会把事先准备好的压岁钱放进红包给晚辈,晚辈得到压岁钱就可以平平安安度过一年。

那么压岁钱只有长辈给晚辈吗?不,历史上压岁钱其实是两种,一般在新年倒计时,长辈给晚辈表示压岁,包含着长辈对晚辈的关切。还有一种是晚辈给老人压岁钱,这个岁指的是年岁,意在期盼老人长寿。

　　小朋友要记得,红包礼仪有三要素:第一,收到红包,一定要致谢。千万不要因为家长有可能替你保管红包,觉得这个钱不在自己的手里,就对压岁钱漫不经心,别忘了压岁钱是压走邪祟哦。第二,红包不可以当众打开,也不可以清点,因为红包表达的是一种心意,打开可能会对长辈不太尊重,别忘了古时候的压岁钱是象征意义的。第三,压岁钱红包不要比较,春节拜年时,长辈将事先准备好的压岁钱放在红包里,是为了压住邪祟,所以无关多少,都是长辈的一份关爱。

　　4.饭桌上,孩子向长辈敬酒,碰杯的时候,杯沿要低于长辈。身体正向长辈,目光注视长辈,面带微笑。敬酒完毕,轻轻后退一步,再转身离开。

　　5.最后琴琴老师在这里祝大家:一帆风顺、二龙腾飞、三羊开泰、四季平安、五福临门、六六大顺、七星高照、八面来福、九九和睦、十全十美、百事亨通、千事吉祥、万事如意。

061　家庭礼仪

家长要帮助孩子建立"成长型思维"

所谓成长型思维,就是帮助孩子更好地去解决问题,而不是直接代替他把事情做好,或者无谓地给他增加压力、恐惧和焦虑。

很多家长和孩子沟通的时候,充满着负面的指令。

举个例子,孩子自己试着端水,家长会本能地说:"小心点儿,一会儿洒了。"

孩子在穿衣服,家长会催促他:"别磨蹭,一会儿又要迟到了。"

孩子写作业,家长会说:"好好写啊,写不好,看老师怎么收拾你。"

孩子在看书,家长说:"你眼睛又离这么近,早晚得看近视了。"

类似这样的对话,几乎在所有家庭里每时每刻都在发生。

本书第一章就提到过,对孩子说话要使用明确性的语言。你对孩子说,"小心点儿。"这是一句非常典型的模糊性语言。你要把它翻译成明确的话,比如说,"用双手端杯子更稳当。""端着水的时候,步伐要放慢一点儿。"

大家可以看到，上述所列举的例子基本上都是在"威胁"甚至"恐吓"孩子，家长觉得应把后果告诉孩子，以引起孩子更多的警醒。而实际上，这样不但无助于他更好地完成事情，反而会让孩子觉得，家长好像在期盼着这些坏事情的发生。总是对孩子说这样的话，就像一种魔咒一样。而且家长的焦虑也会在无形之中升级。所以，我建议对孩子说话的模式就是"具体做法 + 鼓励"。具体做法就是指如何做好事情的方法，一般这个句子里要有动词，鼓励呢，如果你实在想不出带花样的鼓励用语，就使用一句万能的"妈妈相信你"，就够了。

下面我们把刚才四句话，翻译成有助于培养"成长型思维"的语言。

"宝贝，用双手端杯子更稳当，你试一试呀。我宝贝能自己端水了，真棒。"

"宝贝，我们还有五分钟要出门，我们一起加快速度呀。我相信我们一定可以准时出门。"

"宝贝，作业写完记得检查一遍。"

"宝贝，看书的时候，眼睛要离书远一点，保护你的眼睛啊。对，就这样。"

任何一个事情的学习都需要过程，或许缓慢习得会让人失去耐心，或许培养的过程会让人感到绝望。请给予孩子耐心和坚持的力量，实践就是最好的成长。

每个人的付出都将被看到

小孩子不好好吃饭，边吃边玩。爸爸忽然冲旁边的妈妈发火了:"你是怎么教育孩子的,能不能让孩子养成好好吃饭的习惯?"

妈妈本来还尽量对孩子保持耐心,听到丈夫的指责,顿时火冒三丈:"你有能耐,你来教啊!"

爸爸说:"我一天天在外面上班,那么累,你在家什么都不干,就看个孩子还看不好?"

妈妈说:"你以为家务活很轻松吗?你带一天孩子试试?我真是脑子进水了,怎么嫁给你了……你看那谁谁的老公,又体贴又浪漫又能赚钱。"

爸爸说:"你喜欢他你跟他过去呀?你以为人家能看得上你吗,看看你那样子……"

如果思路变一下呢?

丈夫可以体谅妻子的辛苦,说:"难为你了,生孩子吃了那么多苦,带孩子可比上班辛苦多了。"能够主动多承担一些家务,妻子还会那么容易发火吗?她自然就会告诉孩子,"爸爸虽然忙,但是我们都非常爱你。"更会教孩子体谅丈夫的辛苦,全家一起和和美美。所以平时我们在家里要有互相肯定的仪式。

今日作业

让孩子列举出他不能接受的爸爸妈妈的语言,然后请你用"具体做法+鼓励"的句式翻译一下,再问问孩子的感受。

062 公共场合礼仪

2017年8月初,在一架中国飞往洛杉矶的航班上,一个6岁的"熊孩子",不停干扰邻座乘客还用脚踢他。这名乘客多次和这家人提意见,在起飞三小时后,终于忍不住站起来破口大骂。"熊爸爸"不但不制止自家孩子,反而立刻反击,与邻座乘客对骂,逐渐演变成空中斗殴,最终经过乘务人员劝架并更换了座位,暂时平息了这场风波。

这本来是一场常见的纠纷。

但是,飞机落地后,迎接"熊孩子"一家的庞大阵容,却是他们始料未及的。等在飞机出口处的执法人员包括:FBI(联邦调查局,是美国司法部的主要调查机关,相当于我国的国家安全部)、机场安保、边防安全等20多名执法人员。这次执法人员的阵容之庞大,不知道的,还以为在抓捕一个多么重量级的嫌犯。

原来,机组人员出于安全考虑,通知了洛杉矶机场地面人员,又报警,并通知了海关边防人员,最终飞机落地后,等待他们的是FBI在机场的执法人员,最终因为"熊爸爸"先动手打人,被海关以故意伤人为由拒绝入境,并安排遣返回中国。

不仅如此,因为机上斗殴已经构成安全事件,肇事旅客还有可能影响到以后再去美国的可能性,甚至,因为被遣返属于驱逐出境,可能在去其他国家的时候,因为曾经有过遣返记录,也会被拒绝入境。可谓后果很严重。

孩子如同一张白纸，如果在他的成长过程中，身为家长，没有尽到教养的义务，那么在孩子一生的成长中，他都可能会遇到种种阻碍，甚至遭遇不必要的人身伤害。最终，最为痛心的，还是为人父母的我们。

公共场合礼仪要点是：心中有他人；尽量不打扰到别人；守时；该排队的时候要排队。小朋友正常站立排队时，间隙无须过大，保持在20~50厘米即可。行进过程中，要尽量保持相同的距离，不要走得忽快忽慢，这样既安全，又不会影响队伍的整齐性。小朋友观看演出或者参与游戏等待排队入场时，如果没有安全带引导，应自觉排成一路纵队，而不是三三两两并排站立。

看演出礼仪

按时出入，不迟到，不早退。

遵守演出要求，不违规摄影摄像。

看演出，不要在座位上吃东西。

注意演出开始的时间，不要迟到，如果迟到，要弯着腰走到自己的座位上。

演出开始前要上洗手间。

入场之后，在座位上，可以小声讲话，一旦演出开始，不可以说话。

节目结束，离开时为了方便他人走出来，要将座椅扶起。

去图书馆礼仪

去图书馆,要遵守图书馆的规定,不大声说话。

不在书上乱写乱画,看书的时候不要吃东西,看完的书要放回到书架原位上。

读书时要注意姿势,不要离书太近,预防近视。去室外看书时要到树荫下,在直射的阳光下看书会伤害眼睛。

去看展览礼仪

在前面看画时,帽子会挡住后面人的视线,我们要注意。

去看展览的时候禁止摄影,因为闪光灯的光会损坏作品。

不要触摸展品。

不要在看的人面前通过,要从他们的身后走过。

严禁满场乱跑和高声喧哗。

乘坐交通工具礼仪

等候公交车、地铁等公共交通工具时,小朋友们应按顺序排队,遇到老、幼、病、残、孕等有需要的人要注意谦让。上车后不要拥挤占座,先下后上遵守秩序。下车时要提前调换位置,不要争抢,按照顺序下车。

办理登机手续需要时间,需要提前去机场。上飞机前,要关闭手机和游戏机的电源,这是为了飞行安全,一定要遵守。

着陆时或吃饭后,请将座椅靠背和小桌板恢复到原位。

在飞机上有问题要记得问乘务员。

坐飞机一定不要大声喧哗,避免影响到其他乘客。

乘坐轮船,不要把身体探出栏杆看海,在甲板上看风景的时候,要紧紧地抓住栏杆。

在船上一定不要乱跑,注意帽子不要被风吹跑。

去旅游景区,住宾馆礼仪

旅行时要爱护花草树木,不折树枝,不采摘花朵,不践踏花草。

在野外,千万不要玩弄路标,如果这样做,以后会因此有人迷路。

旅行时不要乱写乱画,不要乱扔垃圾。

出国旅行,不喝生水,有时候外国的水和我们平时喝的水不一样,容易水土不服。

国外的生活习惯和宗教信仰,包括打招呼的方法,都有可能和我们不同,去之前最好仔细查一查那个国家的风俗习惯。

比如,在泰国不要摸泰国人的头,特别是小孩子的头,他们认为,头颅天灵盖是神灵出入之处,是神圣不可侵犯的地方,别人不得触摸,如摸头则被认为是不吉利的,或对他不尊重,是对他的侮辱。小孩的头只能让国王、高僧和父母抚摸。传递物品时,切忌不要越过泰国人的头顶。

出去玩耍,绝对不要和大人分开,非常危险。尤其是在语言不通的国外,走丢了非常麻烦。

住宾馆的时候,不触摸宾馆大堂和楼道的装饰品。

离开房间的时候,将床上的铺盖稍作整理。

在宾馆的大堂和楼道,要穿着正式的服装,决不能穿着睡衣浴衣和拖鞋就离开自己的房间,进入到酒店的公共区域。

儿童教养无小事。身教重于言教,为人父母,本身就要求我们对自己的言行举止更加严格自律。

张德芬曾说:教养孩子重要的是"底气",这种底气是以身作则的底气,父母本身三观正,素质底蕴深厚,才有资格教育孩子什么当做,什么不当做;在孩子是非观尚未形成前,父母对于正确方向的坚持,是对孩子必不可少的引导。

今日作业

下次家庭出行,请孩子提前为出行礼仪列出一份清单吧,全家人一起遵守。

063 就餐礼仪

首先我想先请问几个问题：

如果你吃东西吃到一半的时候，长辈和你说话，你该怎么回答呢？

如果你吃饭的时候筷子不小心掉到了桌子下面，应该怎么办呢？

如果你吃饭的时候，在离桌子很远的那一边有一个调料瓶，你该怎么去拿呢？

记得有一次我在饭店大堂就餐，旁边坐着两个家庭，正在聚会。其中有两个男孩，都是大约六七岁，他们一刻不肯安静，一会儿嬉笑逗闹，一会儿拿餐具敲碗碟制造噪音。他们的父母却并不制止，沉浸在自己的话题之中高声谈笑。

服务员上菜时，其中一个男孩故意拽服务员衣服，服务员差点摔倒。

这时，孩子的母亲不仅没有歉意，反而转头对孩子说，"你如果不好好学习，将来就没出息，像她一样当服务员伺候人，活该挨欺负。"

这些缺乏教养和就餐礼仪的家长和孩子真的是面目可憎。那么就餐礼仪包括哪些呢？上述问题的正确做法是什么呢？在本节中你将找到答案。

家庭就餐礼仪

要向做饭的人表示感谢。

等长辈入席,才能入座。等长辈先动筷子,才能开始吃饭。

在家吃饭的时候,要先洗手,协助家人摆放碗筷,布置饭桌。

打喷嚏或者咳嗽的时候,要用手挡住口鼻,不让唾液飞溅。

拿碗的时候,要用左手四指并拢托住碗底,拇指轻轻抠着碗边。接碗的时候,要双手捧着碗,递碗的时候右手托着碗底,左手扶着碗保持稳定。

吃到嘴里的东西不要吐出来,实在吃不下去时,吐在餐巾纸中,包好扔掉。

喝汤时不要发出声音。

中餐厅就餐礼仪

用中餐的话,一定要注意不可以含住筷子,不可以舔筷子,也不可以把碗碟举起来用餐。在我们中国的习俗中,不可以把筷子垂直地插在米饭上,更不能用自己的筷子给别人夹菜。

如果吃饭的时候餐具不小心掉落到地上,千万不要立刻爬到桌子下面去捡,我们可以想象,那样的场景一定不会是从容优雅的,我们只需微笑请服务员帮忙重新拿一套餐具。

中国人讲究吃饭的时候不能发出声音,所谓"食不言"。如果嘴里有食物,就不能发出声音。如果要交流的话,应该在食物咀嚼完毕后再交流。在我们赴中式宴席时,即便我们不是餐桌上的主角,也要好好地去聆听整桌人的交流。

无论我们吃中餐还是西餐,都是食物找我们,而不是我们过度地俯身去寻找食物。即便是有一些特殊的食物,我们必须身体前倾才能享用,那也一定要注意不能前倾得很夸张,或是过度俯下身子,最多只是微微前倾。

如果一些食物或者调料放置的位置离我们较远,我们千万不要站起身来伸长手臂去拿这些调料, 这些做法是不文雅的。如果我们需要这些食物和调料,可以请服务员帮忙,或者请离这些食物和调料比较近的朋友代为传递,最后不要忘了微笑表示感谢。

快餐店和西餐厅的就餐礼仪

在任何餐厅就餐时,都要安静地坐在自己位置上,除了某些餐厅特别开辟的儿童嬉戏区之外,一定不要在公共区域追跑打闹。

在快餐店,人多的时候按顺序排队,不要大声喧哗。吃完后将垃圾收到垃圾箱。

在西餐厅,有领班在门口等着就让领班带你入座。

食物留在嘴上,用餐巾轻轻按住擦掉。

吃饭途中离开座位,要将餐巾放在椅子上。将餐巾放在桌上,意思是表示吃完了。

吃西餐的时候,不要舔刀叉,不要挥舞刀叉。

餐刀的刀刃不要向上,不要把餐刀放进嘴里。

吃西餐时不要举起盘子或舔盘子,喝汤和咀嚼东西不能发出声音。

他人讲话,要认真聆听,别打断。我们不只要放下手上的事情,眼看对方,耳听对方,还要懂得适时回应,不武断评价。保持好奇与尊重,客观判断,深入倾听。

吃饭时尽量不发出声音,不随意转盘,不翻菜,不要夹光自己喜欢的菜,有公筷使用公筷。

公共场合不吃气味大、碎屑多的东西。

留意坐姿,不跷二郎腿,小孩子在公共场所也应该有一个文明美观的坐姿。

要懂得说"谢谢"。无论是在亲友之间,还是陌生人之间,享受到他人的照顾或者善意,要养成道谢的习惯。

一个温文尔雅的孩子,会使旁边的人内心柔软起来,孩子会格外受人欢迎,也会给世界增加温暖。

在我们吃饭的时候,永远要保持身直、头正、面带微笑。在用西餐的时候要注意我们的手肘手腕都是不应该撑在桌子上的,当然这样会很累,但是我们知道,越是高端重要的场合,我们越应该呈现出良好的自我控制和自我约束能力。

今日作业

挑选一家正式的西餐馆或者中餐馆,给孩子和自己都穿上正式的服装,演习一下就餐礼仪吧。

064 待客及做客礼仪

长辈来到家里,小朋友的待客礼仪,应注意:

第一,要站起身来,微笑着向客人寒暄、问好。

第二,可以拿水果、泡茶,协助父母招待客人。

第三,如果不想参与谈话,就礼貌告辞。

第四,客人离开的时候要出来送客。可以说"慢走""欢迎再来"。对于特别重要的客人,要送到楼下、甚至是小区门口,直至客人上车离去。客人上车后,不要立刻转身回家,要目送客人的车开走。

邀请同龄人到自己家的待客礼仪

1.考虑好邀请什么人,用什么方式邀请。如果请同班同学中的一部分来家里,比如参加生日晚会,那就不可以当着没有被邀请人的面邀请,这样的话,未被邀请的人会觉得心里很不舒服。

2.活动的计划要认真安排。

3.玩具之类的,要安排好。如果有不愿意分享的,就要收好。放在公共区域的要与小客人分享。

4.要把家人和朋友互相介绍认识,顺序是先把自己的朋友介绍给长辈。因为长辈和晚辈在一起的时候,长辈有优先知情权。朋友之间有不熟悉的,主人也要介绍认识。还记得介绍人的时候的手势礼仪要求吗?

5.要尽量照顾到每一个人的感受。很多家长顾虑很多,怕自己家孩子去别人家做客,给人家添麻烦,就会有意无意地阻止孩子和同龄人之间的交流。而邀请孩子的朋友来自己家,也会担心把家中搞得太乱,或者担心管理不好这些孩子,也不会邀请孩子的朋友来自己家中。

这些顾虑,其实都在无形中减少孩子和同龄人之间交往的机会。

有一次,泥泥的八个同学来到我家,都是 10~11 岁的男孩子。我们先约定了活动规则,孩子们自己约定了,走的时候要把玩具归位。在活动过程中,孩子们主动帮忙一起承担家务,走的时候把所有玩具都放归原处。还有其他热心的家长帮忙善后,甚至把垃圾都带走了。像这样的机会,建议多为孩子创造一下。无论是做主人还是客人,都能让他们体验到友谊的美好,更是对他们综合素质的一次极好的锻炼和提升。

到同龄人家中的做客礼仪

1.报平安。去的地方和回来的时间,以及都和谁在一起,要跟家人说清楚,然后再出门。到家之后,要和主人家报平安"我到家了"。小朋友一定要理解,这不是爸爸妈妈对你们管束得太多,而是为了能保证你们的安全。

2.约时间。到朋友家玩,要提前与对方约好去的时间,遵守约定时间到达。到达的时间可以提前 5~10 分钟,但是不要太提前。

3.备礼物。到别人家里做客,最好要准备一件小礼物,不用贵重,可以是自己亲手做的小卡片或者小手工。

4.敲门,三下。

5.打招呼。到朋友家,要和朋友家里的人一一打招呼。离开时也不要忘了向主人家中的长辈告别。如果接受了长辈的照顾,一定要及时道谢。

6.慎言行。

(1)个人卫生:到朋友家做客往往会脱鞋,鞋和里面的袜子别人都能看见,所以我们要穿上清洁的鞋袜去做客。

(2)做客时要认真听从主人家的安排,不私自乱动别人家的东西。不乱摸乱翻,不大吵大闹。

(3)尊重隐私。做客时要在主人允许的区域活动,卧室等私密场合,非请勿入。

(4)在朋友家要帮助整理用过的东西时,如果大人说不用了,就可以停止。

相信孩子们会做一个有温度的小主人,有教养的小客人。

今日作业

跟孩子玩一个做客游戏吧,假设你是他的朋友,你邀请他到家里做客,或者去他家中做客,表演看看,哪些礼仪孩子做到了。

065 儿童家庭礼仪 29 条

这是来自纪亚飞老师《纪亚飞教孩子学礼仪》一书的内容,儿童礼仪 29 条。这 29 条主要关于独立、勇气、承担、尊重、分享、恭敬等。这些看似容易,做起来却又不容易。儿童礼仪不只是停留在嘴边,还需要我们付诸实践。

希望每个家庭都能够践行,并且能够持之以恒。

第一条:自己的事情自己做

只要孩子有自己完成的意愿,就请学会放手,可以协助,但不要替代。

第二条:与尊长讲话要有称呼

与父母或家中长辈讲话要先称呼再说具体内容,当然,父母也需要用这样尊重孩子的方式交流,比如,"爸爸,我想玩乐高。"或者是:"宝贝,我们出去散步吧。"

第三条:交流时,要看着对方

与人交流,目中有人是一种修养,家长们也需要做到,与孩子交流时,能放下手机,看着孩子,即使正在忙碌也需要做到看孩子一眼,再说明情况。

第四条:玩具要整理、归位、定位,并学会保持

从小养成自己的玩具自己收拾、整理并放在固定位置的好习惯,并且能够保持整洁。

第五条：讲话时，音量不高过尊长

与父母讲话时，音量不能高过父母，即使有不同意见也不能大喊大叫，有理不在声高。

第六条：晨起问候家人早上好，睡前要互道晚安

早上起床家人要互相问好，家庭氛围的培养从问好和惦念开始。睡觉前，家人之间要微笑互道晚安。

第七条：离开时要和家人道别

出门离开时，要和家长道别，比如："爷爷奶奶我上学去了。"当然，家长也需要这样做。

第八条：回家要和家人打招呼

回家后，要和家人打招呼，比如："妈妈，我回来了。"

第九条：回到家中，外衣脱下整理好放置在固定位置

回到家中，先脱下校服外衣，叠好放在固定位置，养成衣服自己叠放并且放在固定位置的习惯。

第十条：父母呼唤，听到就立刻应答

反之亦然，家长们也需要做到孩子呼唤立刻应答。

第十一条：家中有客人到来，要起立迎接问候

家中有客人到来，不论是谁的客人，都要起立迎接问候，这是作为家庭成员应有的欢迎礼貌。

第十二条：客人离开，要起立道别

无论是否在客厅，听到客人离开要主动起立送客至门口。

第十三条：尊长讲话不插话

家中长辈讲话的时候不插话，让对方说完，这是一种教养。如果有不同观点，可以等对方言毕再表达。

第十四条:用餐入座、取食长幼有序

用餐前主动邀请长辈,比如:"奶奶吃饭了。"入座,也要先等长辈坐下。吃饭时,长辈动筷子,小朋友才能够动筷子。培养孩子的尊重心,是从生活习惯开始的。

第十五条:餐具只用来吃饭

吃饭时,餐具不能敲打,也不能当作玩具,不用的时候,要放下。

第十六条:吃饭时闭口咀嚼,不发出声音

吃饭时要闭口咀嚼,尽量不要吧嗒吧嗒地吃东西。

第十七条:懂得分享食物,不会独占

无论某道菜多么好吃,只要还有其他人在用餐,就不能够都拿走。除非其他人说:"你都夹走吧,我们已经吃好了。"学会感恩和分享,是从不独占食物开始的。行为培养习惯,习惯滋养思想。

第十八条:夹到碗中的菜肴要吃完

夹菜时,不要因为好吃,就一次夹很多霸占着,适量夹取,保证不剩饭剩菜。

第十九条:直到用餐结束才会离开餐桌

除非用餐结束,否则不会离开餐桌,用餐要一家人在一起其乐融融地享用。

第二十条:餐后致谢

用餐完毕要对家人和做饭的人致谢,"谢谢大家,我已经吃好了,大家请慢用。"即便煮饭的是保姆和阿姨,都要致谢,培养孩子的平等和感恩意识。

第二十一条:家庭成员真诚相待,诚实守信,不说谎话

家庭成员之间不能撒谎,要坦诚相待,有问题共同面对。如果家长能以宽容心态对待孩子的错误，相信他就不会选择撒谎，如果能够获得指导和建议，而非责骂和一味地批评，孩子是不会选择撒谎的。要鼓励诚实，要共同面对。

第二十二条：跌倒了，能自己站起来就自己起来

孩子跌倒了，只要他能够自己站起来家长就不要去呵护帮扶，让孩子独立勇敢，就是从走路跌倒后自己站起来开始的。

第二十三条：犯了错误能自己纠正和弥补的就要自己完成

孩子经常会犯小错误，比如端着水洒了、把衣服弄脏了，他们需要学会的是解决和承担，因此要自己把水迹擦干净，自己把衣服换了。每个人都是在实践中成长起来的，犯错误不可怕，可怕的是不承担，逃避或是撒谎。家长们需要做的是只要孩子自己纠正弥补了错误，便应该表示原谅和接受。让孩子明白犯错误不可怕，重要的是可以想到解决的方法。

第二十四条：爱护花草和小动物

保持仁爱之心，无论是否喜欢，都能做到爱护小动物和花草。

第二十五条：要重视别人的劳动成果

让孩子学会重视别人的劳动成果，不在干净的地板扔垃圾，不浪费食物，这都是对别人劳动成果的尊重。

第二十六条：需要家长帮忙，要用请托语

即使是需家人帮忙也应礼貌使用请托语，比如，"妈妈，麻烦给我卷一下袖子。""阿姨，请帮我找一下卷笔刀。"

第二十七条：接受帮助要说"谢谢"

接受帮助后要说"谢谢"，无论是谁，包括父母、服务员、保姆或是同伴。

第二十八条:爱惜自己的物品

勤俭节约,爱护自己的物品,不浪费不破坏,无关经济实力,这是一种珍贵的品质。

第二十九条:会道歉

道歉是一种担当,为自己的行为或是给对方心情带来的伤害的一种承担。而且会道歉也是高情商的表现,能够理解和感受他人的想法。

让孩子从一个小兽一般的存在成长为一个文明的人,需要培养和引导,若想孩子成长得坚韧和美好,就需要幼学礼仪。

父母是孩子遇到的第一个教育家,每个行为都可能影响到孩子,因此,也请父母们身体力行以上礼仪。

今日作业

礼仪教养一章到此就结束了。跟孩子一起盘点一下,都学到了哪些礼仪。

本章参考资料

1.《纪亚飞教孩子学礼仪》,纪亚飞著,中国纺织出版社,2016年。

2.《最好的礼仪教养在家庭》,纪亚飞著,中国纺织出版社,2018年。

3.〔日〕峯村良子《儿童教养》,唐亚明、郭敏、崔颖译,中信出版社,2017年。

第五章　社会交往

066 孩子特别内向害羞怎么办

你的孩子有没有这样的情况？

曾经一岁多的时候，见人就笑，让再见就招手，是人见人爱的小天使；到了两岁左右，突然见到陌生人不敢打招呼，或者是躲在爸爸妈妈身后，不敢去回答别人的话。

还有的时候，两个孩子貌似是在一起玩儿，可是他们各玩各的，彼此之间既没有语言沟通，又没有眼神交流。

遇到这种情况，你可能会心里犹豫，孩子这样是正常的吗？

我告诉你，这两种情况都是正常的。多数孩子在两岁左右的时候，还要再经历一次陌生人焦虑，而两个孩子在一起，没有交流的方式，就叫"平行游戏"，两个人就像平行线一样。通常 4 岁以前的孩子是没有能力玩社交类游戏的，所以 4 岁以前的孩子，各自玩各自的，并不能说明他害羞，这只是那个阶段孩子的正常表现。

4岁以上的孩子,差异性就会比较大了。有的表现得相对开朗,有的会相对比较害羞。这个时候千万不要给孩子贴上各种标签,他不一定就是不喜欢社交。

家长要注意绕开一个误区,那就是做孩子的"代言人"。孩子已经有了独立说话的能力,当有人和孩子说话,在孩子还没有开口反应的时候,有的家长就提前代替孩子回答。比如说有位叔叔问孩子,"宝贝,你叫什么名字?"孩子还在犹豫,妈妈就说,"叔叔问你话呢,你怎么不回答呢?"于是代替孩子抢先回答:"她叫某某某。"叔叔又问:"你今年几岁啦?"妈妈又说:"快告诉叔叔,你今年四岁啦。"然后又不好意思地,抱歉说,"哎,我家孩子啊就是胆小,太害羞了。"

例子中的这位妈妈,根本就没有给孩子慢慢去适应的时间,更是给孩子贴了一个负面的标签,说孩子"胆小、害羞"。

每个孩子天生的个性不同,有的生来就是"小外交家",有的孩子则需要对世界有绝对的安全感后,才可以放松地去进行交往。对于冷静型和忧郁型的孩子而言,学会大方地打招呼、回答陌生人的问题,都是需要一个过程的。(见第二章内容。)

我儿子泥泥,学会和人打招呼,就经历了一个相当长的时期。关于如何把孩子培养得大方开朗,我可以分享一些经验。

包容和理解孩子生命中的各个阶段

不但自己要包容,也要争取让身边的亲人和朋友都能够理解到这一点。不要让他们对孩子施加负面的评价。即便做不到统一身边亲友的做法,也要做到无论发生什么,都坚定地站在自己孩子这一边，而不是碍于面子，给孩子贴负面的标签，说什么"我家孩子就是内向"，更不要说"他就像我一样"。前面的课上讲过，这是永久性的负面评价，如果告诉孩子，这就是遗传，那就意味着，这是他无论怎么努力都无法改变的事实，会让孩子越来越悲观。

具体怎么做呢？就是在社交场合，不要强迫孩子去打招呼，如果孩子还做不到见陌生人打招呼，就由他去，不要给他过分的关注。要相信孩子过了这个阶段一定会好的。我十分感恩，在儿子泥泥漫长的社交能力较弱的阶段，身边的亲人，甚至很多长辈，都给了他最大的宽容和安全感。

教给孩子一些正确的方法

在家里，模拟角色扮演和情景演练，让孩子练习礼仪教养中的打招呼礼仪。记住，不是笼统的三个字"要问好"，而是要在实际的情境之中，让孩子体验到，问好的时候，站姿是什么样的，眼神看到哪里，表情是什么样的，怎么去说话，说什么内容。

在孩子和同龄人一起玩儿的时候，如果他想加入，但是又不敢，可以把他带到一边，轻轻地介绍这些人都是谁，他们在做什么，然后可以教给自己的孩子，跟他们说，"我能不能和你们一起玩沙子啊？"假如他还是不好意思，这个时候，家长就在旁边默默地观察，适时把孩子引入到游戏的话题之中。比如说，小朋友正在玩医生和病人的游戏，你可以问问自己的孩子，"你愿意做一个新病人吗？"然后就跟扮演医生的孩子说一声，"你今天很忙呀，又来了一个新病人，你要不要帮他诊断一下呀？"这样就自然而然地让孩子加入到游戏之中了。

组织一些孩子觉得安全的活动

泥泥小时候去任何地方都会觉得很紧张，小脸儿紧绷着，一点儿笑容都没有，所以我就尽量在家里组织一些活动，经常邀请一些小朋友来家里。我和他一起商量准备什么零食、什么玩具。因为小朋友来了，他是小主人，他自然会去招待小朋友，给他们分发一些零食。

利用角色扮演的方式激发孩子的内在力量

在"习惯养成"那章中，我曾经分享过这个方法。如果孩子内心对于某一个人物有崇拜，可以为他贴上这个"标签"。比如孩子的偶像是蝙蝠侠，你就可以叫他"小蝙蝠侠"。然后在每次需要克服什么困难，或者是养成什么好习惯，或者是要突破自己内心的某种恐惧时，都可以问他，"小蝙蝠侠，如果是蝙蝠侠遇到这种情况的话，他会怎么做呢？"通常情况下，孩子都会觉得瞬间就拥有了巨大的勇气。

今日作业

模拟一个与陌生人见面的场景，爸爸妈妈和孩子都行动起来，遇到老人、老师、孕妇、朋友都应该怎样打招呼呢？一起演练起来吧。

本章参考资料

魏坤琳,《给孩子的未来脑计划》,中信出版社,2018 年。

067 孩子经常插嘴、抢话,太爱表现怎么办

关注上一节内容的家长,很多是因为自己家孩子经常表现得不敢说话。而这一节,让我们关注另外一种类型的孩子:话太多。

这两种类型的家长有可能会互相羡慕。过于害羞的孩子,家长希望他们勇于表达;而话太多的孩子的家长,也会真心羡慕那些谨慎沉稳的孩子,他们遵守纪律,也不会乱讲话。

常常有家长问我:"琴琴老师,我孩子性格活泼外向,但是过于爱表现,争强好胜,凡事爱拔尖,这导致他在学校人缘不好,没有什么朋友。我告诉孩子,要懂得倾听,听懂别人的需要,理解别人的感受,但是孩子总是强调自己的想法和需求,对于这样的孩子有什么好办法引导他能更善于与人相处吗?怎么树立孩子的同理心呢?"

对于这样活泼开朗、热爱表达的孩子,如果把握得好,就是一个大方开朗、引领局面的角色。如果把握不当,就会不分场合喋喋不休,而且到处都要求是自己的舞台,缺乏角色感,表现得不得体,尤其在同伴中,过分强调自己,不懂得倾听,会比较容易被孤立。

在我们的朋友圈里,可能也都会有一些这样的人,总是沉浸在自己的世界里,仿佛处处都是自己的舞台,关注不到别人的需求。有他在,场合就不是交谈而是演讲,他总是要占据话

语权,沉浸在自己的世界里,逐渐失去朋友而不自知。随着孩子年龄的增长,会懂得要多思考,懂得应该在什么时候表现自己,什么时候该闭上嘴巴听别人说。

怎样帮孩子成为一个有效的倾听者呢?这需要家长在平时跟孩子交流时,注意以下几点:

多做情绪教养游戏

这类孩子往往是同理心并不发达的人,需要在生活中,更多地去引导和培养。可以和他一起做增强同理心的情绪教养游戏,提升对自己和其他人情绪的感知能力。通过角色扮演的方法,让他体验到,如果他在讲话的时候别人都不听,他会有什么感受,进而引导他思考,他要怎么做。

把"倾听"细化到具体要求

不要笼统地说,别人说话的时候要"好好听",而要把"好好听",细化成具体的要求:眼神注视对方,身体转向对方,对方说话的时候不开口,别人说完自己才讲话。可以参考礼仪教养课程中的倾听、应答礼仪部分,在家里多做训练。

如果孩子做不到"别人说完自己才讲话",可以玩一个"玩具传递"游戏。选择一种玩具,比如毛绒小熊。大家围坐在一起,规定:谁拿着这个玩具小熊,谁才可以开口讲话,其他人是不允许发出声音的。

做专注力训练

这类孩子有时候容易在别人讲话的时候,思维还停留在自己的世界里,他并不会认真地关注到别人谈话中的重点。通常也容易在上课听讲的时候领悟不到老师讲的核心内容。所以,要训练倾听的专注力。

推荐一:"开火车"游戏。

这种游戏要三人以上,一家三口就可以完成,当然如果有爷爷奶奶或其他人参加,那就更好了。为了叙述的方便,现以三人为例,方法是:三人围坐一圈,每人报上一个站名,通过几句对话语言来开动"火车"。比如,爸爸当作北京站,妈妈当作上海站,孩子当作广州站。爸爸拍手喊:"北京的火车就要开。"大家一齐拍手喊:"往哪开?"爸爸拍手喊:"广州开。"于是,当广州站的儿子要马上接口:"广州的火车就要开。"大家又齐拍手喊:"往哪开?"儿子拍手喊:"上海开。"这样火车开到谁那儿,谁就得马上接上口。"火车"开得越快越好,中间不要有间歇。这种游戏由于要做到口、耳、心并用,因此能让注意力高度集中,同时也锻炼了思维快速反应能力,而且这种游戏气氛活跃,能调动人的积极性,孩子玩起来也乐此不疲。

推荐二:听写号码本游戏。

数字是一群迷人的小东西,它们可以组成很多有趣的小游戏,不仅可以让小孩子们更好地掌握数学知识,还可以锻炼孩子的很多能力,特别对于提升注意力有奇效哦。

材料:一本电话号码本、秒表

1.任意翻开电话号码本的一页,掐着秒表在一分钟时间内以较快的速度让孩子听写上面的电话号码。

2.提醒孩子认真听,时间一到马上停,然后由孩子核对正误。

3.每天训练一次,每次只训练十分钟。如果连续三次全对,提前结束训练。

温馨提示

1.训练时间一定不要长,在孩子意犹未尽时就结束最好。

2.训练不必设置奖品,父母陪同训练,负责掐表和念数字,成功后孩子的成就感和爸爸妈妈的欢呼、鼓励,就是最好的奖品,而且还可以进行一次亲子大PK,孩子的兴致会更高。

3.这个小游戏不仅可以培养孩子的倾听能力,还可以锻炼孩子的专注力。

眼对眼交流

要求孩子,在听别人说话时,或者对别人说话时,要看着对方的眼睛,避免远距离喊话。试想:妈妈在厨房忙碌,孩子在客厅看电视,妈妈说:"别看电视了,去把玩具收拾好。"孩子很可能把这句话当成背景噪音,或者只回答一个字"哦",但不会有任何实际行动。

避免唠叨和大声斥责

无休止的唠叨和大声斥责往往只对训练孩子左耳进右耳

出的"本领"有效,从小就让孩子体会到不认真倾听的后果。如果孩子因为没有认真听父母的话,而迟到、生病,或者错过了吃点心、出去玩的机会,家长此时一定要管住自己的嘴,不要唠叨和责备,但注意不要轻易让步,要让孩子适当吃点小亏,体会到没有认真听带来的后果,慢慢地他就会意识到认真听别人说话,对自己是有意义的。家长需要做的,只是对他们自吃苦果的结局表现出同情和难过就好了。

今日作业

反思一下,你是一个好的倾听者吗?是否有因为工作忙碌、家务繁重而没有时间静下来好好听听孩子说话,与他交流呢?每天设定 5 分钟倾听时刻,跟孩子约定,这 5 分钟只属于他,妈妈爸爸会放下一切,看着他的眼睛,听他说话,说什么都可以。给孩子做一个倾听示范。

068　孩子太老实，怕挨欺负怎么办

有朋友问我：

"我家女儿今年6岁，平时在班里，总有同学揪她头发，或者往铅笔盒里放奇奇怪怪的东西，还有的时候会有肢体上的动作，拽她胳膊，或者搂她脖子。孩子觉得很不舒服，有时候也会害怕，偶尔甚至会抱怨说'我不想上学了'。这种情况这么处理？"

以前的咨询中，也有男孩的家长说，自家孩子在学校里特别老实，总有那些喜欢挑衅的男生欺负他。孩子也会对上学有恐惧感，也曾经告诉过老师，但是有的时候孩子也会还手，而老师恰巧会看到他还手的时候，就以为是他在打别的同学，即便他分辩说是对方先动的手，老师因为没有亲眼所见，也没有明确的说法，就是劝说一下两个孩子，以后注意团结之类的。

你有过这种担心吗？

教孩子"愤怒"

你还记不记得，在"情绪教养"那章我曾经提到，情绪本身不是坏东西，不要一看到孩子表现出愤怒，家长就更愤怒，想用尽一切办法，把孩子的愤怒情绪给压制下去。殊不知，任何情绪都有它的两面性，你只看到了愤怒会让人失控，但是你没有看到，很多时候，愤怒就是人的一道基础防线，可以保护孩子不受伤害。

具体的做法，不是告诉孩子说，"他再欺负你，你就跟他发火啊！"因为你只要和孩子演练一下就会发现，他所谓的"发火"，很多时候是力量不足的。尤其是女孩子，多数时候，因为一向被要求要乖巧、要温顺的女孩，从小就会认为愤怒是不对的。所以即便是身体被同学弄疼，多数时候也是默默忍受，或者恐惧地说不出话来。还有些时候，即便是反抗，也是非常没有力量的"你别这样"，这些反应都会让喜欢挑衅的人觉得更加有趣，刺激挑衅升级。

一定要教孩子，在第一次被挑衅的时候，只要感觉到被侵犯，就要表现出愤怒。这个是需要训练的。具体方法是，家长扮演挑衅的人，孩子扮演自己。由家长模拟孩子被挑衅的场景，让孩子练习愤怒。

这里强调两个要点：一个是即时性，遇到如殴打、侮辱等事情时，要马上就反应到愤怒，另外一个就是愤怒的力度要达到相应的要求。从眼神、语气、动作各个方面去练习，让孩子形成一种本能，就是"有控制的愤怒"。只要有人从肢体方面侵犯了他，就会表现出有震慑力的愤怒。这样，在任何情况下，他第一时间表达的愤怒，都会成为他的保护伞，制止挑衅行为进一步升级。

教会孩子：有不伤人的教养，也有不挨欺负的气场

希望孩子在学校里不挨欺负，除了让他学会愤怒之外，还有几个要点：

一是家长一定要给孩子信心,就是无论发生什么,家长都会保护他。有的孩子会害怕,发生事情不敢跟家长说,会担心被家长责骂。一定要不时地跟孩子说,无论发生什么,爸爸妈妈都会站在你这一边。可以复习"情绪教养"那章的重点内容,多接纳孩子,这样他才会坚信父母对他的爱。

二是教孩子树立自信,努力做最好的自己。一个自信、自强、勇敢的人往往很难成为被伤害的对象,加害者往往选择怯懦、软弱、不自信的人下手,并在被害人失落和害怕的情绪中感受到自己的强大和控制力,进而得到自我满足。所以一定要建立自信心,努力做最好的自己,改变自己可能影响到他人的不良习惯,多多锻炼身体,让自己变得更加强壮、更加自信,成为会发光的金子。

三是从仪态方面对孩子多进行训练,让他站、立、坐、走,都表现出气场,而不是弓腰驼背、表现出很怯懦的样子。让孩子练习微笑,练习阳光的气度,这会让人自觉地对他心生敬畏之心。

四是让孩子广交朋友。朋友很多的孩子通常是不会挨欺负的。

五是让孩子拥有一项特长。不管是优异的学习成绩,还是某项文体方面的特长,或者写作水平高、知识渊博……不管哪方面,都会让孩子有机会闪光。一旦在学校里有存在感,通常就不会被人欺负了。

今日作业

你的孩子有被欺负的情况吗?他是否看到过有人被欺负的情况?可以跟孩子聊聊这个话题。

069 孩子挨打怎么办

关于孩子挨打的问题,家里通常会有这样的几类对话。

第一类:

孩子:小明打我。

家长:什么时候的事儿啊?

孩子:今天上学的时候。

家长:明天我会告诉老师。

第二类:

孩子:小明打我。

家长:他打你,你也打他呀。

孩子:他打我鼻子。

家长:他打你的时候你就还手,你不要这么懦弱。

孩子:我害怕。

家长:你要是学不会保护自己,就会一直挨欺负。

孩子:好吧。

第三类:

孩子:小明打我。

家长:然后你怎么做的?

孩子:我把他推倒了。

家长：你不该这么做，打人是不对的，你可能会伤害到别人。以后遇到这事情你就告诉老师。

孩子：可是这样就是在打小报告。

家长：你要不告诉老师的话，他会一直打你。

孩子：好的。

上面的这些对话，都是由父母告诉孩子怎么样去解决问题，没有鼓励孩子自己提出想法。这些处理方式，忽略了孩子对于问题的看法，也没有办法知道孩子当时为什么会挨打。

关于打人的"我能解决问题"的对话，可以是如下的：

家长：小华，谁打你了？

孩子：小明。

家长：发生了什么事情？他为什么打你？

（家长想知道孩子对于问题的看法）

孩子：他就是打我。

家长：你是说他无缘无故地打你？

（家长鼓励孩子思考事情的起因）

孩子：哦，是我先打他的。

家长：为什么呢？

孩子：他不让我看他的书。

家长：当你打他的时候，他会有什么感觉呢？

（家长引导孩子考虑他人的感受）

孩子：生气。

家长：你知道他为什么不让你看他的书吗？

（家长引导孩子理解他人的观点）

孩子：不知道。

家长:怎么才能知道呢?

孩子:我可以去问他。

家长:那你就去问问吧,就看他肯不肯告诉你。

(家长鼓励孩子搞清事实,发现问题)

孩子:他说我从来不让他看我的书。

家长:现在你知道他为什么不让你看他的书了,你能想想自己做什么或者说什么,他才会让你看他的书?

(家长鼓励孩子思考解决问题的办法)

孩子:我可以不跟他玩了。

家长:如果你这样做,可能会发生什么?

(引导孩子思考解决办法的后果)

孩子:他可能不愿意再做我的朋友了。

家长:你希望他继续做你的朋友吗?

孩子:当然希望了。

家长:那你能想一个不同的办法,使他愿意继续做你的朋友吗?

(家长继续鼓励孩子进一步思考解决的办法)

孩子:我可以拿本书给他看。

家长:这是个不错的主意,你为什么不去试试呢?

指导孩子与孩子之间的问题,有三个基本的对话原则:

搞清楚孩子对于问题的看法

一定要先弄明白孩子认为问题是什么。比如说,如果孩子认为问题是对方已经分享他的玩具足够长的时间了,现在只是想把玩具要回来,而你却认为这是在抢玩具,那你们俩就会朝着不同的目标努力。搞清楚孩子对问题的看法,要努力克制自己,不要把问题的重点转移到符合你的需求之上,例如说,如果家长已经意识到,问题是孩子认为他已经分享玩具足够长的时间,但是却一门心思地继续给孩子上课,把自己的想法输出给孩子,那孩子最终就会抗拒寻找解决问题的方法。

不要由你告诉孩子该怎么做

始终要记住,是孩子,而不是大人必须要解决问题,要尽量避免告诉孩子该做什么,或者不该做什么。

把重点放在思考过程上,而不是具体的结论上。"我能解决问题"训练的目的是:教给孩子一种能够帮助他们处理一般人际问题的思考方式,如果你对孩子的想法做出了价值判断,就是强调你对问题的看法,哪怕是赞扬一个解决办法,都可能会抑制孩子进一步思考其他解决的办法,而批评则更会让孩子不愿意再自由地说出内心的想法,这两种情况都会促使孩子停止思考,不去考虑解决办法和后果,会变成另一种思考路径:怎么说才能让爸爸妈妈赞同呢?最终,他全部的重点,会转向到考虑如何满足你的需要。

解决孩子与孩子之间的问题,有一些基础的对话,建议平时没事儿就多念一念、读一读,成为自己的习惯性语言:

发生了什么事?怎么了?

(另一个孩子)会有什么感觉?

你有什么感觉？

你能想一个不同的办法来解决这个问题，使你们两个都不会生气吗？

这是不是一个好主意？

去试试吧。（如果是好主意）

哦，你得想个不同的办法。（如果不是好主意）

今日作业

跟孩子聊聊今天学校发生的事情，注意使用"我能解决问题"训练中的语言，看看你的孩子有什么变化？

本章参考资料

〔美〕默娜·B. 舒尔博士，〔美〕特里萨·弗伊·迪吉若尼莫，《如何培养孩子的社会能力——教孩子学会解决冲突和与人相处的技巧》，张雪兰译，北京联合出版公司，2018 年。

070 孩子打人怎么办

在孩子成长的过程中,绝大多数或多或少都会有一些攻击性行为。

3 岁以下的孩子,他们的认知水平十分有限,通常容易以自我为中心,不太有能力理解别人的感受。在这个时期,为了得到自己想要的东西,会推或打任何阻碍他们的人。还有一些孩子,为保护自己的地盘和利益,会去攻击"入侵者"。

由于语言发展尚未成熟,孩子在尚未学会用语言表达之前,每当他遇到各种外来的挫折时,直接的反应不是哭,就是立即反抗——攻击别人。

大多数 3 岁以上的孩子都可以理解别人的感受,不过也会出现一些伤害别人的情况。负责理性思维,能够实现自我控制的是大脑的前额叶皮层,而孩子的大脑,前额叶没有发育成熟,所以他们并不能像大人那样,深思熟虑才去行动,他们往往就是基于冲动而去行动的。

什么样的孩子容易攻击别人

1.不知如何与人互动

由于孩子的语言发展还不成熟,缺乏与人互动的经验,所以会出现较负面的行为。另外,在这个问题上,成人的示范作用非常重要。有的家庭里,家庭成员之间的互动本身就是比较有攻击性的。如果家庭成员之间经常有暴力行为,尤其是有的成人和孩子互动的时候,经常捉弄孩子,比如用力捏捏孩子的脸,弄弄孩子的身体,这样的情况多了,孩子就会形成一种模糊的认知,那就是人和人之间是可以这样互动的。平时和小朋友相处,他就很可能也会这样。而这些行为在其他小朋友看来,很可能就是攻击。

有的孩子会认识到,有时要引起对方的回应靠说话是不管用的,但如果打他,他就一定会哭。于是,孩子就常常会采用这种不当的方式与人互动。年幼的孩子并不会思考自己的行为是不是对的,他的目的只是为了与对方进行互动。他喜欢的,只是自己的行动马上引发了对方的反应。

2.为了引起成人的注意

孩子需要成人的关爱与注意,由于他还不太会用语言表达,于是就以哭、追随在成人身后的方式表达,有时也有可能用激烈的动作行为表达,如用打人、咬人来得到成人的注意。

3.习惯性打人

有的孩子已经到了十来岁,还是会经常和人动手,这通常是因为孩子本身情绪控制能力很弱,导致习惯性地用攻击性行为解决问题。这类孩子往往知道自己做的不对,也知道这样会被小伙伴排斥,但自己控制不好,他自身也因此而烦恼。

怎么处理孩子打人的问题呢

1.正在打人的时候

不管孩子几岁,看到孩子正在打人,要立刻坚决制止,态度要坚定但是不要愤怒失控,看着孩子的眼睛,握住孩子的手,带他离开打人现场,这样才可以帮助孩子"情绪降温"。

参考上一课的沟通方式, 帮助孩子梳理事情的来龙去脉,帮他思考该怎么解决。

2.平时如何处理

第一,要为孩子提供非暴力的成长环境。有的孩子打人之后,又会被家长打一顿,家长试图以此让孩子长记性,但这本身就是在给孩子做错误的示范。

第二,教导孩子正确与人互动。比如:喜欢阿姨不是拉阿姨的头发,而是抱抱阿姨;想要和奶奶说话,就到奶奶身旁唱唱歌;想要和其他小朋友一起玩,可以用问话的方式。依据孩子的年龄和语言表达能力, 将具体的语言和动作示范给孩子看,并要求孩子多练习几次。下次遇到同样情形,只要对孩子多加提醒,不良的互动方式就会渐渐改掉。

第三,游戏帮助。除了平时多做情绪教养游戏,冻结舞蹈(Freeze Dance)也是在美国的各类早教机构中非常流行的一个小游戏。通常来说,大家可以搜索一下名为"Freeze Dance"的舞曲,跟着歌曲内容来行动就好。

Freeze Dance 舞曲

很多家长都有这样的烦恼,那就是有的孩子不听话,当遇到危险的时候,比如说手要去摸电源插头,但是你制止他的时候,他却像没有听到一样。

这个游戏应该可以帮到你。冻结舞蹈这类歌曲通常是命令—服从型的,告诉大家应该如何跳舞(Dance to the left, dance to the right...)的,但是需要根据歌曲中人声的提示进行快速反馈。听到"Freeze"这个词的时候,一定要立刻停下来——不管当时是怎样的动作和姿态。

这能帮助孩子逐渐将"听到 Freeze,就要立刻停下来"的概念,通过舞蹈和肢体语言,逐渐渗透给孩子,从而能在危急情况发生时,让孩子一听到关键词,就立刻停下来。而且这样的舞蹈节奏明快,既是情绪宣泄,又能锻炼身体,更可以训练听到关键词就停下来,一举数得。

根据原理来说,大家也可以选择我国经典传统游戏"1,2,3,木头人"来作为替代:"我们都是木头人,一不能说话二不能动,再加一个不能笑!停!"多玩这样的游戏,下次再遇到危险情况时,家长大喊"停",会有意想不到的效果。

今日作业

跟孩子一起玩玩冻结舞蹈游戏吧。

本章参考资料

1.魏坤琳,《给孩子的未来脑计划》,中信出版社,2018 年。
2.https://zhuanlan.zhihu.com/p/33170371, 知乎网友 Cecilia《这 2 个风靡欧美的小游戏,让孩子关键时刻能听话》。

071 孩子特别"小气"，不爱分享怎么办

分享是一种美德，一种品质。对于孩子来说，拥有这种品质，也是一生受益的财富。如何培养孩子乐于分享的良好习惯呢？

什么时候教分享比较合适

首先我们要知道什么年龄阶段的孩子得学会分享？孩子太小不会有分享的概念。

当孩子知道这些东西是我的的时候，说明孩子的物权意识萌芽了，有了你我他的概念。这个一般发生在孩子 2 至 3 岁的时候，在这之前，孩子不懂得所有权的概念。想要教会孩子懂得分享，首先他要知道什么东西是自己的，什么东西是别人的。所以培养孩子的分享情商，不用过于着急。3 岁左右的孩子开始有了社交意识，开始跟除了家里人之外的伙伴交往，知道同伴的重要性，喜欢跟小朋友一起玩。有了交往行为，才会产生分享的需要。

所以，教分享不要急，也不是到几岁必须完成，这是一个潜移默化、水到渠成的过程，不要因此而焦虑。

关于分享的几个误区

第一，伤害孩子的"起初的分享意愿"。

你还记得吗？你家孩子刚刚会走路，还不太会说话的时候，就会挥着小手，把自己的食物拿给妈妈、奶奶、姥姥吃？当时，你的反应是什么呢？

"不要不要，宝宝吃吧！"很多大人都会本能地拒绝孩子的食物，会觉得，作为大人怎么能要孩子的东西呢！然而，这在无形中，打击了孩子当初那种发自内心的天然"分享"行为。很多孩子都会本能地分享，这是最纯真的分享意愿，也是最基础的"我喜欢你，愿意把我喜欢吃的给你"的表达。孩子起初的"自发分享"行为，值得保护。即使你不吃，也要接过来，给孩子一个开心的微笑，说，"谢谢宝宝。"让孩子体验到"我想要分享"的快乐。

第二，强硬教孩子学会分享。

很多家长碍于面子，会强硬地教孩子学会分享，如果孩子做不到分享，就给他贴上"不懂事、小气"的标签。你想一想，在你的世界里，也不可能把所有的东西都拿给别人分享吧，你也有自己要守护的东西，对不对？尊重孩子的意愿是前提，当孩子有物权意识的时候，你得尊重他这个人，包括他拥有或由他支配物品的权利。先搞清楚不愿意分享的原因，有些东西是孩子最宝贝的物品，不愿意分享也在情理之中。

怎么教孩子分享

第一，与孩子建立起密切的关系。

一个孩子内心对于父母的爱越笃定，他会越乐于把自己的东西分享给别人。学者研究发现，在最初两年中受到了亲密养育的婴儿更有可能在未来的岁月中成长为乐意与别人分享的孩子。受到了大人慷慨给予的孩子会照着大人为他们树立的榜样去做，长大后将成为慷慨、大方的人。内心有着良好感觉的孩子更愿意与别人一起分享。

第二，为孩子做好分享的榜样。

大人要以身作则，孩子的学习都是先从模仿开始，他们通过观察父母的态度和行为来学习。无论父母喜欢还是不喜欢，父母都是孩子最好的榜样。想要让孩子学会分享，父母自己首先得是一个喜欢分享的人。与孩子一起分享，做一些好吃的送给邻居小朋友，为幼儿园小朋友做一些擅长的手工等。如果父母本身就是一个斤斤计较的人，就不要责怪孩子不懂分享了。

第三，让孩子感受到分享的快乐。

给予回报与肯定，让孩子知道分享的好处。譬如一起送礼物给其他小朋友，收到回赠或感谢的时候要表现出来，让宝宝知道分享的好处。同伴作出回应或分享行为，这就是孩子分享的回报，他会直观感受到分享的好处。及时肯定孩子作出的分享行为，让他感受到成就感。除了分享有形的物品外，还可以分享无形的东西，譬如情感、快乐、知识、感受等。

第四,尊重孩子的所有权。

一定要尊重孩子的感情。有的东西,在你看来可能几乎就是垃圾,可是孩子却视若珍宝,你一定要尊重他的这种感情。所以孩子可能有这种情况:对于有些玩具,孩子会表现得很自私,而对于另一些玩具他又会表现得相当大方。这是正常的。

孩子对自己的财物越没有安全感,他就越不爱分享。所以在家庭里要强化这个东西是属于孩子的概念。如果家里来客人,不要不经孩子的同意,就私自把玩具拿给客人玩,而要和孩子商量。有的时候,孩子不想把自己的某种东西分享给别人,家长可能还需要充当裁判的角色。这个时候,要站在自己孩子这边:"这个特殊的玩具是莉莉的生日礼物, 对她来说意义不同;在她愿意和你一起玩这个玩具之前,你可以先玩别的玩具。莉莉,你能不能拿出别的玩具分享一下?"

更稳妥的处理方式是,要让孩子慢慢地学会与小朋友们分享玩具,可以在小朋友来之前,就先帮助孩子区分,哪些玩具是他想要和小伙伴们一起分享的,哪些是他要珍藏起来、留着自己玩的。要允许孩子留下自己最喜欢的玩具,给孩子自己的物权空间。

记住,不分享是孩子的权利,乐于分享是一种美德。

今日作业

跟孩子把家里的玩具书籍盘点一下,看看哪些是孩子愿意与人分享的?

072　孩子"输不起"怎么办

你家孩子有这样的情况吗？

什么都要第一，在家要第一个坐在餐桌上，第一个下车。和家人、朋友下棋、游戏，只能他赢，输了就闹脾气。

特别有好胜心，在任何场景下，只要大人、老师表扬了别人没表扬他，他就会记住，然后接下来一定找机会表现自己寻求表扬。

听不得任何批评他的话，哪怕老师、家长已经很注意方式方法。

参加比赛、竞选，一旦没有得到第一名就情绪很大，甚至一蹶不振。

从儿童发展心理学来看，好胜心是非常正常的。孩子两岁左右开始，自我意识逐渐萌芽，但是对于世界又缺乏一个正确的认知，这时候就会产生"我"需要认可和关注的需求。每个人终其一生都要解决一个问题，那就是"我是谁"。这是孩子认识自我的开端，以后他才慢慢学会如何在世界合适地自我安放。先要认识自我，凸显自我，然后再摆脱对自我的过分关注，见天地，见众生。

适度的好胜不仅正常而且有益，但如果孩子过于好胜而输不起，或者影响社交了，那就需要引起我们的注意。

怎么防止孩子"输不起"

第一,父母自己端正对于"输赢"的看法。人生是一场马拉松,塞翁失马,焉知非福,对于一时一事的得失,本来就应该放开眼光去看。况且,太多东西比输赢更重要。如果只看到输赢,生命会错过很多美好。

第二,帮助孩子建立"成长型思维模式",将每个人生历程都看作进步的阶梯。用"人生是一场马拉松"的理念告诉孩子,其实根本就没有所谓的"失败"。无论输赢,都同样增加了很多人生经验。这些经验都会在未来的某一天让自己发光。

第三,表扬孩子要注意技巧。学会正确表扬孩子的努力,而不是天赋。要表扬孩子的付出过程,而不是最后的结果。家长过分看重结果,容易把这种观念传递给孩子。

教育"输不起"孩子的三大误区

今天更想和大家具体谈一谈的是,如果孩子已经出现"输不起"的情况,我们到底该怎么做。

误区一:否定孩子的感受

不要去说孩子,"这么点儿事儿,你至于的吗?""你就是小心眼儿,这么要尖儿。"在"情绪教养"章节中,我们屡次强调,一定不要否定孩子的感受。当孩子感觉自己不被接纳的时候,不但听不进去任何的道理,反而会更容易让孩子没有安全感。他越没有安全感,越会急于证明自己,就越会表现得输不起。

误区二："打击"孩子

很多父母当孩子说自己是第一时,就"打击"他,认为这样他就不会骄傲了。殊不知,这样的做法反而只会让孩子越来越想争第一。

这是为什么呢?

你先要了解一下孩子过于争强好胜,背后有哪些心理需求。

不知道你有没有认识到,当一个人对自己深度接纳的时候,他会特别坦然面对所谓的得失输赢。因为他知道自己的价值所在,不会被外在的评价机制轻易改变。强烈想赢的需求背后其实反映的是内心缺乏对自我价值的认可,而孩子早期的自我价值的来源大部分是从父母那边得到的。如果一个孩子幼年的生活中,缺少被关心,总是被评价和比较,总是被贴标签,常常被忽视等,这些心理映射最终也会形成强烈想赢的需求。

很多父母都会有误解,觉得缺少自我价值认可的孩子会自卑胆怯,其实还有一面就是想赢怕输,因为孩子的成长经历让他知道,自己只有好,只有赢,才能被喜欢,被认可,才能受到关注。

所以你越打击孩子,越是否定他的自我价值,他就一定要继续争取,希望被喜欢,被认可,受到更多的关注和肯定。

很多时候,其实不仅是孩子,就是成年人也一样,越在意的东西,越想强调的东西,其实就是内心越缺少的东西。

误区三:哄骗孩子,否定别人

有的家长对孩子说,"你是天才,你才最聪明。""你才是最好的,他们就是蒙的。""下次第一一定是你的。"这种不实事求是的盲目肯定,只能加重孩子的心理负担和对下次成功的强烈渴求。如果下次还是不能达成目标,孩子可能受挫更大,受伤更重,甚至产生怀疑父母的想法。

如何引导"输不起"的孩子

第一,输的时候,帮孩子做好情绪疏导。对于好胜心过强的孩子,只要一输,就有可能表现出剧烈的情绪波动,会哭闹,会消极。而多数家长,往往此时就开始教训孩子了,希望他以平常心对待。如果教训了几分钟,孩子还没有表现出改变,有的家长就烦了,开始斥责孩子。

这时最该做的其实是接纳孩子的情绪。那什么叫"接纳"呢?就是平静陪在孩子身边,"妈妈知道你很难过。"

大多数孩子,并不能在第一时间听到接纳,就马上保持平静,这时大部分孩子都会想要挣脱我们,有的甚至会说,"妈妈你走",甚至开始打人。之前的课上讲过,不管是孩子还是大人,当出现情绪失控的时候,其实是他最脆弱的时候。他虽然行为上在排斥,但实际上内心是需要陪伴的,只不过因为太慌乱了,他没有办法冷静地识别和表达自己的真实需求。

还记得以前讲的吗?这个时候就是你往孩子人生账户上充值的大好时机,请你一定要保持平静,温和地把你的爱调动出来。你要继续平静地抱着他,让他哭泣,让他挣扎,直到孩子平静下来。这个时候可以告诉孩子,"妈妈在,妈妈一直陪着你,妈妈爱你。"

第二,赢的时候,允许孩子享受一下幸福的感觉。当一个人通过努力取得了一些成绩的时候,他是会有幸福感的,要给孩子一点儿时间,允许他享受这种幸福,不要急着去打击他。家里也可以安排一个庆祝仪式,一起给孩子庆祝,取得了阶段性的成功。

第三,把孩子引导到更高的目标。无论他是输还是赢,都用更美好的愿景来激励孩子,让他感受到:"我现在就很行,但是我要努力,以后还会更好。"

今日作业

复习一下如何称赞孩子,关注过程而不是结果,称赞努力而不是天赋。

073 孩子过度在意别人的看法,怎么去引导

前几天有个朋友问我:"我的女儿 7 岁,特别在乎别人的看法。有一次,同学说她的裙子不好看,她就说什么也不穿那条裙子了。"

面对这样的孩子,该怎么引导呢?

接纳孩子的各种情绪

当孩子因为别人的评价而出现不愉快的时候,一定要学会接纳。如果你实在记不住要点,也一定记住一个关键:不要去否定孩子的感受,不要说:"这么点事儿,至于吗?"而要先跟他说:"宝贝,妈妈知道你很不高兴。"

引导孩子进行自我认知

告诉孩子:"你就是独一无二的。"

具体做法是:

第一,给孩子讲讲民族的故事、家族的故事,以及他自己成长的故事。通过叙述国家和民族、家庭成员、祖辈们的故事,让孩子理解自己生命的坐标,强化身份的认同。孩子很喜欢听自己小时候的故事,了解关于自己的历史。从妈妈怀孕的时候,到

出生,第一次微笑,第一次走路,上幼儿园,上小学……都是父母和孩子回忆、分享、交流的美妙时刻,有助于提升孩子的归属感。

第二,和孩子一起做"我是谁"的练习:

哪些事情我擅长;

我得到过哪些称赞;

我战胜过哪些挑战;

我有什么独特之处;

上述这些,每个列出 3 条。如果孩子年龄小,写字有困难,可以画画。

通过这样的练习,孩子就会知道,自己是独一无二的,他有自己的独特之处,有无可替代的地方。

区分"事实与评价"

先讲一个故事。有个年轻画家,很想提高自己的画技,想出了一个办法,把自己的画拿到集市上去,并且留了一个提示就走开了,提示上写着:"请大家用粉笔圈出可以改进的地方。"

结果一天过去了,他去取画的时候,画布上布满了大大小小的圈。他看着觉得特别沮丧,甚至怀疑自己是否选错了职业,应该就此放弃绘画改行算了。晚上他和妻子说放弃绘画的梦想转行,妻子说,"在你放弃以前,你是否愿意再尝试一次。"

第二天,妻子也把那幅画带到了集市上,并且留了一个提示,"请大家用粉笔圈出你们认为画得特别好的地方",结果晚上画家再去取画的时候,画布上也布满了大大小小的粉笔圈。

　　区分"事实和评价"。在评价里面,有很多随意的否定、恶意的抨击,对于这样的评价,孩子们完全可以置之不理。

　　孩子来到这个世界上,注定不是单独的一个人,与家人、老师、同学、邻居、朋友甚至是陌生人交往,我们每天都会面临来自别人的评价。

　　告诉孩子,面对不好的话,要先区分事实和评价。

　　如果说的是事实,要分成两类:能改变的事实和不能改变的事实。如果是习惯、行为之类,我们可以客观分析,通过努力去改进。如果说的是外表,比如身高、体重、皮肤黑白、眼睛大小,就告诉孩子不要在意。因为对人的外表进行负面评价,是对方没有教养的行为。

　　如果说的是评价,也要分成两类:正面的评价,要感谢别人的欣赏,但是不要骄傲自满,继续努力。如果是并非事实的负面评价,完全可以一笑置之。告诉孩子这样不负责任地对人进行评价,是对方的不对,不要用对方的错误来惩罚自己。

　　巧妙地让孩子改变那些可以改变的东西,让孩子认识到自己不佳的表现,通过教育和引导,让孩子不断寻求上进,把坏事变成好事。

平时多培养孩子的自信心

　　如果孩子的自信心不足,自尊心过强,会产生极强的自卫意识,听不进任何批评意见,甚至还会将别人善意的告诫视为对自己的攻击,并且对别人的评价特别敏感。引导鼓励孩子多发展兴趣爱好,多让孩子承担家务,多尝试新鲜事物,增加孩子的掌控感。只有孩子自信心增强了,才能有坦然面对他人评价的底气。

今日作业

跟孩子一起做一张"独一无二的我"的列表,帮助孩子梳理出他的特点、优点、特长等,培养孩子认识自我。

074 孩子总是固执己见,怎么去引导

你的孩子有非常固执的情况吗？你让他做一件事情,他总是会坚持他的观点,各种"对付"。

前面讲过孩子的各种类型,你家孩子是哪种类型的呢？通常,乐天型、忧郁型和冷静型的孩子都会表现得比较随和,而激进型的孩子,则多数时候,属于比较难带的类型。(参考 18—22课,认识孩子,因材施教。)有的孩子,经常会表现得非常固执,你跟他说一个事情,除非这事是他自己想做的,比如"去玩游戏吧",这样他会很快去做。其他的,很少会痛痛快快地去执行。他一定会用尽心思地跟你对付,有时候会跟你讲条件,甚至会公开反抗。

固执任性的常见表现有以下三种类型:

1.主动抗拒型:"我不干。""不行。""我非要……"是这类孩子的常用语,他们以哭闹、发脾气来坚持自己的立场。

2.消极对抗型:表现为拖延服从的时间,生气、闷闷不乐;或对将要做的事发牢骚;或只按指示的表面意思去做,故意不去领会其实质而敷衍了事。

3.逆反型:对成人的要求采取背道而驰的做法,如当你叫他安静时,他反而高声尖叫起来。这种固执任性行为一旦演变为习惯,可能会形成否定一切,进而反对他人提出的所有意见,虽然他自己并没有一个合理的解释。

这样的孩子,该怎么引导呢?

接纳孩子

这类特质的孩子,很多时候会表现得不够随和,有家长在带孩子的时候会觉得很费劲,因为他们太难控制了。但是,与此相伴的另一面就是优势:做事情锲而不舍,一旦认定一件事情,就会克服一切困难,努力去达成目标。因此,很多大企业家、大革命家、大政治家都属于这种类型。这样的孩子,生命的能量度都是很强的,天生精力充沛,有目标,能抗压,有决断,能坚持,而且天生喜欢控制别人。

如果你的孩子属于这种类型,你一定要接纳他,而且要用正确的方法,把他内心的这种力量,引导到正确的方向上来。他们为了达成自己的目标会百折不挠,因此要保证这样的孩子将来成长不出问题,做家长的要特别关注的就是建立好孩子的是非观、道德观,保证他所认定的目标,是一个正当的、良好的目标。这是重中之重。我还要强调,一定要接纳孩子,你要先接纳他是这样的孩子,然后在这个基础上把他引导到一个好的方向上来,而不是说,你一定要把这个孩子的本性特质都改变过来。你不要试图降低他生命的能量,把他改造成一个温顺的孩子。

在适合的问题上,多让孩子做主

我的观点是,在品质问题上,要坚定地严抓;在技能提升上,要在鼓励中引导;在生活问题上,要赋予孩子自主权。

面对这样的孩子,家长一定不要事事都控制,事事都要做主。如果大到孩子的价值观,小到孩子今天穿哪条裤子,家长都要事事掌控,那家里肯定是鸡飞狗跳,甚至随着孩子的成长,战事还会不断升级。父母需要掌握一个原则,只要不危及安全、不伤害他人、不妨碍尊重的事情就让孩子自己去选择、做主。譬如他想与小伙伴一起玩足球,就未必一定要求他与父母一起去公园。

培养孩子的同理心

有的孩子的固执还体现在和同龄小伙伴的互动中,有的时候他妨碍到了别人,甚至是伤害到了别人,而他并不自知,当你让他道歉的时候,他也不认账。这样的孩子,需要培养同理心。在家要带领孩子多做情绪教养的游戏,同时,父母需要强调他人的视角,引导孩子看到他人的痛苦,并且让孩子明白他的行为导致了这些痛苦。当这种干预伴随着关心与培养,并且是公平的,孩子才会真正地意识到自己给他人造成了痛苦,产生内疚感,并诚心想要做出补救。比如,孩子拿了另一个孩子的玩具,另一个孩子就愤怒地哭起来。父母可以让他坐下来,问问他如果是别人对他做了同样的事情,他会有什么样的感觉。父母可以让孩子想象另一个孩子会有多么难受,然后再问孩子:"那你觉得应该怎么做呢?"

努力调动孩子内心的动力

对待这样的孩子一定不要说很多控制性的语言,比如"你应该如何如何……""你怎么还没有怎样怎样。"而应该多问他,"你这么做会怎么样?""你认为该怎么样?"他一定是要做自己认可的而不是你强加的事情才有动力。

今日作业

盘点一下家长和孩子容易起冲突的问题,然后按照品质问题、技能问题、生活问题进行分类,爸爸妈妈共同商定好不同问题的不同解决方案,生活问题大胆放手让孩子自己做主。

075 孩子上课不爱举手怎么办

关于孩子上课举手发言的问题,有很多家长都很关注。甚至有一些学校老师,也把不举手发言上升到一个不可思议的高度,规定不举手就写反省书——这让孩子不得不服从,父母不得不督促。

但还有不少孩子在这种"高压"下,仍坚持不肯举手发言。这个问题,怎么解决呢?

1.分清本末。上课举手发言,只是一个外在表现,"积极举手"并不能和"学得扎实"画上等号。很多时候只是孩子个性不同,有的孩子有更积极的表现,所以老师一提问题,不管想没想好,他都会举手,而有的孩子个性要更加谨慎一些,没有十足的把握,他不太愿意表达自己的想法。因而举手次数的"量"和学习效果的"质"未必是挂钩的。

所以,最核心的目标,不是盲目提升孩子举手的次数,而是要让孩子训练扎实的学习、积极的参与和准确的表达。

2.弄清原因。面对这个问题,首先要弄清楚原因。

如果直接沟通,孩子不能清晰回答的话,依然可以借助情绪教养游戏,让孩子在游戏中,慢慢地将情绪疏导出来,可以让孩子说说上课时候不举手有什么顾虑。

"我真的不会"

有一部分孩子确实是知识掌握得有问题,老师问的问题他真的不知道该怎么回答,所以自然就不敢举手了。

对策:

1.做好预习、复习。

2.如果孩子确实这个阶段知识掌握得不太好,可以适当给孩子安排做习题。如果孩子会了,那就让他给家长讲一遍,这样更有利于孩子知识的掌握。

自信不足,怕回答错误

有的孩子,明明是知道正确答案的,但就是心里没底,不敢举手。父母说,你就只管说呗,可是依然照旧不举手。即使老师批评了,还是这样。

对策:

1.在家里演练上课的场景。利用角色扮演的游戏,一家三口或者几口人在家里玩上课的游戏,可以让孩子自由选择当老师或者当学生。要求就是当学生的,在老师提问的时候都要积极举手回答问题。这样经常练习的话,孩子在扮演学生的时候就会形成一种本能,会更加愿意举手回答问题,慢慢就会觉得发言是一件非常自然的事情。

2.在日常交流中,家长不要否定孩子的任何观点,要多鼓励他表达想法和作出选择。对于孩子提出的要求,能满足的尽量就满足,让他知道表达是有力量的。

3.告诉孩子,上课积极参与,不是为了百分之百地保证正确。即便回答错误,也让老师知道同学们的接受水平,老师就会更好地去调整他的教学。告诉孩子,积极举手表明他在跟随老师的节奏,上课不会走神,老师的劳动也是被孩子尊重的、关注的,这样,既有利于学生自己,也有利于老师更好地教学。告诉孩子,积极举手发言就是在帮助自己敬爱的老师。

对老师有情绪

孩子再小也会对老师有一个直观评价,有的孩子可能会因为老师的某句话或者某个眼神,就感觉到老师不喜欢他了。孩子们之间也会议论"某某老师太可怕,上课总骂人"。像这样的小情绪,都会影响到孩子上课积极举手发言。

对策:

1.做好情绪教养,帮孩子疏导对老师的恐惧或者成见。这里强调一点,一定不要当孩子说完一句吐槽老师的话后,家长马上劈头盖脸地批评他:"你怎么能这么说老师呢?你自己不好好学习,不从自己身上找原因,还说人家老师的不是?"一定不要这样和孩子交流,首先要接纳他的情绪,然后再慢慢地引导。

2.和老师沟通,不要谈孩子对老师的误解,可以多和老师沟通一下,了解自己孩子的性格,希望老师能多看到孩子的优点,多鼓励一下孩子。

上课注意力不集中

有一些孩子上课的时候会"开小差",尤其是专注力比较差的孩子。他的思路根本就没有跟着老师走,更别说主动举手发言了,即使被点到名,站起来也是一脸茫然,还得靠旁边的同学帮他提示。

对策:

1.在家做好专注力练习,尤其是关于听觉能力训练的内容。

2.可以和老师多沟通,希望老师尽可能多关注一下孩子。

有举手,只是老师没提问

有的孩子曾经试过举手回答问题,但老师几次都没点到他,也就渐渐缺少举手的兴趣了。而由于老师本身没提问过他,自然也不记得孩子有举过手,时间长了,就容易产生"某同学不主动举手发言"的印象。

对策:

这样的孩子往往是比较争强好胜的性格,因为没有得到预期的关注,所以有了类似于逆反的行为。

1.鼓励孩子多尝试,要理解老师,班级学生那么多,老师不可能每次都能关注到他。

2.鼓励他继续提升自己的学习能力,争取别人都不会的题目,就他会。

3.可以和老师沟通,反映这种情况,如果可能,请老师关注一下。

今日作业

把今晚的预习作业变成课堂游戏来玩一次吧,让孩子作为小老师,带领我们朗读新一课的课文吧,听听小老师的提问,记得要积极举手发言哦。

076 孩子嫉妒别人怎么办

我和泥泥探讨过这个问题,他说:"你别问我呀,我现在还会嫉妒别人。但是,嫉妒也不是没有好处,有竞争的压力,可以让我更努力。不然,所有任务都完成,人就变得轻飘飘的了。"然后他说,"我真的很想克服这种情绪。"

嫉妒是一种最不幸的情绪

一个令人难以置信的事实是:在孩子的心理问题中,嫉妒占首位,而孩子的抑郁、恐惧之类的令父母担忧和烦恼的问题只居其次。一位美国儿童心理学家说:"嫉妒给孩子带来的痛苦最多,而关心这个问题的父母却很少。"

两三岁的孩子就会产生嫉妒和敌意了。当出现一个新的小朋友,大人的关注点都集中在这个小朋友身上的时候,就会有很多孩子因此而产生嫉妒的心理,他们会努力,想尽办法让大人的目光转移到自己身上,甚至会采取一些非常不友好的方式,试图把新来的孩子赶走。很多父母看到自己孩子出现这样行为的时候,就会教育,甚至教训小朋友:"你怎么能这样呢?他比你小,你得知道让着他呀!"殊不知,大人对于其他小朋友的这种袒护,会让这个孩子陷入更加愤怒的境地,他有可能会更加不友好。

家里有了二宝,好多大宝会出现一些行为问题。这跟嫉妒心理有直接的关系。人在嫉妒心理的控制之下,很容易出现行为的偏差,有的会逆反,有的会自暴自弃,有的会情感冷漠,有的会对别人冷嘲热讽,有的会造谣诽谤,有的甚至会有肢体上的伤害。所有这些情绪都会阻碍自己继续进步,在一场嫉妒之中,没有赢家。

罗素说:"在通常人性的所有特点中,嫉妒是一种最不幸的情绪。"

孩子嫉妒别人怎么办?

帮助孩子认清渴望

嫉妒就是自己的渴望。分清是嫉妒技能,还是嫉妒地位。如果孩子嫉妒别的孩子取得了成绩,比如,有的孩子画画获奖了,自己家孩子很嫉妒,你可以试着去帮他分清,他嫉妒的是拥有这种技能还是嫉妒别人因为某种技能取得了别人瞩目的位置。如果是嫉妒技能,说明孩子自己可能也比较喜欢这一项,可以引导孩子去学一下这种特长。如果是嫉妒这种位置的话,就可以鼓励他发展自己的特长。

放弃比较,接纳孩子

只有父母接纳孩子,孩子才可能接纳自己。在他人的评价中,父母的评价是最重要的。而现实生活中,很多父母却活在这样的矛盾之中。一方面,父母希望孩子能够从容面对他人的评价,而自己又经常给孩子贴标签,比如:"脾气大,爱面子,心眼小⋯⋯"

中国的父母在教育孩子时,常常会和孩子说"你看看别人家的孩子",其实已经让孩子对自己的个性产生了否定。这样的比较,也很容易滋生嫉妒的心理。

越小的孩子,对大人的评价越是敏感。孩子的自我认知尚未成熟,他们会把大人的一切评价当成是真实的,并且会一直以此暗示自己。来自大人的否定评价很容易让孩子自我否定,失去自信,进而影响孩子做事情的积极性。

所以,不要让孩子被父母的负面言语所伤害,让孩子感受到父母的爱是无条件的,无论他/她是否漂亮、是否聪明、身高多少⋯⋯父母都会一样爱他/她,这是孩子面对流言蜚语的勇气来源。

引导孩子正视别人的成绩

接纳孩子的情绪,但是不随声附和孩子对别人的抱怨。告诉孩子,别人任何成绩的取得,都是因为他在这个事情上付出了努力和精力,在你玩耍的时候,别人可能在挥汗如雨地奋斗。另外,每个人都有自己不为人知的痛苦,你看到的可能只是他光鲜亮丽的一个瞬间,而你看不到他背后的各种委屈、无奈和辛苦。像这样不断增强孩子的同理心,慢慢他就会走出嫉妒。

及时鼓励

一个孩子越是经常表现出嫉妒,他越需要父母加倍的爱。

父母要给孩子更多的爱。要启发孩子,多去发现自己的长处,加倍努力,发挥自己的优势,每个人都有自己独特的价值。要真心欣赏自己,才有胸怀去欣赏别人。

孩子被人嫉妒怎么办?

第一,继续前进。因为嫉妒有个规律:在同一领域内,人对于远不及己者和远胜于己者都不易有嫉妒,因为水平悬殊,亦不成竞争。嫉妒最易发生在水平相当的人之间,他们之间最易较劲。当然,上智和下愚究属少数,多数人挤在中游,所以嫉妒仍是普遍的。

伟大的成功者不易被嫉妒,因为他远远超出一般人,找不到足以同他竞争、值得他嫉妒的对手。

第二,取得成绩的时候,要谦逊低调。取得成绩,当然可以享受快乐,但最好是在家人和自己最好的朋友面前庆祝,不要在任何时候都表现出得意,尤其不要得意忘形,更不要否定嘲笑别人。这不是故意做出来的,而是真的认为学无止境,任何成绩都是阶段性胜利。路漫漫其修远,继续努力便是。

今日作业

跟孩子聊聊嫉妒这种情绪,他什么时候有这种感觉? 好还是不好? 他是怎么调整的?

077 怎样教孩子学会原谅

假如把人的一生比作一场长途旅行,有几个要点是特别重要的。首先是要有正确的方向,这个方向可以不唯一,每个人都有自己的路,但是最好别误入歧途。所以要引导孩子有正确的价值观,遵守规则。还有一点非常重要,那就是不能长期负重超过负荷,需要定期补给,及时减压。否则,总是增加压力,人可能会被压垮。

在成长的过程中,无论家长怎么保护,都很难避免孩子在交往中受到一些伤害。更多时候,人会容易对自己加以苛责。从小教孩子原谅,就是在教孩子减压的能力。

教会孩子原谅他人,有利于克服"自我中心"意识,知道"我"与"他人"的含义。让孩子学会宽容,心胸宽广,有同理心,懂得为他人着想,培养孩子的合作精神。教会孩子原谅自己,更是可以让他懂得怎样和自己相处,保持自己身心的和谐。

如何原谅他人

第一,分清楚哪些可以原谅,哪些不可原谅。首先要明白原谅、忍让不等于没有原则,不是放弃批评与反抗。对小是小非,没有严重后果的个人冲突、无意的损伤等尽可能的不要计较,要加以忍让与原谅。

原则是：正在发生的比较严重的伤害和损害行为，不能容忍和原谅。对于已经过去的事情，要学会放下。对影响友谊与集体荣誉、会造成较大损害或故意做出的破坏行为等，绝对不可容忍，更不可原谅。但要采取灵活的方式、诚恳的态度去加以批评、制止。切忌粗鲁简单，不注意场合、分寸，或言辞过激、盛气凌人。这样不利于纠正错误，反而会增加消极抵抗情绪，起相反的作用。

第二，让孩子理解原谅的意义。

当孩子耿耿于怀于某件事情，没有原谅的时候，要先接纳孩子的情绪，多安抚孩子，然后再继续引导。

可以给孩子讲故事：

有一只小熊，在雨中奔跑时摔了一跤，被一根树枝刺伤了腹部。

小熊包扎好伤口一步一步往回走。途中，小熊遇到小狐狸，小狐狸关切地问："小熊你怎么了？"小熊揭开伤口给小狐狸看，说："我受伤了。"小狐狸同情地说："小熊你真可怜，赶快回家吧。"

小熊走着走着，又遇到小象。小象关切地问："小熊你怎么了？"小熊揭开伤口给小象看，说："我受伤了。"小象同情地说："小熊你真可怜，赶快回家吧。"

小熊走着走着，途中又陆续遇到一些小动物，这些小动物都关切地问："小熊你怎么了？"小熊就揭开伤口给小动物们看，说："我受伤了。"这些小动物都同情地说："小熊你真可怜，赶快回家吧。"

　　结果,一次又一次揭开伤口的过程中,小熊一次又一
　　次地流血。小熊失血过多,伤口总是没有愈合,险些丧命。

　　这个故事可以让孩子参与,让他们说说,小熊应该怎么做,
小熊的朋友们可以怎么帮助小熊。

　　第三,当你受伤的时候,常常查看伤口,并不利于愈合。

　　宽恕的意义,往往并不是宽恕加害者,而是让自己从苦恼、
仇恨等种种消极情绪中解脱出来,这样才能为积极情绪腾出足
够的空间,才能为"幸福"腾出空间。这并不是"便宜"了加害者,
而是送给自己的一份厚礼。

原谅的方法

　　这是积极心理学大师塞利格曼书里介绍的方法,叫
"REACH 宽恕五步法"。这个方法是由宽恕心理学家沃辛顿提
出来的。

　　R 是回忆。尽量以客观的方式去回忆伤痛,不要把对方妖
魔化,也不要自怨自艾。

　　E 是移情。从伤害者的观点来看,为什么他要伤害你,设想
加害者如何解释他的行为。比如当时他们作出伤害行为,是出
于嫉妒或是出于恐惧,等等。

　　A 是利他。引导回想自己重新被原谅的实例,自己的被原
谅就是别人给你的礼物,告诉孩子,"宽恕他是为了自己好,也
是为了他好。在这样的领悟之下,你可以超越痛苦和报复。"这
一步难度非常大,孩子可能会有情绪,"他伤害我,我凭什么还

要为他好？"

C 是承诺。承诺自己在大庭广众下宽恕对方。如果孩子决定原谅,要告诉全家人。

H 是保持。保持宽恕之心。这个步骤也很困难,因为记忆不会被抹去,宽恕也不是说要抹去记忆,而是把记忆中的标签替换掉。有记忆并不是代表不宽恕,只是不要在这段记忆里加上复仇的成分,在记忆泛起的时候,告诉自己,我已经原谅他了。

推荐一本绘本:《乌云之上有晴空:学会原谅别人》。作者是罗伯特·恩赖特(Robert D.Enright),插图作者是凯瑟琳·坤茨·芬尼(Kathryn Kunz Finney)(插图作者),译者是邹丹。

教会孩子原谅自己

第一,家长不要苛求孩子,要帮助孩子对自己深度接纳。无论孩子因为做了错事, 或者是没有能达到自己的期待而自责,在当时分析完原因、考虑好如何改进之后,永远不要再翻旧账。

第二,创造机会让孩子多接触同龄人,在交往中相互取长补短,提高人际交往能力及社会适应能力,养成良好的性格。鼓励孩子多去迎接挑战,经历的事情多了,人慢慢就容易心境开阔。就好比锻炼身体一样,身体越强壮,对于各种细菌病毒的抵抗力就会增强,人的心理也是一样,内心强大了,对于各种问题的抵抗能力也会增强。

第三,引导孩子发现生活中值得感恩的方面,并且引导孩子多帮助别人,把爱传递下去。助人是最能提升人的价值感的。

第四,注意引导孩子拥有更远大的理想。一个志存高远的人,会本能地把更多的精力用在怎样让自己更好更强上。具体的方法就是当孩子对某件事情产生兴趣的时候,就把这个领域内最顶尖的人的故事讲给孩子,告诉孩子这个人为社会做了哪些贡献,然后因势利导地说:"宝贝,你也可以成为一个这样的人。"

今日作业

跟孩子聊聊哪些事可以原谅,哪些事不能?听听孩子都曾原谅过哪些人哪些行为,也说说你的情况。

078 孩子穿衣服总是挑三拣四，是不是太虚荣了

孩子到了三四岁的时候，往往就不那么"好摆弄"了，他可能会在各种场合跟你说"不"。有的孩子，早晨上幼儿园之前穿衣服，都是一个大工程，妈妈拿出一套，他说不喜欢；又拿出一套，他还说不行；有时候都给穿上了，他还闹着要脱下来，每天上幼儿园都是一场"小型战争"。

还有的孩子大一点了，对服装更加看重，家长干脆就妥协了，让孩子自己挑衣服。家里倒是没有战争了，可是家长还是会很担心，青少年这么在意穿着，是不是太虚荣了？会不会对孩子的人格形成有不好的影响呢？尤其是有的孩子到了青春期，开始烫发、买化妆品，穿成人化的衣服，家长也很担心。

对这个问题，我谈谈个人观点。

要了解清楚孩子不喜欢穿某套衣服的原因。可能不确实是这件衣服穿着不舒服，不方便。如果这样，尽量地尊重孩子。哪怕这件衣服很贵，如果孩子穿着不舒服，那也要允许他放弃。

我主张，给孩子选择衣服的权利

曾经有人做过调查，问几十个小学生，平时衣服是自己选的，还是家长选的？买衣服时希望自己做选择吗？小朋友们马上给出答案：平时衣服家长选的几乎占100%，而希望自己在买衣

服的时候有选择权的也占 100%。

选衣服是在生活中进行美育的好途径

儿童从 2 岁就开始形成自己的审美取向了,尤其对服饰美感有了一定视觉感知。小朋友早上起来挑剔穿什么衣服去幼儿园,如果这个时候家长说:"你这么小,还不懂,等你长大了再选。"或者说:"哎呀,都来不及了,你还磨叽什么呀。"家长就在不经意间剥夺了孩子对服饰审美的需求。幼儿很早就能够表现出对美的感知,心理学研究证明,在外部条件的影响下,4 个月的婴儿,有的已喜欢听钢琴的声音,1 岁的婴儿爱看颜色鲜艳的衣服,2 岁多的幼儿已有他们喜爱和不喜爱的颜色,5 岁的儿童能欣赏落日和晚霞。所以幼儿美感能力的培养是审美教育的起点,也是美育的始基。

教育部 2001 年颁布《幼儿园教育指导纲要(试行)》,关于艺术领域的"目标"是,让幼儿"初步感受并喜爱环境、生活和艺术中的美","引导幼儿接触周围环境和生活中美好的人、事、物,丰富他们的感性经验和审美情趣,激发他们表现美、创造美的情趣"。对于孩子来说,生活中的穿衣戴帽、一蔬一饭、教室和家里的环境,都是美育。服饰美育是从服饰入手而进行的审美教育生活化,不仅能提升人的审美素养,还能潜移默化地影响人的情感、趣味、气质、胸襟,激励人的精神,温润人的心灵。服饰美育伴随一生,年幼的时候也不应忽视。

要允许孩子自己挑选衣服,当然孩子的这个权利是有限定范围的。首先需要给孩子划定一个选择的范围,比如说外出就一定要穿外出服,不可以穿睡衣或居家服出门。再比如有一些过多暴露身体、强调身材线条、过分性感的衣服,是不适合小朋友的,那会容易给她带来不良的影响,也要跟孩子提前沟通好。

在服装这方面,买衣服的时候可以给孩子划定范围,在服装款式符合大方向的前提下,允许孩子自由选择。每周有一个固定时间,可以和孩子一起,把下周要穿的服装简单地做一个搭配。这个过程不但是在培养孩子的审美,更是在训练孩子过有规划的、从容的生活。

借机引导孩子自爱自立

孩子每天穿上干干净净的衣服出门,出门之前可以和家长一起照一下镜子,借机引导孩子,保持好的仪态,要挺胸抬头面带微笑。更要在日常生活中教育孩子爱护花草树木,不乱写乱画,讲究卫生等,这些能使他们感受到什么是行为美。教育孩子,自己挑选的衣服,要学着自己穿,平时衣帽要放在固定的地方,注意个人卫生,养成整洁的好习惯,小件的袜子之类慢慢学着自己洗。让孩子带着荣誉感去打理自己的个人形象。

同时要从小就告诉孩子,人的价值怎么样,取决于你的内在品质和你的行为。至于外在的服装,只要我们穿对场合,注意干净整洁,整体和谐,这就是美。人的价值绝对不是靠外在的服装价格、靠昂贵的品牌去证明的。这样可以避免孩子盲目攀比,超出自己的经济承受能力去追求名牌。如果你家经济条件很好,给孩子买的衣服都是品质非常高,价格也是相对比较昂贵的,这当然是好事,但是请你和孩子沟通的时候,淡化服饰的价格概念。对于孩子来说,就是给他买上万的裤子,他也有可能会跪到地上玩耍。这个时候,如果他是在社交场合行为不妥,你就纠正他的行为;如果是在家里,你心疼这条裤子,就引导他换一条。总之,不要这样去阻止孩子,说:"这么贵的衣服,你怎么一点不知道珍惜。"

在这个世界上,有人是活着,而有人是生活。区分这两点,有一个很重要的分隔线:是不是懂得美。美并不只是豪门才能拥有,它是一种活得更和谐、更有趣、更自信、更幸福的生活方式,每个人都可以拥有这种能力,愿你和你的孩子都能拥有。

今日作业

把衣橱整理整理,规划出下周你和孩子一周的穿着,让孩子看看你的穿搭如何。

079 孩子特别爱"告状"怎么办

小凡是一个 5 岁的男孩。妈妈发现,他最近特别爱"告状"。和别的小伙伴一起玩儿,他会不断地喊:"妈妈,他推我!"在幼儿园,也会时不时地找老师告状:"老师,某某某上课说话!"

妈妈很头疼,不知道该如何去引导小凡。如果不去干预,怕他成为一个惹人讨厌的"告状分子",影响以后的人际关系;如果干涉他,又怕他以后遇到什么事情不敢和老师、家长反映。

面对这种情况,家长应该怎么做呢?

其实,对于 3~7 岁的孩子,爱告状是正常现象。儿童心理学的研究结果表明,这一阶段,往往是告状的顶峰期,是儿童社会技能"道德–规则意识"发展的结果。

应对孩子形形色色的告状行为,首先要弄清楚孩子爱告状背后的心理原因,再具体问题具体分析。下面我们就以最具代表性的告状行为为例进行分析。

一、"告状"类型分析

(一)"刷存在感"型

每个孩子都希望被看到、被重视。但是,现实中总有一些时候,孩子们被重视的愿望不能得到充分满足。不可能任何时候想被关注都能如愿,有些孩子就会用告状来"出风头"。尤其是幼儿园中、大班和小学一年级的孩子。一个班级里有很多孩子，其中总有一些靠正常的渠道没有办法脱颖而出，无论是学习还是才艺，都没有办法得到老师的赞许。所以很多孩子喜欢告状，当他告状的时候，老师、家长的注意力便会集中在他身上。还有一些孩子会"揭发"别人的不良行为，来使老师、家长关注到自己，让师长看到自己是比较乖、比较讨人喜欢的那一个。他们用别人的不良表现来"衬托"自己的优点，试图得到赞赏。

这也可以解释，为什么告状的行为有"传染性"，一个小朋友向老师告状后，其他小朋友可能争先恐后地举手，纷纷向老师告状。很多有二宝的家庭也有类似情况，某一个孩子为了吸引家长更多的注意而产生告状行为。

(二)"甩锅"型

有些时候，孩子担心自己的某种行为会遭受惩罚，所以，当他犯错的时候，大人质询孩子怎么回事，孩子会"先发制人"，告状说："是××先……样的，所以我才……"还有时候，孩子会说："谁谁谁也这样，你怎么不批评他？"

像这样的告状都属于"甩锅型"，希望能用别人的不良行为为自己做个掩护，转移大人指责的"火力"。

(三)试探型

告状也能试探家长的态度。在孩子的内心预判中，某件事可能不被家长所允许，但是孩子却十分想做而其他人恰好也做了，于是孩子会向家长告状，说其他人做了某件事，以此来试探家长对事情的态度，如果发现家长没有强烈的反对，他就会跟着做。

(四)求助型

有些时候,孩子在和同龄人交往的时候,遇到了自己不能解决的问题,会用"告状"的方式向成年人求助。有时候,是遭到别人欺负后,想寻求大人的保护;有时候是遇到一些情况,不知道自己该如何解决,所以,才会经常有这样的情况:"妈妈,他抢我玩具!""老师,他插队!"因为这个年龄段的儿童心理发育的特点是以自我为中心,他们还没有学会换位思考,还没有学会站在别人的角度和立场上去思考问题,更没有独立处理人际关系的能力。所以在集体交往之中,孩子一旦遇到一些小摩擦,会本能地向大人求助。这时候,孩子"告状"其实是为了寻求解决问题的方法。

(五)"执法"型

3~7岁这个年龄段,同时是孩子初步建立规则意识的阶段。孩子刚刚开始建立是非判断标准,独立处事的能力还非常弱。他们了解到了一些社会规则,并以此为标尺去判断其他小朋友的行为。有时他们看到别的小朋友做的事,心里觉得应该是错的,但多数时候并不能完全确认,会通过"告状"来诉诸权威,以此明确是非标准。规矩的意识刚刚建立,他们会本能地想要去捍卫这些规则。一旦看到有其他小朋友违反了规则,他就会很兴奋地告诉老师和家长。很多时候他并不是一定要看到这些违反规则的孩子被惩罚,而只是对自己内心规则的一种确认而已。一些告状的孩子很可能急切地跑到老师面前"告状":"老师,谁谁不听话了!"可是他并不会监督老师惩罚,他的最大追求也不是看到同学被惩罚。可能老师还没来得及说什么,他就跑去做自己的事情了。

二、引导对策

面对上述情况,老师和家长应该如何引导呢?

(一)"刷存在感"型告状,可以不做过多回应

你可能会有问题,怎么能够判断这种告状和其他类型呢?

标准有两个:内容和频率。如果孩子因为各种原因,而且频繁告状,基本上可以判断是这种类型。

对于"刷存在感"的告状,可以适当进行冷处理。在孩子"告状"的时候,家长可以不做回应,如果你一听到孩子告状就要问一问、管一管,孩子探得你的态度之后,就找到了被重视的途径,很有可能会表现得更加"变本加厉"。

但是这个信号体现了,孩子的被重视的感觉是不够的,他很可能安全感并不充沛。虽然对于孩子告状行为可以冷处理,但是却需要家长给予孩子更多的"高质量的陪伴"。只有这样,才能培养孩子健康的自我意识和自我价值感。

(二)"甩锅"型、试探型、求助型、"执法"型:保持中立,培养孩子健康的价值观

孩子告状时,应尽量帮助他们建立正确的价值观,不偏不倚。孩子爱告状,背后十有八九有一个"越界"的大人。其家长让孩子养成了凡事依赖大人解决,甚至"先告状、先获益"的不良倾向。在遇到孩子告状的时候,明智的成年人要冷静观察,保持中立,和孩子保持距离。明智的成年人,不会让自己成为侦探,帮助孩子弄清楚到底真相如何;不会给孩子们当法官,判断孰是孰非,再出一套解决问题的方案;更不会偏袒那些因为先来

告状,从而占据了语言先机的孩子。要像太阳一样,公平地照耀每一个人,不去决定对错。否则,会助长孩子只看别人缺点、不看别人优点、搬弄是非的坏习惯。

引导孩子,如果自己有错误要勇敢承担,也给孩子们空间自己去解决问题。在这里要注意,孩子犯错误的时候,家长要保持理性平和,给孩子正确的引导,千万不要过于苛刻地惩罚孩子,否则孩子就会因为畏惧惩罚而选择撒谎或者"甩锅"给别人。

即便孩子告状是为了寻求帮助,也有潜意识是想借机把事情推给爸爸妈妈来做。对于这一类型的告状,可以对事情进行估量,看一看孩子是否能够自己处理,如果孩子完全可以自己处理,可以不过多地回应孩子的告状。否则,会养成孩子的依赖心理。孩子学会了独立处理问题后,就不会事事依赖父母为自己主持公道,动不动就跑过来告状了。

(三)如何利用"告状"契机帮孩子建立规则意识

1.和孩子之间保持沟通通畅,对于身边的人和事日常多和孩子交流看法。

2.事先申明规则,并严格执行。无论在家庭中还是在班级里,都要制定清晰明确的规则,并且严格执行。这样就避免孩子的认知中出现灰色地带,有利于孩子按规则行事,就会减少很多孩子之间的摩擦,也会少很多试探型的"告状"。

3.告诉孩子哪些事情是一定要找大人帮忙的,并积极应对。

要清晰地为孩子划定"大事"的范围,如果真的发生了"大事",就一定要立刻找大人帮忙。比如:有人受伤了或处境危险;有人意图伤害你或者你已经受到了伤害;或者有人在伤害小动物;有人破坏公共设施……换句话说,这些事情的优先级别高于一般规则——保护自己、保护别人、保护小动物和公共设施。

总之,"告状"是在孩子成长的过程中非常正常的一个阶段,面对这个问题,父母不可忽视,也没必要过分焦虑,耐心智慧地应对就好。

080 怎么教孩子"会说话"

在学习教导孩子"会说话"之前,我要声明两点。

一是教孩子"会说话",绝对不是教孩子"巧言令色"。

二是教孩子"会说话",不是为了"表演"。

我们要的不是一时的"露脸",而是一生都可以活得温暖,能够体察他人的感受。对孩子的培养要始终面向未来,我们不是要孩子成为一颗流星,只在瞬间耀眼;而是让他成为一颗恒星,一直有温度,成为一个一生都有幸福能力的人。

一个"会说话"的人要保持以下的品质:

学会说话前先学会倾听

怎么体现尊重呢?核心就是:要想会说话,首先要学会倾听。

第一,从小,孩子说什么,家长都要认真去倾听。这是最好的沟通示范。孩子在和父母说话的时候,父母要停下手中的工作,看着孩子的眼睛专注地听。

第二,告诉孩子什么才是倾听的礼仪。

保持真诚

不说假话。告诉孩子,永远不要出于任何目的去说假话。在不涉及大是大非的生活场域，有的真话如果说出来会伤人，那就保持沉默，或者单独跟他聊一聊你的想法。比如，大人做的饭你觉得不好吃，没必要直接说"这菜做得真难吃"之类的话，可以回头跟大人单独说说你爱吃的东西。

培养同理心

伤人的话不说。如果孩子说了伤害别人的话，要引导孩子："这么说他会有什么感受？"多数孩子就能领悟到"他会伤心""他会生气"。然后再引导他，以后该怎么做。

懂得欣赏

欣赏别人的优点，真诚赞美。学会发现别人的优点，并且表达出来。

第一，要有能力发现别人的优点。平时在家里召开家庭会议，或者全家固定有个仪式，就是互相鼓励和表达感激。

第二，要习惯于把欣赏表达出来。

今日作业

家人围坐轮流发言，每个人都说出下一个人身上的一个优点和最让你感动的一件事。

第六章　综合篇

081 如何防止孩子被拐走

我曾经在媒体上看到这样的报道：人贩子扬言："就没有我拐不走的孩子。"

当孩子被人贩子拐走的那一刻，就是整个家庭破碎的时候。我撰写本书，一直想着要为家长减少焦虑，并且我不遗余力地提供各种办法试图帮助家长解决问题。唯有写这一课的时候，我有深深的无力感。因为，拐卖孩子的社会问题要想得到遏制，必须依赖全社会范围内的失踪儿童干预系统建设。而目前，对失踪的儿童如何救助，失踪儿童干预体系如何建设，我们依旧任重道远。所以现在要做的，一个是尽可能推动各项制度建设，哪怕持续关注、尽量发声，也是贡献一份力量。还有一项非常重要，那就是，尽到自己为人父母的职责，好好为孩子守住家庭这道安全防线。

2~4岁的孩子，是遭遇失踪最多的。随着孩子长大，人身安全方面的风险会逐渐减小。

家长的注意事项

带小孩外出时,要始终将注意力放在孩子身上,任何时候都要确保孩子在自己的视线范围内;不要随便带孩子到荒凉和偏僻的地方玩耍,以防小孩迷失方向或被拐骗、绑架。

几种常见拐卖孩子的情况:

1.在公园、小区、商场、超市、医院、幼儿园门口经常有样子和蔼的中年妇女,上前搭讪,夸孩子长得聪明漂亮,伸手要抱孩子,抱起孩子就跑,或故意引孩子离开家长的视线,趁家长和别人说话不注意,抱着孩子消失在人群中或跳上路边同伙的汽车逃走。大多数家长不能对这突如其来的状况及时反应,等清醒过来,孩子和人贩子已不见踪影。还有一些人,她自己也会带着一个孩子,诱使两个孩子一起玩耍,继而作案。

2.在商场、超市、菜场等地方,装作购物的人贩子会以极快的速度,趁家长挑选商品的时候,抱起手推车中的孩子消失在人群中。因此,在公共场所,即使是在购物时,也一定要认真看管孩子。必须拒绝陌生人抱孩子。一个人带孩子出去反而会非常小心,越是两三个人一起出去,尤其要小心,甲觉得有乙在看着,乙觉得有丙在看着,责任一分散,就容易谁也没看住。

3.开车暴力抢孩子。这种情况更是恶劣,很难防范,已上升到了社会治安层面的问题。和孩子走在与机动车道逆向的人行道,尽量让孩子靠里走,防止人贩子利用摩托车、面包车飞车抢夺;尽量使用婴儿专用背带,将孩子挂在胸前。

不管在哪里,如果孩子坐在推车上,记得一定要系上安全带,一旦有人抢孩子,至少不会一下就抱走。

必须要教给孩子的事情

在孩子能够说话时,就训练其记住父母的名字、电话以及所在的城市和小区名称、家庭住址等。可以把这个设计成"提问—回答"的小游戏,家长和孩子轮流交换角色,一个说"提问",一个说"回答"。在游戏中,让孩子做到对上面这些关键信息非常熟悉,张口就来。

训练孩子辨认警察、军人、保安等穿制服的人员,一旦与家人走失或遇到人贩子的威胁,马上向穿制服的人员求助。另外还可以告诉孩子,如果视线所及的范围内,没有上面这样穿制服的人员,那去找穿统一服装的人也是相对比较安全的。比如说,在一个大超市里,即使没有找到保安,去找穿统一服装的人,比如超市的服务员。他们的安全性肯定是高于普通路人的。

现在的家长都知道教小孩不要随便吃陌生人给的糖,或者接受陌生人的玩具,但陌生人指的是成人,如果同样是未成年人呢,由于天然的信任感,小孩子会丧失警惕。所以最好的办法是,一放学就让孩子回家,以及教导孩子,即使要玩也不能走出小区,或者离家里太远,切记不能跟着不认识的小孩到其他地方玩。

孩子在放学的时候,不要单独站在校门外,如果需要等待家长的话,得有老师的陪伴或者是保安的保护,才可以在校门口等家长。当然,如果这个时候校门要关的话,也要尽量告诉孩子,要在学校的传达室等待家长来接。

泥泥 3~4 岁的时候,我经常带着他和他的小伙伴们玩这样的角色扮演游戏:

家长扮演人贩子,一些小朋友扮演自己,一些扮演警察。先是家长过去,用各种花言巧语,花式地诱骗小朋友,语言包括:"给你吃糖呀,你妈不让你吃,我这随便。""跟我走,想吃啥都给你买。""你看我这有最新的游戏,你想玩多久就玩多久。""你妈妈出车祸了,现在在医院呢,赶紧跟我去看你妈妈啊。"总之呢,就是训练各种诱骗方法,然后小朋友各种不搭理,各种不上当。最后呢,就是警察出场来把人贩子扣走。小朋友都会玩得特别开心,不知不觉间也学到了防拐的很多常识。

推荐书目:王大伟《幼儿身边的 81 个危险》

今日作业

如果孩子年龄小,考考他们是否知道家长的姓名电话等信息,不熟悉的话快快教起来。如果是大孩子,玩个"我就不上当"的游戏吧。

082 如何发现和防止孩子遭遇校园欺凌

中国青年报社社会调查中心做了一个调查,主题是未成年人保护,4.9 万受访者中,68.0%的人认为目前面临的最大问题是校园欺凌。

近些年来,校园暴力不断发生。一些被曝光的校园暴力事件中,涉案人的施暴手段残忍,让人感到触目惊心,被欺凌者常常受到身心上的双重伤害。一名来自四川的 90 后受访者留言:"我曾在儿童时期受到过校园欺凌的伤害,这种阴影真是伴随一生,所以我特别痛恨校园暴力,希望可以重视这个问题,保护更多的孩子。"

如何发现校园欺凌

有的家长可能会说,我家孩子如果在学校挨欺负,肯定会告诉我的。而另外一些家长,则会十分忧虑:孩子很少和我说学校的事情,我真不知道他每天在学校过得怎样。那些幼儿园的孩子家长,就更担心了,孩子小,如果遭遇了来自老师的暴力对待,对很多行为缺少认知,更没有表达清楚、还原事情真相的能力。

校园欺凌具有一种特性，也是十分容易被忽视的一个特性，那就是其隐蔽性。大家有没有发现，每次通过网络、电视、报纸看到校园暴力的视频或者消息，在那里热烈讨论的往往都是大人，而真正身处其中的孩子们对此却是讳莫如深，很少有孩子愿意主动跟大人交流讨论这个话题。

因此，我们首先要修正这个误区，那就是：不是没听说有事就是没事了。家长要学习主动发现校园欺凌问题，下面我将就如何判断孩子是否遭遇校园欺凌进行说明：

第一，判断自己的孩子是否具有易成为校园欺凌目标群体的特征。一般情况下，如果孩子自身有一些特质，比如身材偏矮小或者肥胖，戴眼镜，有口吃，皮肤发黑，有不讲卫生的习惯，性格过分内向，甚至学习成绩差等，都比较容易成为施暴者选择的对象。作为这样孩子的家长，平时要格外关注接下来要提及的那些情况。此外，对于刚转学融入新集体的孩子，家长在陪伴孩子度过适应期的阶段，也要注意防范校园欺凌问题。

第二，要经常观察孩子的衣物是否有撕扯、身上是否带伤，要询问孩子是什么原因造成的。有些孩子不愿意提及自己受伤的经过，推说"记不清了，没关系了"。家长虽然没必要小题大做，但也不要轻易忽略，要默默关注。如果此类情况多次发生，要及时与学校老师取得联系，了解具体情况。一旦查明是与同学发生冲突留下的伤痕，要注意发生冲突的对象、原因、经过等，并留意也提醒校方关注是否反复发生此类问题，并避免事件再次发生。

第三，对于孩子个人书本、文具、衣服、水杯等物品经常被损坏、丢失或者更换的,或者孩子突然向你要更多的零用钱,就要警惕孩子是否正在遭受侵财类校园欺凌问题,引导孩子说出具体情况。如果明确不是校园欺凌问题,也要对孩子加强妥善管理物品方面的教育,否则此类大大咧咧没有秩序感的孩子也容易成为欺凌者的侵害对象。

第四,对孩子的反常行为保持敏感。在学校受到侵害的孩子可能会突然表现出不喜欢上学的状态,他会找各种理由,如"身体不舒服,学习没意思"等等;有的外向的孩子突然喜欢自己独处,变得沉默寡言;平和的孩子突然难以自控,情绪爆发;有的孩子会做噩梦,说梦话,梦游等。对这些反常的情况,家长都要及时发现,并与孩子沟通,了解真实原因。

第五,玩角色扮演小游戏。这个适合低年龄段的孩子,家长和孩子一起模拟白天在学校上课、游戏等场景,由家长来扮演孩子,孩子自主选择扮演角色,在对话的过程中注意倾听孩子的话语和动作,通过这种方式了解孩子在学校是否遭遇暴力。

如何避免受到校园欺凌

应对一般性欺凌行为的最佳方式是:教育孩子"无视"施暴者,坚定而强势地表态回应,让施暴者感到无趣。很多欺负人的"小霸王"在选择欺凌对象的过程中,会首先进行一些言语伤害或者一般性骚扰的试探,如果被伤害的人表现出害怕、伤心的样子,或者积极与加害者纠缠、反抗、争论,而加害者又可以在体格力量上占得便宜,那么他就容易被锁定为下次伤害、骚扰的目标。所以,在面对一般性的校园欺凌行为,要告诉孩子,不要表现出恐惧,也不要盲目地反击,要做到无视他们,认真地做自己应该做的事,斩钉截铁地回应或者头也不回地走开。

可以让孩子提供他遭到骚扰和欺凌的各种场景和情节,设计并教会孩子每种情况下强势回应的方式,带着孩子练习大声、果断地说出:"不要打扰我!""请你走开!""你说的事我不在乎!""你很幼稚!""你再骚扰我,我就告诉老师!""你再打我,我就要打你了!""你欺负人的事老师都知道了!""老师来了!"等。这样施暴者很可能因为感到无趣或者觉得你不好惹而选择走开。教会孩子这些招数,对于防范校园欺凌初始阶段的一些轻微伤害特别管用,也能够有效避免孩子成为"小霸王"的目标。

还有其他的方法:

一是树立自信,努力做最好的自己。一个自信、自强、勇敢的人往往很难成为被伤害的对象,加害者往往选择怯懦、软弱、不自信的人下手,并在被害人失落和害怕的情绪中感受到自己的强大和控制力,进而得到自我满足。所以一定要引导孩子建立自信心,努力做最好的自己,改变自己可能影响到他人的不良习惯,多多锻炼身体,让自己变得更加强壮、更加自信,成为会发光的金子。

二是建立友谊,广交朋友。总是独来独往的人容易成为加害人的目标,因此,建议你多结交一些可以依赖的朋友,也许你不太善于交朋友,以下建议希望可以帮助到你:1. 多多帮助别人;2.不要卖弄显摆自己;3.真诚地赞美别人;4.注意自己的言行举止,用别人能够接受的方式与人相处。

三是尽量远离有伤害行为倾向的人。交友要慎重,对于争强好斗、有暴力倾向的人,或者尖酸刻薄、愿意拉帮结派的人,要尽可能远离。在自身力量尚不足以抵抗校园欺凌的情况下,尽量远离是一种有效的方式。

四是尽可能不要一个人待在容易发生校园欺凌的地方。校园中或者校园周围,总有一些地方是校园欺凌的多发地,比如厕所、走廊角落、操场一角等。为了防止自己遭到伤害,尽量与其他同学结伴而行,多留意容易发生校园欺凌的地方,不要独自待在这样的地方。

如何区分轻微校园欺凌行为和玩闹嬉戏的界限

如果"闹着玩儿"具有以下全部特征,就需要注意,这种行为已经有校园欺凌的性质了,家长老师必须多多留意,及时防范。

一是"玩闹"的时候反复发生一方受伤的情况,作为家长,要多跟孩子交流学校的情况,多留意孩子的情绪、语言、动作等变化,及时发现孩子受伤情况。

二是受伤的一方较为固定,往往总是较弱的一方受到伤害。

三是受伤的一方感觉到自己受到了伤害,这里可以是身体的伤害也可以是心理的伤害,比如受到嘲弄、侮辱。

希望每个校园都是和谐的净土,希望每个孩子都能快乐地长大。

今日作业

　　跟孩子聊聊校园欺凌的话题，听听孩子怎么说这个问题，适当予以正确引导。

083 孩子遭遇严重的校园欺凌如何处置

　　要跟孩子强调一件事:遭遇校园欺凌的黄金处理法则就是向成年人求助。很多孩子不告诉大人,有很多顾虑:有的担心自己说不清楚,如果对方狡辩,大人不会相信自己所言,特别是那些在学校反映问题失败的孩子;有的孩子觉得忍耐一下就过去了,担心告诉大人,会伤了同学和气;有的孩子觉得受到伤害本来就很没有面子了,再告诉大人显得自己没有本事。家长要多关注孩子情绪,多和孩子沟通,多做情绪教养游戏,让孩子没有后顾之忧地和家长反映问题。

　　家长们往往对于如何应对跟玩闹界限并不明显的一般性欺凌行为拿捏不准, 所谓一般性校园欺凌行为, 主要包括:侮辱、起外号、捉弄、轻微伤害等。这些行为最容易跟玩闹嬉戏发生混淆,但孩子又确实感到受到伤害,如果正式向老师、学校提出交涉,显得反应过度;但隐而不发,又担心问题会日趋严重。对于首次、轻微的一般性校园欺凌行为,我的建议是:家长自己做到心中有数即可, 平时多加留意孩子后续的行为和心理状态,如果问题没有继续发展,没有必要十分正式地向老师和对方家长通报及交涉。因为,学校对此类一般性校园欺凌行为的处理方法只能是批评教育,而且,轻微的欺凌行为往往很难搜集到有效的证据, 家长还是尽量避免让老师产生斤斤计较、小题大做的印象。

家长得知孩子遭遇比较严重的校园欺凌,应该如何处理?

不要轻易让孩子打回去

关于这个问题,首先要澄清一个常见误区,就是"自主反击式应对"。很多家长特别是男孩子的家长在听到孩子说:今天我被某某欺负了, 往往会立刻说:"你怎么不打回去或者骂回去?以后再有人打你,你就狠狠打他,打坏了爸爸妈妈负责。"表面上看,这种应对方式很有力量,展现了家长对孩子强大的支持,但在很多情况下,这种方式只能加重孩子的心理负担。因为,孩子之所以会成为被欺凌的对象,往往正是因为他们相对弱势又力量不足, 他们鼓起勇气向家长坦承自己的失败已经很勇敢了,而家长说让他们自己打回去,等于将他们推回到原来的问题之中,去完成不可能完成的任务,无疑要加重他们对自己能力不足的担忧甚至羞愧。而且让孩子自主反击,也容易让他对校园欺凌事件本身更加关注,他会时刻提防施暴者,想象着应当如何打响一场"自卫反击战"。更加危险的是,如果未经详细了解即让孩子反击,可能会出现两种严重后果:一是,一旦双方力量对比悬殊,让自己的孩子去硬碰硬,可能会遭受以卵击石的失败,令孩子受伤更深;二是,孩子控制自身行为的能力相对较弱,如果孩子感到有父母撑腰,大胆采取回击报复行动,容易发生危险,甚至有可能就此发现拳头的力量,从一个被害者逐渐转变为欺凌者,我想这也不是家长愿意见到的结果。

因此,让孩子自主反击校园欺凌,并不是合适的选择。那么孩子遭遇了校园欺凌,我们究竟应该如何处理呢?

只要孩子主动向家长说出"我在学校感到受到了伤害""我被其他人欺负了",家长就一定要关心、安慰孩子,要表现出对孩子感受的重视和关注,明确告诉孩子,把此事告诉大人的行为非常正确。接下来,如果是一般性欺凌行为,按照我们上一节提到的方法处理。下面我们要介绍遇到严重校园欺凌事件后的应对办法,给出如下建议:

详细了解、记录情况

了解、记录孩子受伤的时间、地点、经过、原因、伤害人、证人、老师是否知情、此前是否遭遇其他伤害、加害人是否有伤害其他人的行为等。如果孩子身上带伤要拍照留证,受伤严重要立即带孩子去医院诊断。只要孩子愿意说,尽量了解得越详细越好。如果孩子不愿意说,可以跟孩子模拟场景重现,引导孩子尽量把事件经过还原出来,为下一步与老师、对方家长沟通做好准备。

跟老师和学校正式沟通

对于多次发生或者受伤严重的校园欺凌行为要做好跟老师的沟通,注意这里是正式沟通,不要轻描淡写,一旦选择向校方交涉,而不是一般的提醒警告,就要注意整个交涉过程的正式感、仪式性,要依法依规进行。沟通时,家长要坚定而平和,一方面向校方提供自己询问孩子的书面记录和具体要求,传递家长解决这一问题的决心和态度;另一方面在沟通过程中一定要保持理性,表达对校方会妥善处理问题的信任,同时请老师协助调查具体情况,寻找目击证人并询问情况,严重的伤害行为可以要求调取监控录像搜集证据,然后等待学校的调查结果和处理方案。根据《加强中小学生欺凌综合治理方案》,原则上学校应在启动调查处理程序 10 日内完成调查,并提出处置意见。一般情况下,如果不是重大伤害行为,除了批评教育、悔过保证、赔礼道歉、精神抚慰、医疗赔偿、调换座位或者班级,基本没有更多的解决办法了,校方对已经产生的校园欺凌行为,治理手段十分有限。因此,与老师沟通的最主要目的,不是指望老师帮忙解决校园欺凌问题,而是要提醒老师关注这一问题,帮助家长更加有效掌握情况。

做好与对方家长的沟通

多数情况下,加害方的家长会重视自己孩子出现的暴力倾向,表现出解决问题的积极态度,对孩子加强教育管理,要求孩子改正错误。对此,作为受害家长一般只能接受,因为毕竟对方只是孩子,如果没有达到法定制裁年龄和条件,只能教育挽救,我们要做的还是尽量教育保护好自己的孩子。接下来,要重点就正面应对不讲理家长问题与大家分享几点建议。有一些"小霸王"的家长根深蒂固地认为孩子之间打打闹闹很正常,都是晴一阵雨一阵的,这是孩子的天性,没必要上纲上线,自己的孩子也有吃亏的时候(偶尔),即使赔礼道歉,也强调不是故意的。这直接导致二次伤害的发生概率极高。对于这类家长,我们要积极、正面、高调回应,每次伤害行为发生后,无论大小,都要要求对方家长及时带孩子就诊、治疗,表皮明显外伤要到派出所报案。即使没有皮外伤,对于"急性应激障碍"等心理问题也要高度重视,必要时可以进行司法鉴定,证明伤害与欺凌行为的关联性。每次事件经过、证人证言、处理意见等要制作书面材料,均应要求加害方家长和学校老师签字留存,为向校方提出惩戒要求准备充分证明。

教会孩子学会躲避严重校园伤害的方法

第一,遇到严重校园暴力,一定要沉着冷静,客观判断双方实力强弱,人身安全永远是第一位的。对方如果要钱财,可以先给他,不要纠缠,千万不要激怒对方,如果你的力量明显比对方弱,或者几个人围攻你一个人,那就要采取迂回战术,尽可能拖延时间。第二,如果是一对一,你经过判断双方实力相当,对方也没有任何武器,你可以给予适当反击。要告诉孩子,当自己正在被别人伤害的时候,受害人为了保护自己的权利对抗他人,是正当防卫,是正确的行为。在这个时候是可以打他的。第三,如果发现周围有其他可能帮助到自己的同学、老师、保安等,要努力发出声音、喊叫,大声呼救,引起周围人的注意。第四,如果周围没有人,孩子也没有力量对抗,就要找机会逃跑,暂时顺从对方,按对方说的去做,为自己争取时间。与此同时,时刻注意寻找出口,一旦发现机会就立刻逃离。逃跑不是懦弱的表现,好汉不吃眼前亏,寻找机会逃离现场,不仅需要智慧也需要勇气。第五,如果没有机会逃跑,对方已经开始实施攻击,双方力量悬殊明显,建议孩子暂不作无谓反抗。被攻击时,应双手抱头,尽力保护头部,尤其避免太阳穴和后脑部受伤。第六,被伤害后,要第一时间向老师报告受伤的情况、施暴的人员、场所、围观同学情况,必要时请老师及时报警,协助老师和警察搜集证据。第七,被伤害后应当立即告诉老师和家长,如果感觉身体、心理不适,及时去医院治疗。

一句话概括,面对校园欺凌要分清行为性质,如果属于孩子之间的打闹嬉戏,可以一笑而过,和谐为重;属于一般性欺凌行为,高度关注、不必闹大;如果遭遇了严重欺凌,要不怕事,理性坚定地保护好孩子,维护孩子的合法权利。

今日作业

告诉孩子一旦遭遇严重校园欺凌或者其他伤害行为,他的处理原则是什么,可以和孩子表演表演。

084 孩子问"我是从哪儿来的"，该怎么回答

几乎每个孩子，小时候都问过妈妈："我从哪里来？"

还记得当年你的父母是怎么回答你的吗？我们这代人，大多被父母告知是从河里、垃圾堆捡来的，或是从石头缝里蹦出来的。记得当年我妈告诉我，我是从铁道边儿捡来的。现在的"00后"家长，回答更是花样百出，比如"充话费送的"。

缺失的性教育

"我从哪儿来"这个问题，是孩子对于自己来处的思考，也是对于性的第一次关注。之所以会有这么多五花八门的答案，之所以中国的垃圾箱那么"盛产"孩子，主要是由于中国人对性的观念一直都是比较含蓄的。多少年来，"性问题"一直被视为难以启齿的敏感话题，以至于许多家长和学校都不敢当着孩子的面捅破这层窗户纸。羞于对孩子谈"性"，甚至谈性色变。

《中国青年报》社会调查中心对3032人做的一项调查显示，近一半的人认为"11~14岁"是孩子系统了解性知识的最佳年龄，只有12.1%的人选择"10岁以前"。而新浪微博的小调查显示，半数以上的网民认为11岁以上是性教育的最佳年龄，仅1/4的网民认为6~8岁是性教育的最佳年龄。在参与调查的人中，"70后"占39.3%，"80后"占37.3%，"60后"占11.6%。

中国孩子接触性教育，经常是学校和家庭两头都"不解渴"。问家长，要么就说"是捡来的"，要么就说"问这个干嘛"，还有的搪塞"等你长大了自然就知道了"。学校系统讲述性知识是从初中生物课开始，但奇怪的是，很多生物课，只要谈到身体和性这一章节，老师会匆匆跳过，甚至课堂不会讲解。但是孩子对性的探索，不是你不告诉他，他就不需要了。在性问题上，一味让"羞答答的玫瑰静悄悄地开"，越遮掩，他们越会好奇，不能从正当途径了解相关知识，势必会从黄色书籍、不良网站等别的途径去寻找答案，风险更大。因为缺乏正确的性心理和性生理知识，这些年未婚流产的数量呈逐年上升趋势。而且，未婚妊娠者越来越集中于青少年人群。

性教育教什么

"性教育"绝不仅仅是"性知识"传授，不仅仅是学会认识自己和异性的生殖系统，而应涵盖性生理、性心理、性道德等多个维度。有专家提出，没有性道德的性教育是没有意义的。人不是工具，不是低级的生物，性教育除了要向孩子普及基本的性知识，更多的是要帮助孩子树立正确的性文化观、性道德观，教会孩子自我保护。更应该以此为契机对孩子进行生命教育，懂得珍惜自己，懂得正确与异性相处，促进健康的人与人之间关系的形成。

幼儿期：很自然地让孩子认识自己的身体和性别，了解男孩子和女孩子是不一样的，教会孩子们有保护自己身体不轻易受他人侵犯的意识。要让孩子与同龄的同性和异性孩子一起游戏玩耍,培养孩子与同龄人相处时自然而健康的态度,构建健康的人格。

少年期:孩子开始进入性成熟期,以生理卫生为主,重点要谈性成熟前后人体生理的一些变化,这些变化会带来什么:比如女性月经的出现、男性分泌物的增多。此外,面对自己身体的变化,应该怎么处理,会不会有经前期紧张,应该注意什么等。提供少男少女坦然、直率、正常交往的机会,发展同学之间正常的友谊,促使他们形成抗拒性诱惑和妥善处理两性交往等问题的能力。

要讲述性心理和性道德的核心观念。这些问题既包括"爱情是怎么回事",也要把责任和法律问题讲清楚。

青年期:结合社会上出现的各种现象,和学生自身遇到的问题,用讨论、专题的方式展开,从孩子们面对的问题和困惑入手。可以进行有关恋爱择偶观的教育,提高妥善处理两性交往中复杂问题的能力;避孕和安全性行为的教育;性道德教育。

成年人:婚前优生优育及有关性行为知识的教育;避孕、优生优育的指导;如何提高夫妻的情感生活和性生活质量的教育;如何进行子女性教育的教育;性病及其他有关生殖系统疾病的防治等。

"我是从哪儿来的"到底应该怎么回答

不要说"是捡来的"。因为这样会极大损害孩子的安全感和归属感,容易让他们产生不安情绪。曾经有过一个极端的案例,爸爸妈妈开玩笑,说孩子是贵州山里捡来的,后来这个孩子就离家出走,幸亏被贵州警方发现送回。

最简版:从妈妈肚子里面来的。

故事一:以前我们家只有爸爸和妈妈两个人,但是爸爸和妈妈觉得没有一个小孩子太寂寞,就决定要一个小孩子。于是爸爸就把一粒种子种到了妈妈的肚子里,种子在妈妈的肚子里长呀长,渐渐种子长大了,妈妈的肚子装不下了,于是妈妈就将种子从一个特殊的人体通道里生了出来。这粒种子就是你。

故事二:爸爸的肚子里住着很多的小蝌蚪,妈妈的肚子里有个小房子。有一天,蝌蚪们要进行一场游泳比赛,终点是妈妈肚子里的小房子,得到冠军的蝌蚪可以住进小房子里,于是,小蝌蚪们天天练习。在爸爸妈妈最相爱的一天晚上,比赛开始了,随着裁判一声令下,小蝌蚪们飞快地冲出了起跑线,它们争前恐后,拼了命地向前游,有一只小蝌蚪游得最快,它第一个到达了终点。到达终点后,它关上了门,住了进去,其他的蝌蚪就进不去了。

你知道这只厉害的小蝌蚪是谁吗?它就是你,你在小房子里住了 10 个月,你越长越大,直到小房子装不下你了。你开始敲门,一敲门,妈妈的肚子就痛。爸爸把妈妈送进了医院,在医生们的帮助下,你就从一个特殊的人体通道出来了。

类比法:

如果家里有小动物生宝宝,这本身就是一个极佳的生命教育机会。像《妈妈是超人》里的场景。

还可以用植物类比,这个更加科学,适合大一些的孩子:

父母可以这样引导:

"宝贝,你知道花草是怎样成长起来的吗?"(此处让孩子随意说)"没错,其实你出生也是这样的过程。"

"种子就是爸爸的精子和妈妈的卵子,土壤就是妈妈的子宫,而浇水、施肥就是胎盘和脐带的作用。爸爸和妈妈非常相爱,爸爸的精子和妈妈的卵子组成的受精卵就是你,你被种植到子宫里,妈妈通过胎盘和脐带向你输送营养,你在妈妈肚子里一天天长大。最后你努力通过妈妈的阴道顺产来到这个世界,或在医生的努力下,通过妈妈子宫上的切口来到这个世界。"

性教育推荐书目

孩子读:

1.郑渊洁性教育绘本《你从哪里来》。适合低龄孩子;郑渊洁的性教育童话《你从哪里来,我的朋友》,适合具备自主阅读能力的孩子阅读。

2.《成长与性》上、下两册。图文并茂,可作为孩子性教育的入门读物。

3.《袋鼠妈妈教我如何长大》。适合 10 岁左右的孩子阅读,巧妙运用童话故事讲述各种与性有关的问题。

家长读:

1.《善解童贞》。提供了全面、系统的性关怀和教育的方法,引领家长科学地解读孩子的性发展,使家长能很恰当地帮助孩子。

2.《藏在书包里的玫瑰》。第一部中学生性问题访谈实录,讲述性教育缺失带来的后果,能给家长预先上一课。

3.《平安成长比成功更重要》。这是一本专门为预防儿童、中小学生被侵害,以及预防青少年犯罪的秘笈,是一本专门给每一位期望孩子平平安安、健健康康成长的妈妈量身定做的宝典。

4.《从尿布到约会——家长指南之养育性健康的儿童》。这是一本0~14岁孩子的性教育圣经,适合从婴儿期到初中。这本书的作者是美国人哈夫纳。

今日作业

你跟孩子曾经讨论过他从哪里来的话题吗？如果没有,请结合本课备好答案吧。

085 教会孩子认识和保护身体的隐私部位

2019 年 3 月 2 日,中国少年儿童文化艺术基金会女童保护基金在京发布女童保护 2018 性侵儿童案例统计及防性侵教育调查报告。据统计,2018 年监测媒体报道案例共 317 起,涉及受害儿童超 750 人。性侵儿童案件中,熟人作案 210 起,占比为 66.25%。据统计,上述 750 名受害儿童中,受害者年龄最小的为 3 岁;14 岁以下的儿童占比为 80%,14~18 岁的比例为 10.4%,有 9.6% 的受害人未提详细年龄。需要特别说明的是,报告中的数据仅基于当年媒体公开报道的案例,并不等同于全年性侵儿童案例总量。

值得注意的是,这只是进入司法系统审理的案件量。生活中,侵犯儿童的恶魔千姿百态,防不胜防。

帮助孩子建立身体底线

孩子性安全知识的缺乏是造成孩子受到侵害的主要原因。教孩子拥有性安全意识其实很简单,就一句话:平时衣服裤衩盖住的地方是不能给别人看,更不能给别人摸的。

父母首先要让孩子认识自己的身体,知道各部位的名称,包括哪些部位是最重要的、最隐私的,是不能随意看和触碰的。

对于年幼的孩子来说,图画是最简单的方式。给孩子看图片,告诉他们被短裤背心遮挡的部分都是"不能随意看和触碰"的地方,并且让孩子自己指出图片中哪些部位是隐私部位。这比家长费尽口水解释什么是隐私部位好得多。

做得更生动,更让孩子容易接受,比如说你可以拿孩子最喜欢的毛绒玩具,然后让孩子指哪个部位是可以看可以摸的,哪个部位是不可以看不可以摸的。

在孩子的成长道路上,你们有没有过这样的情况:

当有人想要亲孩子、抱孩子的时候,孩子挣扎,你会说:"哎,没事,让阿姨抱一下。阿姨是喜欢你才会抱你的。"

除了隐私部位,其实孩子的口唇、耳根、胸部、脖颈等都是他人不可以随意触碰的地方。我们中国的父母,包括我们大人和孩子交往的时候很喜欢让孩子被抱抱,拍拍脑袋,搂过来亲一口等,甚至很多家长,当陌生的路人喜欢自家孩子,要亲吻、搂抱的时候也不加制止,如果孩子对此觉得不舒服,表现出抵触情绪的时候,很多时候不以为然,甚至还会规劝孩子,"听话,亲一口能咋的?"但恰恰是这些举动,可能会使幼儿不了解自身的权利边界。在父母不在场时,错将其他长辈和陌生人的性侵和猥亵行为认为是表示友爱的一种方式,错认为自己应该要"听话",因此选择不抵抗。

父母可以明确地告诉孩子:如果你对别人任何的抚摸或接触感到不舒服如拉你的手,亲你的脸,摸你的头。

除此之外,当然也该告诉自己的孩子,我们也不应该去触碰他人的隐私部位,如果小孩子问为什么不可以触碰,就要及时告诉他们这是不文明的行为。

家长也要告诉孩子,如果有其他人触碰了你的隐私部位,一定要及时告诉爸爸妈妈。接触的案例中，一些孩子十几岁了，即使事情发生了，依然不清楚自己受到侵犯，也不会保护自己。有人还会产生自罪心理，觉得发生这种事情是自己不好造成的，不敢告诉大人，甚至被侵犯者软硬兼施地威胁，从而持续多次被侵犯。现实中，家长弱势、性格懦弱或家庭贫困、对孩子监管较少的家庭，孩子更容易被伤害。

建立孩子的防范意识

良好的危机意识，比让孩子认识自己隐私部位更加重要。对孩子们来说，隐私部位对于他们还是一个新的概念，新的知识。如果他们没有已经建立好的危机意识，这些概念、知识就像是没有基础的楼层，是无法真正保护他们的自身安全的。

各位家长们需要做的，其实就是在日常的生活中，多几句提醒。比如：告诉他们，现在，爸爸妈妈可以看你的身体，帮你洗澡的时候可以触摸你的身体，是因为我们是你最亲近的人，而且是为了帮你洗澡；如果到了医院，医生为了给你检查身体，在爸爸妈妈的陪伴之下，医生护士也可以看你的身体，碰你的身体，这是为了治病。除此之外，任何其他的人，哪怕是你身边的熟人，我们认识的人，你都不能允许他随意触碰你的身体。

现在发生的儿童性侵案件中，熟人作案的比例很高，317起案例报道中，熟人作案有210起，占到了七成。在210起熟人性侵案例中，师生关系案例达71起，占比33.80%；网友关系案例39起，占比18.57%，是案例关系统计中排在第二的作案群体。这表明，孩子们的防范意识绝不能仅仅限于我们常常提到的

"怪叔叔"。为了给孩子们更安全更健康的环境,建立正确的意识首先要从父母做起。作案者熟人关系占比由高到低为:师生关系(含辅导班等)、邻里关系、亲戚关系(含父母朋友)、家庭成员(父亲、哥哥、继父等)。作案者中,易于接触到儿童占比较高的是:教师、校车司机、学校厨师、保安、舞蹈团成员等。

"性侵"不仅仅是只发生在女孩身上,也可能发生在男孩身上。

应让孩子知道隐私部位是不能被窥视或触摸的,一旦有人有这些做法,除了正常的有病看医生,他就是犯罪,就要反抗,不要因为他是大人,或是尊重的人就要隐忍,要破除权威心理。

教会孩子怎么反抗

如果是公共场合,首先声色俱厉地大声呵斥,要说"不许碰"。呵斥之后,就要赶紧跑开。如果和作案者单独相处,需要机智躲开,保证自身安全不会受到更大危险时,尽快告诉父母。如果一个大人没有听,或者不当回事,就告诉第二个、第三个可以信赖的大人,直到有人听为止。

作为家长,要留意孩子的日常行为,如果发现异常情况,比如回家比平时晚,晚上做噩梦,害怕和异性接触,突然大哭大喊,有明显的恐惧、愤怒、焦虑和紧张或者麻木冷漠、行为呆滞迟缓,一定要耐心询问原因,试图开解,或者寻求专业人士的帮助。

学习性教育知识,加强自身的性教育能力,明确告诉自己的孩子"隐私部位"是哪里,不允许任何人触碰。如果遇到"侵犯"要回来告诉父母,同时父母不能打骂羞辱孩子,要帮助孩子,不要责怪。这点很重要。

今日作业

让孩子借助图片或者玩偶认识哪些部位属于隐私部位。

086 如何教女孩防范性侵害和性骚扰

目前,针对女性的性侵、暴力事件频发,别说幼年女孩了,即便成年女性,依然有这方面的风险。如今,很多女孩的家长最担心的就是孩子的人身安全问题。身为父母,每个家长都想拼尽全力保护女儿周全。如果家有女儿,一定要学习如何才能教孩子一生远离性侵害。你无法时时刻刻在孩子身边,教她们自己懂得保护自己才是最重要的。

教育女孩的几个误区

1."只要自尊自爱自重,就可以避免这些情况。"

很多人将遭遇性侵害、性骚扰归咎于女孩的衣着暴露或者行为举止有欠庄重。

在我上学的时候,曾经系统地学习过犯罪学课程。美国学者杰夫做过一个研究,在"狩猎式"强奸案中,那些强奸犯如何挑选作案目标?

结果发现,强奸犯挑选的作案对象,并不是穿得很性感、很暴露的,而是"看起来容易被控制的人":

· 走得慢的人

· 不自信的人

· 垂头丧气没精神的人

·不敢对视眼神闪躲的人

·气质上很柔弱的人

强奸犯挑选目标的首要特征，是受害者的弱势个性，即"Easy prey"，而不是受害人穿得暴露或保守。

如果有这样的两个姑娘：一个穿短裙、低胸装，却肌肉均匀、步伐铿锵、说话语气坚定；一个穿宽大保守的运动装，气质柔弱、眼神闪躲、说话没有主见。

犯罪分子会想："前者感觉不太容易搞定，所以我往往会挑选后者。"

在职场中，那些惯于职场性骚扰的人，也都会挑选骚扰对象。他们首要的选择绝对不是最漂亮和最优秀的那一个，而是看起来"最容易控制"的那一个。即使有的人品质恶劣，他也会广泛试探，如果你的女儿可以在第一次试探的时候，就坚定地拒绝他，一般就可以杜绝第二次。

对于安全问题，家长十分关注，所以会告诉自家女儿，要洁身自爱，不要穿着暴露引人遐想。这种建议当然有道理，但是，却没有涉及到真正的要点。

尤其是那些针对幼童的性侵害，则更是与衣着、行为毫无关联。

2."阿姨是喜欢你才抱你的。"

你家有过这样的场景吗？一位陌生的长辈想要抱孩子，孩子不愿意。

家长说："就让阿姨抱一下嘛，阿姨喜欢你才抱你的。看，她还给你带了礼物。"

这种暗示，就是在给孩子灌输反面的教材，是在引导孩子：

你愿不愿意被抚摸、被拥抱不重要,你的感觉不重要,重要的是别人出于喜欢才摸你,你应该高兴才对。很多家长都有异议的是,孩子的隐私部位是不能摸的,至于非隐私部位,平时的亲亲抱抱,会觉得都是小事情。

重要的是,孩子需要拥有掌控自己身体的权利,可以在任何时候有权拒绝别人的亲亲抱抱。唯有如此,才可能在遭遇性侵或者性骚扰的时候,做出坚决拒绝的第一反应。

3.女孩必须要贤淑乖巧。

适当的乖巧是可爱的表征之一,但是如果夸大了"乖巧"的重要程度,就走入了歧途。

当自家女儿表现得活力四射、坚韧顽强、"像男孩子"一样,很多家长就会给孩子贴上"疯""野"的标签。如果自家女儿个性鲜明,很有自己的想法,又会担心,性格这么强,一点儿都不温柔,长大没有女人味怎么办? 甚至因此会压制女孩,试图将她们改造得"温柔和顺"。

乖巧的孩子固然可爱,但是,如果把乖巧的意思狭隘理解为"沉默寡言""安于现状""不懂拒绝""尽量满足他人的要求",那就是把女儿置于危险之中了。

在这里,我要声明,绝对不是要女孩子都变得中性化。如果孩子天生就具有"雌雄同体"的优势,当然更好。在此主要是想提示那些走入另外一个极端的家长,一定要保护女孩子的自我意识,培养她们有强大的内心、有自己的主见。

所以,保护幼年的女孩,一方面要教她们正确的性知识,另一方面要培养她们有主见、有气场。唯有如此,当她们长大之后,面对这个复杂的社会,才可以有智慧去甄别出什么样的人值得去爱,才可以永远是自己人生的主角。

学会保护自己

在美国,有个叫作"How To Tell Your Child"的教育机构制作了一套课程。它被广泛应用于学校、社区和家庭,目的就是教育孩子如何保护自己,防止性侵。它适合 4 岁以上的孩子观看,无论男女都适用。

这其中有 5 大 Alert 原则:视觉警告、言语警告、触碰警告、独处警告、约束警告。

当法律、学校也无法保护他们时,教会我们的孩子懂得分辨什么是有害的,并告诉他们应该反抗,这才是对他们最好的保护。

在嬉戏中,用角色扮演的方式来告诉孩子底线在哪。还要告诉他们如果有人恐吓他们要怎么做,如何求救,如何让身边的其他成年人来帮助自己,并且叙述整个事情的经过。还要在练习里面训练,如果其他的成年人不能认真听他说话,如何继续向其他人进行求救,直到问题解决。

我们希望"侵犯"永远都不会发生,但是,教育孩子"拒绝被侵犯"这件事,我们永远都不该停止。

我们可以用一个娃娃跟孩子做触碰游戏,在游戏中学习当遇到不好的、奇怪的、别扭的触碰时,应当如何应对。让孩子触碰娃娃身体的不同部位,"娃娃"马上作出回应:碰到脚丫——"不小心碰到的就算了, 可你不能总摸我的脚丫";碰到头部——"我不喜欢你摸我的头!";碰到胳膊——"你好奇怪,别摸我胳膊！"碰到胸部——"你想干嘛？不要碰我！"碰到内裤遮盖的地方——"妈妈说了这里不能碰！你想坐牢吗？"我们希望通过这种方式，能让孩子更直观地学习防性侵知识。

孩子需要具有辨别坏人的能力，更需要具有对坏人说"不"的勇气。希望这些能力，孩子一生都用不到。

今日作业

上节课用娃娃学会了隐私部位都有哪些，今天继续用娃娃，模拟一下在被触碰到不同部位时应当如何反应。可以让孩子先来说说，然后家长再做示范。

087 孩子之间的"异性倾慕",家长怎么引导

前段时间,有位朋友问我:"女儿 6 岁,在幼儿园被小男孩亲吻,还被求婚,孩子非常享受,家长该怎么办?"

还有男孩悄悄对我说:"琴琴阿姨,我喜欢班上的一个女生,我该怎么办?"

这些是倾慕阶段,尚未出现早恋情况。

家长三"不要"

第一,家长不要"刺激"孩子的异性倾慕。有的家长会刻意跟孩子开玩笑,比如说问一个 8 岁的男孩子说:"你有没有女朋友啊?"身为父母,不要跟自己家孩子开这样的玩笑,如果有别的亲属这样去逗弄孩子,也请制止。

第二,不要焦虑。这说明孩子在长大,终归是件值得高兴的事情。他们总要学着和异性妥善地交往。

第三,也不要急着"棒打鸳鸯"。有的家长遇到这种情况就特别紧张,说还这么小,就想着谈恋爱的事儿,怎么能把心思放到学习上?所以就开始各种阻挠。

当然,我理解家长的担忧。

如何引导青春期之前的孩子

借着这个机会,和孩子谈心,对孩子进行如下内容的教育。

一是自信教育。

你本身就很好,你是值得被爱的。爸爸妈妈爱你,而且是无条件地爱你。在这个世界上,有其他的人喜欢你,是非常正常的事情。

二是性教育。

有些隐私部位,除了某些情况下,由爸爸妈妈带着去正规医院找医生检查,是任何人都不能碰的。包括幼儿园老师和任何其他亲属。特别是背心、短裤遮住的地方,绝对不能让人碰。也不要碰别人的隐私部位,尤其要告诉小男生,即便是喜欢女生,也不能直接去搂抱和亲吻,这才是小绅士。

三是文明教育。

在公共场所,任何人都不宜过分亲密。即使是爸爸妈妈这样的大人,或者是等你长大以后,在公共场所都应该举止得体。当着众人过分亲密,是有伤风化的。

四是激励教育。

如果你们互相喜欢,就要一起努力,都做好孩子。好的喜欢,是可以让两个人都成为更好的样子。所以你们要珍惜这种互相喜欢,一起努力。如果只是喜欢对方,而不知道对方是不是喜欢自己,那就更要努力成为更好的自己。

如何引导青春期的孩子

进入青春期后,性别意识开始增强。这一时期,在关注自身的同时,开始关注起异性,希望了解异性,并得到异性的友谊。这是很正常的一种心理现象,也是孩子成长的一种表现。但是,家长对此却非常敏感,非常担心,唯恐自己的孩子在与异性交往时出了"问题",也就是怕孩子陷入"早恋"之中。

第一,保持和孩子平等顺畅的沟通。

家庭教育中永远是先有关系,后有教育。只要家长和孩子之间的沟通渠道是畅通的,那就意味着无论孩子有了什么想法,都会及时和父母沟通,就给了父母一个及时疏导、及时引领的机会。如果这个沟通渠道不畅通,就意味着孩子已经对家长关闭了心扉,家长失去了对孩子进行干预的可能。

家长对子女的教育要建立在尊重他们人格的基础上。尤其青春期的孩子,对于尊重更加在意,粗暴的方法不但不会让孩子理解父母的良苦用心,反而会激起他们的逆反情绪。切断他们和异性的交往,只会让他们对异性更加神秘和好奇。如果孩子和异性的交往不足,以后在恋爱和婚姻中也会缺乏来自不同性别视角的换位思考,容易为以后的生活埋下隐患。

第二,在孩子的社交中"做加法"。有的家长为了防备孩子早恋,没收孩子的通信工具,并且斩断孩子和一切异性的联络。殊不知这样恰恰是把力气用反了方向。

实际上,在中学阶段,孩子的人生观、价值观、审美观都还处于形成过程,随着升学、就业等人生道路上的种种考验,他们的理想、追求和性格还会发生很多变化,情绪波动性大,极易感情用事,自控能力不强。有些恋爱的小苗头,可能在很短时间自己就熄灭了,可是家长这样一掺和,反而会更加坚定孩子们在一起的决心,甚至过早发生越轨行为。

既然性成熟已经到来,既然对于异性的好奇、倾慕已是必然,那么父母的做法是给他健康、开放的交往机会,而不是封锁、扼杀这样的机会。

这个道理非常简单,与异性交往多比少要更安全。如果他的世界里只有一个异性,在情感萌生的时候,很可能她就会成为唯一的选择。假如结识的人多一些,最起码他会本能地有一个比较和分析。生日聚会前家长主动建议:邀请一些异性同学,气氛会更活跃。让孩子身边同性朋友、异性朋友各有一堆,孩子会活得更加开阔。引导孩子和更多的人交朋友,有同性也有异性,从中得到的是宝贵的经验、落落大方的举止和健康的身心状态,何乐而不为!

第三,在家庭中为孩子奠定未来婚恋幸福的基础。

通常早恋的孩子都是在原生家庭中获爱不足的孩子。耐心地接纳和陪伴,孩子通常不会早恋。你和伴侣之间的和谐关系,会给孩子示范良好的婚姻生活。当然谁都难免遇到矛盾和摩擦,也请你为孩子示范矛盾的和平解决之道。即便你是独自抚养孩子的,也请不要抱怨、不要自卑,用实际行动告诉孩子,人的生活模式可以有各种可能,只要有智慧,都可以过得很好。

引导提升孩子的生活情趣和审美品位

一个在书香之中浸染长大的孩子，不太可能接受庸俗肤浅的异性；一个被爱充盈的孩子，不太可能因为几句花言巧语或一点小恩小惠就被骗走。

孩子的"幸福力"，需要家长和孩子一起去培养和提升。

推荐青春期的孩子看一部电影《怦然心动》。电影《怦然心动》是一部描写青春期女孩的心理成长故事，此片中的关键词不是初恋，也不是爱情，而是青春期孩子心理成长变化的历程，认识自己、认识世界的历程。

今日作业

跟孩子聊聊他的异性朋友，下次朋友聚会要注意男女搭配哦。

088 终结"丧偶式育儿"
——丈夫很少陪伴家人怎么办

很多中国妈妈背后都站着一位缺位的隐形爸爸。有人调侃说，所谓"父爱如山"，意思就是做父亲的像座山似的一动不动。很多家庭里，好像抚养孩子的只有女人，而丈夫只是忙事业，在家庭生活中的角色可有可无。

很多女性为了更好地教育孩子，放弃了工作机会，放弃了休闲娱乐，甚至放弃了交际圈。职业女性同样也面临着严峻的职场压力，她们也需要在职场上打拼，赚钱养家，同时又要完成传统社会赋予女性的角色期待，这也就给女性带来了双重标准的压力。

在中国当妈妈确实难，你为了工作不带孩子不对，只带孩子不工作也不对。你让家人帮忙带孩子不对，你自己带孩子兼顾不了工作也不对。这个社会塑造的"成功妈妈"，是既能赚高薪，又能独自一人带娃，既能生二胎，还能把婚姻经营得幸福圆满。这样的"人生赢家"模板无形中又给了女性更大的压力。

《2017 中国家庭亲子陪伴白皮书》中显示，尽管越来越多的家长都意识到了陪伴的重要性，爸爸在陪伴中的角色却明显薄弱。数据显示，在 55.8% 的家庭中，妈妈才是陪伴孩子的主力，爸爸陪伴较多或爸爸妈妈陪伴一样多的家庭仅占 12.6% 和 16.5%。

不可估量的父亲功能

美国卫生部组织编写的《父亲在儿童健康发展过程中的重要性》中,提出"父亲功能"包括七个方面:

1. 和孩子的母亲培养积极的关系

2. 花时间陪孩子

3. 养育孩子

4. 恰当地规训孩子

5. 引导孩子走向家庭以外的世界

6. 保护和供养

7. 成为孩子的模范

现在关注所谓"丧偶式育儿"的文章有很多,但是对于如何改变这种情况,能提供方法的却不多。

其实亲子沟通技巧,绝不仅仅是适用于大人与孩子之间,它对于任何人之间都是通用的,每个人都需要被尊重、被接纳、被鼓励。如果一个妻子转换心态,从失落和抱怨的怪圈中走出来,把现在的这种情况当作一个问题,努力去探寻解决方案,一切就会变得好起来。

一个家庭要想和谐,基调是互相理解。像这样在外奔波的爸爸,大多数也确实在认真工作,努力养家,只不过他对于怎样满足妻子内心的情感需求,怎样用行动诠释一个父亲的责任,不知道该怎样做,所以只需要帮他打通这个环节就可以了,千万不要夫妻之间互相指责。

不同类型不同方案,培养"合适"伴侣

改变难度,按照由易到难的顺序,分成几类。

第一种类型:想做做不好。

方案:给他方法,鼓励多尝试。

这一类爸爸,其实只要有时间都是愿意做事情的,眼里也有活,只是做不好。因为一干活就添乱,有时候妻子就嫌弃了,还不如不让他帮忙。时间久了,他真的不帮忙,妻子又觉得,心里有抱怨。

通常有了孩子之后,家里都会多一个协助照管孩子的新成员,或者是保姆,或者是夫妻双方某一方的父母。如果是这种类型家庭的话,其实是非常不利于爸爸参与进来的,因为他经常会觉得用不着他干什么事。特别是如果婆婆在旁边的话,丈夫的心态永远是孩子,所以他就更难主动去找事情做。而且有的婆婆出于对儿子的心疼,即便他主动找事,也会说,"哎呀,你去吧去吧,不用你。上班忙一天了。"

对待这种类型的丈夫,一定要找出时间来,一家三口单独相处,比如说每周末,让老人休息一下,全家一起出去郊游,或者是在卧室里找一个让丈夫可以参与进来的育儿活动。假如说他做什么事情做不太好,妻子就给他具体的方法。参考我之前讲到的"对孩子说话要有明确性的语言",现在对丈夫说话也要用明确性的语言,他做不好的事情就具体告诉他怎么做才能做好,鼓励他更多去尝试。

第二种类型:心里有家,眼里没活。

方案:明确要求+具体方法+及时鼓励。

有一类丈夫,其实家庭责任感还是挺好的。这一类型也是人数最多的。只是他们不知道怎么把家庭责任感落实到具体的生活细节上。这样的男人就需要去"训练"他,把内心的情感化为言语和行动来表达。面对这一类型的男人,妻子一定要放下内心的执念。很多人是不愿意明确提出要求的,总是期待丈夫像一个"智能读心仪器"一样,能够精准识别妻子内心所有的想法和需求,马上给她妥帖的照顾。

你的丈夫有可能在原生家庭里就不习惯承担家务,所以把这样的一个他培养成你最适合的伴侣,是需要自己付出心力的。这个世界上没有一个人,生来就是为你量身定做的。

怎么才能把他培养成适合你的伴侣呢?

方法分三步:

第一步是明确提出请求,请注意,这个提出请求是不带任何情绪的,只是客观提出要求,而不要抱怨,更不要拿别人家的丈夫来比较。比如说你带孩子累得腰酸背痛,丈夫回来了,你就可以向他提出请求:"腰疼得不行,能不能帮我捏两下啊?"

第二步的重点,是要教他正确的方法。一次做不到就下次再给他创造机会,再告诉他该怎么去做。比如给孩子冲奶粉,第一步先怎么样,第二步再怎样,要用明确的语言告诉他。

第三步,只要有进步,就要及时给他鼓励。

对于前两种类型,概括起来就是一句话,不要因为爸爸做得不好,就把他排斥在育儿圈的外面,要信任他,培养他。

第三种类型:坚信男主外、女主内,认为带孩子就是女人的活。

方案:"和平演变"综合战略。

有人把这种类型称为"直男癌"。为什么说这种类型难度最大呢,因为前两种他们都有明确的想要去分担的意愿,只是从能力上暂时有欠缺,而这一种,他几乎没有分担的意愿。

当然,像这种类型,其实应该在婚前就沟通好的,婚后家务如何分担,这应该是和财产问题、是否生育子女等一样,是婚前非常需要明确的大问题。既然你们婚前没有沟通好,婚都结了,孩子也生了,而且你也没打算离婚,生气、抱怨都无济于事,那就接受现实,努力去"改造"他吧。

对这种类型的男人,你不要指责他,他绝对是吃软不吃硬的选手。如果你和他硬碰硬,无益于事情的解决。我说要欣赏他,也不是教你耍心机,而是真的要去发现他的优点。

第一步,尊重他,鼓励他,肯定他对家庭的付出,在和谐的氛围下,慢慢实施"和平演变"战略。

第二步,慢慢让他参与进来,请注意,这个参与的方式是有要求的。不可以上来就给他很大的负担,最好是根据具体情况,选择一个能让他享受当父亲的乐趣,又不需要太耗费精力的事情。这件事情需要有固定的仪式感,是他和孩子之间的专属仪式,就留给他去做。比如说,孩子小的时候,让他抱着孩子举高高。大一些,让他带孩子下楼散步,让他体验到和孩子一起玩的幸福。如果孩子必须等爸爸回来洗澡才能入睡,那先生的晚归便会大幅度减少。最主要的是,孩子会对他笑,大一些的孩子会用语言和行动表达对父亲的爱。哪怕他是铁石心肠,也会被孩子的笑脸融化的。孩子对他的依恋,就是他逐渐参与育儿最大的动力。

第三步,继续多创造条件,让一家人在一起,比如出去郊游,或者一起做饭。这个阶段他基本上就转化成第一种或者第二种了,就参见前两种的方案,继续改造他吧。

今日作业

跟先生一起做一个"好爸爸养成计划",看看爸爸愿意承担哪些任务,可以召开家庭会议,让孩子一起见证爸爸是多么爱他和我们的家。

089 孩子只跟奶奶(姥姥)亲, 和爸爸妈妈很疏远,怎么办

隔代养育的问题,几乎是家庭矛盾最大的源头,所以我做了几期针对这个现象的课程。今天是第一课,孩子只跟奶奶(姥姥)亲,和爸爸妈妈很疏远怎么办?

有很多家庭,尤其是职业女性的家庭,因为要上班,必须请其他人代为照管孩子,孩子从小和奶奶、姥姥或者其他照管人在一起的时间更多,所以有的孩子会表现得和奶奶((姥姥)更亲。对于孩子妈妈来说,生活如此艰难,"拿起工作,对孩子就少了陪伴与亲近;而放下工作,就养不起孩子。"

不要"吃醋"

对于老人来说,照管孩子虽然辛苦,却也有天伦之乐,通常都会"隔代亲"。不少老人家,带起孩子来特别用心。也正是因为他们对孩子的爱,才让孩子对他们有了更深的依恋。

首先要肯定老人对家庭的贡献。即使因为他们的养育方式不同,看似带来一些问题,但是,他们牺牲了自己的晚年清闲,来帮我们带孩子,这才解决了我们的后顾之忧,真的是"没有功劳也有苦劳"。每个家庭在决定由老人帮忙带孩子的时候,都是那个时候所能做的最好的选择。不管遇到什么样的分歧和矛

415

盾,都是可以通过沟通解决的。像吃醋、敌视这样的态度是无益于解决问题的。

如果孩子和父母不亲,一定要重视起来

如果孩子已经表现出和父母不亲的情况,不管孩子多大,身为父母,一定要重视起来。

首先,可能会影响到以后孩子和父母的关系。孩子不是一个物品,不是说等到长大了把孩子收回来,孩子的心就跟着回来了。一个孩子,他在世界上建立安全感的时间可能就是那几年,孩子年龄越大,想要再重新建立亲密的连接就越难。假如孩子和父母之间的连接没有那么亲密,就意味着孩子的内心对父母是关闭的。当孩子遇到心理上的难关时,也不会选择去向父母求助和倾诉,父母就很难对孩子产生影响。有很多孩子,小的时候看着一切都好,但是到了青春期之后,很多问题开始凸显出来。父母想要去管教他的时候,他会有剧烈的反弹,表现得非常叛逆。这样的孩子,多数都是小的时候,和父母没有建立起很好的亲子关系。

其次,可能会影响到孩子的心理状况。从小只和奶奶或者姥姥亲的孩子,容易成为缺乏安全感的人。老年人由于精力和体力受限,无法给孩子足够的感官体验,他们的年龄和身体状况决定了,他们不能和孩子一起奔跑蹦跳,不能一起嬉戏疯玩。老人一般只会把孩子带到院子里,让他和其他的孩子一起玩。在玩耍活动中,他们通常会更加谨慎,生怕孩子磕着碰着,不敢放手让孩子去探索。这些探索对于孩子的社交和情商发展,是

极其重要的。体力不支的老人无法完全满足孩子对安全感的需要,无法承担起真正保护孩子的重任。

如果孩子从小只和奶奶或姥姥亲,主要由奶奶或姥姥来带,很少跟自己的父母亲近,不像其他小朋友那样有父母在身边嘘寒问暖,他感受到来自家庭的支撑力度,可能就会不足。因为和父母的关系并不亲密,所以他也缺乏父母之间亲密关系的示范,可能对于家庭的认知就会有缺失,有可能会影响到未来的婚恋。

给孩子高质量的陪伴

这是防止出现孩子和父母不亲情况的最好方式。即使工作再忙,也一定要抽出时间来陪伴孩子,陪孩子玩玩游戏,洗洗澡,读读绘本,讲个小故事。孩子大一些了,就带孩子外出运动。忙于事业的父母,不用要求自己 24 小时陪伴孩子,但是也不要心安理得地以"忙"为理由逃避责任。要抽出时间,给孩子高质量的陪伴。只要和孩子在一起,就认真地去陪伴,放下手机,放下各种杂事。

不要急于纠正孩子

如果已经出现了孩子和父母疏远的情况,不要急着纠正孩子的"不良行为",第一个阶段的重点,一定要先修复和孩子的关系。在修复关系阶段,怎么和谐怎么来。即使看到孩子有再多的行为你看不惯,也请你忍着。在孩子和你还不够亲近的时候,你一见面就说他这个也不对,那个也不好,只会让孩子跟你更加疏远。

创造一家单独在一起的时间

比如说带孩子出去旅行、郊游,或者参加各种亲子活动,让孩子和父母一起相处。身教重于言教,我们如何对待自己的父母和伴侣,做事的方式、交流的语气等,都会影响甚至决定孩子以后以什么样的态度来理解这个世界,面对自己的人生。

在孩子面前,尊敬他最亲近的老人。当然,我主张这种尊敬是真诚的,不是为了演戏给孩子看。就算你们真的有矛盾,也一定不要把这种矛盾转移到孩子身上。孩子对照管他的老人怀有深厚的感情,你一定要充分尊重这种感情。再说,我们如何对待父母,孩子都会看在眼里,将来他也会用同样的方式对待我们。如果我们自己不接纳和尊重父母,孩子未来又怎么会尊重我们呢?

孩子跟老人在外地,回家不适应怎么办

玲玲今年 6 岁,家在北京。爸爸妈妈工作特别忙碌,请保姆又很难放心,老人也不能离家到北京帮忙照顾玲玲。无奈之下,他们把玲玲送到了奶奶家。奶奶家景色好,气候也好,玲玲成长得不错。平时爸爸妈妈经常跟玲玲电话、视频,隔几个月也会回去看她。等到临近入学年龄,把她接回了北京,准备上学。可是平时在电话里和父母很亲近的玲玲,却像换了一个孩子,见了

面,却连爸爸妈妈都没有叫出来。接下来的几周,玲玲很沉默,很少和父母说话,总是待在一边,默默地玩自己心爱的玩具。当父母带她去朋友家玩时,她也不和小朋友交流,一个人发呆。面对这种情况,她的父母很着急。

一些家庭中,因为孩子从小是和老人一起的时间更多,会出现和父母关系比较疏远的情况。还有一些家庭,迫于无奈让孩子跟老人在外地长大,一直到上幼儿园或者上小学才接回来。家庭面对的问题就不只是和父母关系疏远,而是孩子连在家里的环境都感到陌生。下面,就来讲讲这样的情况怎么处理。

那像玲玲这样的情况,父母该怎么办呢?

第一,做好思想准备,给孩子时间。父母做好思想准备,不要期待孩子在几周就会有所改变。同时要有信心,相信孩子一定会和自己重建亲密关系。

第二,因为孩子对环境还不熟悉,所以在布置房间的时候多征求孩子的意见,允许孩子作出选择。可以把她最喜欢的玩具都带来,利用熟悉的物品和她选择的物品,建立对环境的归属感。

建议不要急于将孩子送去入学,至少半年以后,最好一年以后再送孩子入学。

第三,奶奶住一段时间。比如住一个月,在此期间,奶奶和妈妈交流孩子的各种生活细节及喜好。奶奶和妈妈共同陪伴孩子,在心理学上称为情感连接的交接,这对于孩子来说,是非常重要的。

第四,引导孩子交朋友,不要一下子把孩子带到人很多的环境,而要引导孩子先交一两个朋友。慢慢地,有了伙伴,她就会容易对地方有归属感。

今日作业

回顾一下你对待老人的态度、语言、做法等,有没有不到位的地方,给孩子树立一个孝敬老人的榜样。

090 和老人教育观念不一致怎么办

　　每一个宝宝的到来对于整个家庭都是一件非常幸福的事情,也会带来家庭结构的变化,多数家庭都会有老人帮忙带孩子。生在不同年代导致大家在育儿方面存在很大的差异,而在育儿过程中,各自都怀揣着心中自认为正确的方式对待育儿这件事,所以就容易发生争执。从婴儿期是不是用纸尿裤、要不要给孩子把尿,到什么时候断奶、要不要给孩子喝饮料,再到孩子的教育,都有可能引发一场"家庭战争"。

　　当然,一种理想状态就是全家的育儿观保持一致,不然的话孩子就容易"看人下菜碟儿",在不同的人面前,有不同的表现。可是这又谈何容易呢?基本上这种理想状态是我们可遇而不可求。且不要说和老人完全不是同一时代的人,即便是和自家伴侣,在育儿观念上有分歧的情况也比比皆是。

　　很多妈妈对于追求"正确的带娃"有着近乎偏执的高要求,而且认为自己真理在握,每天就像个斗士一样,试图要说服身边的其他亲人和自己保持一致。如果说服不能奏效,就愤怒指责。

　　我的观点是,关系重于教育,家庭和谐高于所谓"正确"的育儿观念。如果为了追求所谓正确的育儿观念,破坏了家庭和谐,让整个家庭成为一个没有硝烟的战场,让孩子亲眼见到妈妈和爸爸关系紧张,妈妈和奶奶关系紧张,这对孩子的损害,绝对不亚于所谓错误的育儿观念的影响。让孩子生活在一个充满指责、争吵和动荡的家庭之中,即便是获得了所谓正确的照管方式,那对孩子真的好吗?

和任何人在一起(包括家庭成员),差异永远是存在的,最重要的不是设法消除差异,而是学会拥抱差异,好好地和差异相处。在家庭中,最重要的是构建全家和谐的氛围,而不是某一个人在争执之中获得胜利,获得绝对的话语权。

到底应该怎么样去面对和老人育儿观念不一致的问题呢?

明确责任,心存感恩

养育年幼的孩子,是我们做父母义不容辞的义务、责任和权利,但不是祖父母、外祖父母的。明确自己的责任和担当,是我们作为已经有了孩子的成年人应有的素养。老人没有义务为我们带孩子,无论是出于帮我们分担生活压力,还是喜欢和孩子相处,能帮一天,我们都该心怀感激。当我们抱怨老人带孩子出现的种种问题时,其实我们忽视了一个更根本的问题:我们这些做父母的,有没有负起自己的责任,有没有守住自己的界限?

教育是管理自己,不是要求他人。老人能够帮助我们分担带孩子的责任,让孩子能够平平安安,让你能够安心忙工作,这已经是很大的幸运了。如果能明白,即使你只是每天晚上和周末陪孩子,但只要这种陪伴是有质量的,孩子所能感受到的来自你的力量和引导都是强大的,那老人对孩子的不良影响,真的没你想象的那么大。或者说即使出现了一些所谓的不良行为,你也会很快帮孩子调整过来。

接纳差异,乐观对待孩子的成长

之所以老人带孩子容易引发年轻一代的焦虑,是因为有很多实际的例子证明着。比如说在家里跟着爸爸妈妈的时候,早就会自己吃饭的孩子,老人照顾一段时间之后,就全方位倒退。饭也不会自己吃了,要追着喂;衣服也不会自己穿了,要撒娇;甚至脾气也变得更暴躁了,动不动就发火。

做父母的,一看到这种情况就无比焦虑,马上就会脑补十年、二十年以后的场景,脑海里又映出那句话:"这样下去怎么得了?"

其实,说起对孩子无条件的接纳,很多妈妈能做到或至少在尽力做。那我们对待老人,为什么就常常刻薄,要求那么高呢?即使不考虑父母年老的问题,我们是否也该想想,自己就完美吗?自己带孩子问题就一定少吗?其实,我们抱怨的很多问题不是因为老人带才出现的,只是孩子到了某个特定阶段表现出的身心发育特征而已,而我们却因为自己的无知和偏见,把这些问题都归咎于老人。每个人都是通过感受、理解自己的方式去感受、理解他人的。我们与孩子或老人的关系本质上正是我们与自己关系的一种投射。所以,真正的接纳老人正是我们能接纳自己的体现,而如果我们做不到接纳老人,那也不可能给孩子无条件的接纳和爱。

即使是老人和我们的育儿观念不一致,导致了孩子确实有一些技能方面的倒退,那又怎么样呢?再花时间把他教回来就好了呀。

我们没有权利苛求老人做出改变来适应我们，以我们的理念和方式教养孩子，不要强求老人一定按我们的意志去做。隔代教育问题的表象是养育孩子的理念、方法的分歧，本质是两代人价值观、性情、习惯等方面的差异。硬要让老人去改变六七十年间形成的观念和习惯，现实吗？

用心和老人沟通

1.借助专家之口。俗话说得好，"外来的和尚好念经。"在老人面前，别人说的话往往比我们自己说的话管用很多，尤其是权威的人，比如医生、老师、专家，等等。

2.尊重老人，平等沟通。不要觉得自己真理在握，就去指责老人。别忘了，你对待老人的态度，也在给孩子做示范。

3.对老人多表达感激，多投入感情。平时言语中体现出体谅老人的辛苦，多给老人添置一些他需要的物品，像衣服、保健品等，定期带老人体检，平时多嘘寒问暖。如果有了冲突，该道歉就道歉。像这些都是在给老人的情感账户上充值，即便是有一些小的争执和摩擦，他们依然会感到子女对他们是尊重和关爱的，整体关系依然是和谐的。

人生最不能等的两件事，一个是对孩子的教育，一个是对老人的关爱。没有那么多的来日方长，错过了就是错过了，无法挽回。好在，如果我们有足够的爱和智慧，这两件事就能合二为一。对我们的父母日常点滴的关爱就是对我们孩子一种良好的教育，而我们给孩子良好的教育也是我们对父母之爱的继承和传递。这份关爱,这种教育就是送给所有的孩子,以及我们的父母最好的礼物吧。

今日作业

带着孩子一起表达对长辈的感激和爱吧,也让长辈感到我们无条件的爱和接纳。

091 二宝到来之前如何做好大宝的心理建设

很多家庭"万事俱备,只欠东风",大宝就是无法接受二宝的到来怎么办? 今天我就来讲讲二宝到来之前之后,要如何做好大宝的心理建设。

无论大宝有怎样的情绪都是合理的

首先就是要充分照顾老大的情绪,要从心里接纳大宝的感受。面对二宝的到来,无论大宝有怎样的情绪都是合理的。我曾经对一个二宝妈妈说,如果你老公再娶一个老婆回家来,你要每天看着他俩在一起,还被教育要听话,要懂事,要接纳,要包容她,你心里得多憎恨这个人呀。这个妈妈就感觉自己前所未有地理解了大宝的心结。这种说法虽然有一点点夸张,但做父母的确实要充分理解老大的情绪。父母特别是母亲,在二宝出生之后很长一段时间要分出时间和精力照顾二宝。尽管已经做了很多思想工作,甚至本身是欢迎二宝的大宝,也可能在有些时候会对二宝产生排斥心理甚至攻击行为。这个时候,有些家长可能会反应过激,责备大宝怎么可以说出"不要二宝"的话,或者把"兄道友、弟道恭"的大道理搬出来讲一番,更有的家长可能会用大宝的话回怼他:"当初是你答应要二宝的,现在又这样对他。"其实,不要说孩子,满心欢迎二宝到来的爸爸妈妈,有没有在一地鸡毛的情形下崩溃发脾气的时候呢？大宝能够把自己心里的感受说出来，或者通过某种方式发泄出来，其实是好事，对于家长来说，应该看到大宝行为和语言背后的东西，对他的压力和委屈要能够感同身受，充分理解，帮助疏解。在二宝到来初期，要尽量避免可能让大宝产生心理不平衡的情况，比如提前嘱咐来家里探望的朋友，给老大准备一份礼物，祝贺他当哥哥或者姐姐，感谢他在妈妈怀孕生产时的出色表现，引导大宝积极地看待家庭结构发生的变化。

锻炼大宝独立性应该尽量与二宝刚出生的阶段错开进行

小宝出生后，由于需要分出很多精力照顾小宝，忙乱的父母对大宝的独立自主性要求也相应提高，一些爸爸妈妈会要求大宝独自睡觉、独自游戏，承担更多的责任等。在大宝表现出希望父母关注的时候，疲惫的父母更容易情绪失控乱发脾气。面对这样的局面，大宝可能会把父母对自己更高的要求理解为抛弃，把父母的情绪理解为偏心，也容易把这些问题归咎于刚出生的小宝，造成大宝对小宝的敌视。所以这两个时间段应该尽量岔开，特别是在大宝已经产生一些情绪苗头的时候，不要强行跟大宝提要求，可以适当延后锻炼大宝的时间。父母在照顾小宝的同时，要尽可能安排出时间陪伴大宝，爸爸可以在照顾小宝方面多发挥作用，让妈妈有时间可以像没有小宝的时候一样，晚上有固定时间给大宝讲故事或者做游戏，保留跟大宝一定的有质量的单独陪伴时光。

培养孩子之间的手足情谊

前面提到,面对新降生的小生命,大宝有情绪是很自然的事。二胎父母可以采取一些办法为两个宝宝建立联系,培养感情。比如,在二宝出生之前,可以让大宝给二宝起名字,帮助准备二宝的物品,给二宝挑选衣服,经常隔着肚皮给二宝讲故事等方法,建立大宝和二宝的关系。二宝出生后,可以经常对大宝说,"你挑选的衣服颜色最称妹妹啦。""你给弟弟选的这个奶瓶真好用啊。""你给二宝起的这个名字真好听啊。""弟弟这么聪明跟你胎教做的好有很大关系啊。"这些话可以很有效地鼓励大宝。在照顾小宝的过程中,也让大宝积极参与,做一些诸如拿尿片、洗奶瓶之类的力所能及的事,并且郑重感谢大宝,而不要说"你别跟着添乱,赶紧去做自己的事"这样把大宝推出去的话。在日常生活中,慢慢搭建起两个宝贝正常的沟通和关系,特别重要。

今日作业

问问你的宝贝,他想有个伴吗?他会怎么回答这个问题呢?期待你来信与我分享。

092 二宝家庭，怎么教会孩子把握好分享和界限之间的关系

有很多家有二宝的妈妈说，我们家里不管是什么东西，都必须得是双份的，不然两人就会打得不可开交，特别是两个宝贝年龄有差距的家庭，家长很头疼。大宝明明已经不再玩毛绒玩具了，只因为小宝拥有，就要求自己必须得有，甚至是小宝的奶瓶、安抚奶嘴等日用品，也要求必须得有一份。小宝也一样，对于只适合哥哥姐姐这个年龄段的物品，也要霸占，特别是对哥哥姐姐的文具、书本很感兴趣，得不到满足可能就会哭闹或者搞破坏，在哥哥姐姐的书本上乱涂乱画。有些家长对于这种现象往往选择妥协，一人买一个，大家相安无事，然而让家长困惑的是，孩子对于自己哭得撕心裂肺才得到的东西，拿回家却又丢在一边，最后弄得家里买了很多不必要的东西。今天，我就来讲一讲二胎家庭的这个问题，玩具是不是必须得买双份？如何引导两个宝贝建立融洽的分享关系？

一人买一个也许不是最好的

二胎家庭的孩子们有一个得天独厚的优势就在于，家里有一个常常相处的平辈人，可以随时随处地锻炼他的社会交往和适应能力。其实每一次两个宝贝争抢同一样东西的时候都是一

次学习分享、了解对方、探寻两个宝贝相处模式的宝贵契机。所以我不赞成简单地"一人买一个"的做法。要知道，大部分时候大宝小宝吵着要同一样东西其实是在刷存在感，他们更看重的是这一刻父母到底愿不愿意满足其需要，在不在乎其感受，而对这样东西有多喜欢、多需要往往不是他们所关注的，所以表现出来的结果往往是：要东西的时候非它莫属，得到了之后又满不在乎，买了很多不必要的东西。有些家长认为，一人买一个才能做到不偏不倚，家长自己节省点没有关系，不能让孩子觉得家长偏心眼，这个钱应该花。我想说的是，直接用买两个的方式有点简单粗暴，表面上似乎风平浪静，但却没有利用好这个可以令孩子学习社会交往技能的机会，孩子并没有学习到应当如何与兄弟姐妹相处。

在我看来，让两个孩子学会分享，体验彼此因为分享获得的幸福感，是更为高级的做法。漫画家朱德庸在"一席讲坛"上曾经说过一句很经典的话，"现在人们普遍更加容易感受到有形的幸福，而不太容易感受到无形的幸福。有形的幸福比如宽绰的房子、豪华的车子、漂亮的衣服等，这些物质上的享受更容易被人们看到，给人们带来幸福感，而亲情、陪伴、关爱这些精神上无形的幸福体验却容易被人们忽视。"这个观点我非常赞同。其实，得到某种物质上满足的幸福感往往是瞬间的，很快就会被"下一次争夺还要胜利"或者"还需要更好更高级的物品"的焦虑感所代替。这也解释了当下为什么物质如此丰富，人们却越来越浮躁、越来越焦虑的原因。教孩子学会分享、学会配合、学会与人相处，远比给他买一个玩具，满足他一时的物质需要更有价值。有价值的事物往往也是需要更多的努力和付出得来的。因此,父母不要因为担心孩子一时不理解,可能发生争执、吵闹,就简单地花钱买安静,而要耐下心来,慢慢引导两个孩子明白分享的意义。你要做到以下几点:

尊重孩子的个性和实际需要

前面已经提到,在两个孩子每次都要争抢购买同一样东西的时候,他们在乎的往往是父母是否愿意满足他,是否在乎他。所以,家长首先要做的,就是明确地告诉孩子,对于他们的确需要、特别喜欢,也在家长承受范围之内的,爸爸妈妈会尽量地满足你,引导孩子关注到自己的现实需要和喜好上,慢慢地放弃兄弟姐妹间无谓的争抢。平时出门购物时,可以设定这次出行就是专程为大宝或者为小宝买东西,大家都为某一个人,做选择、做推荐。也可以在一家人一起逛超市时,玩为对方选东西的游戏,爸爸跟大宝一组,妈妈跟小宝一组,每组都为对方选购一至两样东西。在这个过程中,爸爸妈妈可以引导孩子体会对方的喜好、需要和感受,这也是爸爸妈妈给对方制造小惊喜、小确幸的绝佳时机。

适当满足孩子,让他们获得幸福感

最近有一个很火的话题就是 40 元一斤的草莓应不应该给孩子买。有人认为不能随便满足孩子需要,否则就要把他们惯坏了。有些家长认为,孩子还小,他们的选择往往是不理性不正确的,因此只买家长认为有必要买的,而不是买孩子需要买的。

我想说的是,孩子没有被爱坏的,只有被错误表达爱的方式教坏的。很多人回忆自己童年,收到爸爸妈妈礼物时的那种甜蜜都是回忆中最美的一部分吧。

　　我小的时候父母忙于工作,对我算是比较疏忽的。在我长大进行自我觉察的时候,发现在很多年的时间里,我都非常缺乏安全感,直到近几年才算得到了自我疗愈,开始感激当年父母的忙碌给我很大的自由空间, 让我从小就是一个有主见、有生活能力的人。记得十几岁的时候,有次我爸去云南考察,回来带了一支孔雀羽毛, 那是我整个少年时代最温馨的回忆之一,甚至到现在,对云南都有不一样的感受,每次去都觉得很享受、很留恋。我有一个好朋友,也是二胎妈妈,她做得特别好。在每次出差时,不论多忙,哪怕没有时间只能在机场买,她也会抓几样当地的特色小吃或小物塞进包里。到家后,孩子们一边品尝着地方小吃,她一边告诉孩子们,妈妈去了哪里,与他们分享那里的阴晴变幻、风土人情……这是多么温馨美好的瞬间啊。

　　平时和朋友们带孩子出游,我往往是那个"圣诞老人"的角色。有一次和闺蜜全家约去一个景区,孩子们都喜欢水枪,10块钱一支,当时的大人明显分成了两派,一派认为,水枪是塑料的,根本不值这么多钱,这么贵买它干啥。而且也怕孩子们把水弄到别人身上。

　　我主张,该满足孩子的时候就要满足孩子,有时候在孩子特别渴望的那一刻,几十块钱真的可以让他们高兴好久好久。每个人都有被尊重、被满足的需求。至于规则,只要好好和孩子约定,事实证明,他们都是可以遵守的,这一份小礼物,传递着对他们的爱和信任。

当然我们也要注意尺度,对于超出自己能力范围的,明确地告诉孩子,"这个超出了我们家庭的承受限度。不过我们会努力工作赚钱,希望你也一起努力,好好学习,自己管好自己,也是在为家做贡献,让爸爸妈妈可以安心工作。学会理财,适当节省,不该花的钱不花,这样再过一段时间,我们就可以买自己喜欢的东西了。"适当节省很重要,学会享受生活也很重要。我们既不能让孩子有过度的依赖感和优越感,也不要让孩子有匮乏感,无论自己家的经济条件如何,都要把重点放在引导孩子和大人一起努力上,告诉他,只要全家一起努力,一切都会更好。

购买玩具有技巧

比如告诉大宝小宝,如果两人玩具买不一样的,彼此交换着玩,这样就有双倍的享受。家长也可以选择买需要两个孩子配合着玩的玩具,比如飞盘、足球、桌游、汽车赛道等,在游戏中孩子们可以学到更多。

今日作业

不论家里有几个宝贝,一家人去超市玩一次"我为你选礼物"的游戏吧,期待着老公会为孩子买什么,也静静等待孩子给你的小惊喜吧。

093 俩宝发生矛盾,大人如何做到一碗水端平

"妈妈,哥哥抢我玩具!"

"妈妈,弟弟把我刚搭好的汽车拆了!"

"爸爸,妹妹把我的作业画花了!"

"爸爸,姐姐吃了我的巧克力!"

"爸爸妈妈,哥哥打我啦!"

二孩家庭的爸爸妈妈经常要面对两个宝贝的各种投诉、告状。在二宝小的时候,从孩子房间里突然传出二宝那声悲伤的哭泣,估计是很多二孩家庭父母的心头阴影。每天在一起生活,孩子们又处于不是很会处理问题的年纪,难免发生各种各样的矛盾争执,作为家长,在孩子们打架、出现摩擦、互相告状的时候,应该如何处理呢?

放轻松,放轻松

首先我要强调的是家长的心态,一定要放轻松,放平和。二宝出生后很多妈妈说"大宝照书养,二宝当猪养",不像之前养大宝那样紧张,事事求全责备,二宝反而养育得更好。但是在面对二宝和大宝之间关系这个新课题时,很多家长又开始过分担心焦虑,生怕孩子们不团结不友爱,或者让哪个孩子觉得受到了不公平的待遇。

　　记得有一个二孩妈妈跟我抱怨说，每天干什么事都不得清闲，得不停地给孩子们断官司。有一次，两人吃巧克力豆，为了谁多一颗少一颗打起来，妈妈好不容易带着他们一颗一颗数清楚，每人一样多，两人又因为争抢某个颜色的巧克力豆打起来了。

　　有的家长对小宝或者性格相对柔弱一点的宝贝有些担心，怕他会吃亏。但是，这就是生活啊，有的人得到的多一些，有的人得到的少一些。家里在长辈的控制下，也许会有人为的公平，但在社会上可没有。家庭里发生的事是你能看到的，还有更多的事你看不到，如果在你看到的、可控的范围内不让孩子去经历、去体会、去锻炼，怎能指望他会有突然的改变呢。孩子之间发生争执是再自然不过的事情，大人一定要放平心态。

家长不要急于介入孩子之间的纷争

　　特别是 3 岁以上的孩子，要把面对问题、解决问题、实现合作的机会留给孩子自己。面对孩子的争执，家长任何过度的反应都将会造成孩子对于过度关注需求的不断升级。这里教给大家一个"三分钟法则"，在能够保证两个孩子不会发生安全问题的前提下，当孩子们发生争执时，家长不要立即放下手头的事情去介入两个孩子之间的战争，给自己留三分钟，也给孩子们留三分钟，让子弹飞一会儿。在这个黄金三分钟里，孩子们会体会彼此相处的原则界线，不管是大孩子还是小孩子都会学着退让或者争取，慢慢你会发现，原来孩子们可以掌握分寸。二胎的家庭环境是锻炼孩子们社会能力相对最安全的训练场。但是对于年纪较小的孩子，父母应该适度干预，一方面要保证孩子的安全，避免发生人身意外伤害类的危险，另一方面要引导孩子，以和谐的方式与家人相处。但是随着孩子长大，父母应该减少干预，逐渐培养孩子们自己解决问题的能力。

给两个孩子划定一些界限

每个人都有自己的需求，不管是大宝还是小宝都要尊重彼此的需要。很多二孩家庭容易因为二宝年纪小，而片面强调大宝对小宝要予以迁就，造成很多二宝慢慢摸清父母这根脉，使用一些撒娇、耍赖的方式与大宝争夺地位，用示弱的方式让大家总是围着自己转，成为永远长不大的小老二。很多妈妈说老二太戏精了，有的时候甚至故意"碰瓷"，见爸爸妈妈过来，突然倒地大哭，博得大人同情，如果不是亲眼看到老大没有动手，还真以为老大伤害了他。有一家哥哥上小学，3 岁的妹妹经常给哥哥捣乱，但是爸爸妈妈会要求哥哥要有哥哥的样子，容忍妹妹。有一次妹妹在哥哥的写字桌上玩，把哥哥作业本撕了。哥哥生气打了妹妹，被爸爸妈妈批评之后，哥哥生气地把自己桌上所有的东西都愤怒地摔到地上，一边摔一边吼："这个家里哪样东西是我的？！"妹妹在一旁呆住了，从来没有见哥哥发过这么大的脾气。从此，妹妹再拿任何东西都会问："这是哥哥的吗？"大人如果说"是"，妹妹就会马上放下。在这个案例中，虽然过程很激烈，但结果有积极的一面，至少妹妹知道了哥哥的界限在哪里，明白有些事情最好不做。如果在这件事发生之前，爸爸妈妈能给孩子之间划定一定界限、明确一些规则就更好了。在两个孩子都能明确表达自己意见的家庭，可以召开一次家庭会议，开诚布公地讨论一下自己最不能接受的对方的行为是什么，自己最在意的东西是什么。家里的玩具也可以有归属权，宝贝们在拿对方东西的时候要经得对方同意。再比如，哥哥姐姐写作业时，可以在自己房间门口挂上"免打扰"标识牌，约定好这期间弟弟妹妹不能随意进入哥哥姐姐的房间。这样给两个孩子都划定界限，让他们既有相对独立的空间、适当的自由，又能够做到彼此尊重，这样可以为两个孩子创造更好的成长环境。

今日作业

你们家是如何处理孩子们之间的矛盾？有什么好办法和成功案例吗？期待你的来信。

094 "我的事不用你管"
——孩子青春期叛逆怎么办

向我咨询青春期叛逆问题的人很多。

一个朋友问:"我儿子14岁,现在初二,近来变得越来越叛逆,学习得过且过,写作业拖拉马虎、字迹潦草,有时候甚至连作业都不交,学习成绩也是一落千丈;放学回到家就把自己关到房间里,大人跟他说话也是爱答不理;最近又沉迷网络游戏,而且脾气也越来越差,有时候不知道说了哪句话刺激到他就会大喊大叫或者气愤地摔门而去。有一次我帮他整理房间,他还冲我发脾气……"

令人头疼的青春期

你有过这种情况吗?

苦口婆心地跟孩子讲道理,"你不好好学习,这一辈子怎么办?"可是孩子就是听不进去。

眼睁睁地看着孩子天天玩游戏,不好好学习,干着急没有办法。

对孩子千万般好,可是他一点儿都不领情,不让干啥,非得干啥,把人气个半死。

孩子一回家就把门一关,和父母基本上没话。追问在学校的情况,孩子甩过一句话:"你又不知道,问这个干啥?"

孩子每天做些啥?跟什么人交往?他什么都不说,家长一无所知,真是怕他学坏了,每天看着孩子就像一个定时炸弹。

老话说:"半大小子,气死老子。"尤其是男孩子,因为他们通常不像女孩子那么温婉,所以男孩的叛逆经常会表现得更加明显,男孩的行为往往更加冲动,做事不考虑后果,怎么刺激怎么来,有的不小心还交上一群不务正业的损友。一管多了就摔门砸东西,大喊大叫,甚至离家出走。当然女孩子的叛逆也不要忽视,虽然她们经常表现得相对温和,但到了青春期,一些女孩开始嫌自己发胖、长痘、皮肤黑,说自己长得不好看,花在镜子前的时间一天比一天长,对自己外貌的不满程度也一日胜过一日,有的要求买更多的衣服或者开始化妆和烫发。如果父母不答应,也会和父母闹脾气。

青春期少年身心发育特点

青春期确实是孩子心理和生理都会发生剧变的时期,家长要理解这种客观情况。

步入青少年阶段,孩子的大脑又会发生一轮类似于婴幼儿时期的关键发育。孩子的大脑中,发育最不完善的地方是前额叶。前额叶是大脑中控制理智、智慧、推理、计划,控制冲动,进行思考的部位。这个部位将人和动物区别开来,也是人一生中变化最大的部位,直到25~30岁才会发育成熟。甚至有的专家说,人的大脑要到40岁才会发育成熟。

前额叶的不成熟,就会导致青少年频繁出现以下行为表现:

情绪化、自我主义、不为他人考虑;热爱冒险、寻求刺激、不计后果;看重朋友胜过父母、重视自己在同伴中的形象;容易学坏、上瘾;喜欢熬夜、睡懒觉;一心多用,爱忘事、注意力难以集中等。

所以当孩子有以上表现时,先别忙着焦虑,更不要马上就谴责、数落他们,因为这些是大脑发育的正常进程,这本身就证明孩子正在发育,正在长大。

青春期是自我探索的挣扎时期,这是一个自我意识发展的重要阶段。在这个阶段,孩子的成长过程有慌张、有迷茫,有时候会觉得一片黑暗,有时候又蕴藏着无限力量。孩子大脑中前额叶虽然还没有发育完全,尚不具备理性成熟的解决问题的能力,但是也正在逐步走向成熟。他们大脑中,关于自我的部分会随之快速发展。除了会让他们总体而言逐渐懂事,还能帮他们的自我意识变得更强。

孩子是通过什么方式,来发展自我意识的呢?

一个人发展出自我意识的方式有两种,一种是来源于自我认知。他们开始系统地思考,开始对自我的性格、更理想的人生目标、对人生价值进行探索,所以他们会追求独特性。这就解释了为什么这个阶段的孩子会那么"不听话"。孩子一进入青春期就会特别注重自己的形象,显得非常"有主意",又很固执地坚持己见、事事反对父母。很多事情都要明确自己的想法,坚持自己的想法。另一种是他人认知。对于青春期的孩子,主要是来源于他们的同龄人,这就决定了青少年在这一时期都在追求融入同龄人群体的"从众性"。这也可以解释,为什么孩子一到青春期就和家长没有那么"亲"了。看起来,好像在他心里生他养他的父母,重要程度却不如刚认识几个月的朋友。

如何与青春期孩子沟通

所谓"青春期叛逆"的问题,不是青春期才有的,而是在孩子小的时候没能建立起良好的亲子关系,只是到青春期的时候才爆发出来。如果现在你的孩子在 10 岁以下, 把这些课程听完,学会用正确的方式和孩子沟通,相信我,你的孩子到青春期的时候不会有所谓的叛逆。

对已经出现青春期叛逆的孩子,家长该怎么处理呢?

1.从关注孩子的行为,到关注孩子的需要

这就是关于行为的冰山理论。孩子的行为只是我们在水面上能看到的冰山一角,应关注冰山之下,即行为背后的信念。信念的深处,是孩子对归属感和价值感的渴求。

当孩子出现不当行为时,极有可能是孩子缺乏归属感和自我价值感的表现。明白了这一点你就会理解,比如说当孩子因为穿不穿秋裤再跟你顶嘴的时候, 表面上他是在和你顶嘴,实际上他要的是"我要自己决定我自己的事情"的这种掌控感。

2.认识到很多冲突,"不是错误,只是不同"

家长之所以觉得青春期的孩子特别难应付,是因为他们开始更多表现出自己的想法。而这些想法多数和家长预想的不一样。出于惯性,家长仍然把他们当作小朋友,试图去压制和说服。可是这个时候孩子已经会反抗了,这就成为很多矛盾和冲突的导火索。

身为家长,你必须要接受孩子正在长大的事实。孩子是一

个独立的生命,他有他的想法。你要知道一个事实:这个世界上之所以会有孩子,他就是来取代我们的。很多时候孩子让你接受不了的想法,其实没有对错之分,只是你和他的想法不一样。把他当成一个独立的生命体,不要那么急着把他"统一"到和你一样,这样家庭中就会少很多的矛盾冲突。

3.调整沟通方式

(1)如果孩子愿意聊天,请认真倾听。即便孩子的说法让你觉得特别不靠谱,也一定不要随意打断评判。和孩子交流的时候要多倾听,少说教,这样孩子才会觉得你是真正尊重他的。你否定了孩子的想法,他以后就什么都不会跟你说了。

(2)多向孩子请求帮助。可以多问问孩子现在某个新的技术怎么玩,也可以请他推荐一些年轻人听的音乐。如果孩子有什么特长,也可以适当请他教教你。还有,孩子大了,在生活上、家务上有很多事可以帮忙的,你要让他多参与,并且及时表示感谢。同时在这样放松的场域中,你可以多和孩子聊聊天。与孩子聊开放性的问题,并且不经意示范出理性决策的过程。比如你自己曾经遇到过哪些困惑、麻烦,自己是如何识别问题、分析问题、解决问题并且如何权衡得失、反思结果的。甚至于家庭中的重大事项,你都可以和孩子一起商量探讨解决的办法。

(3)彻底杜绝控制型沟通方式,改为赋权型沟通方式。

控制型沟通方式:

我要你马上去做,如果你不去做……

怎么还不动啊?你不要让我说第二遍!

不要犟嘴!

我得跟你说多少遍！

赋权型沟通方式：

咱们一起找出一个对每个人都有好处的方案吧。

我们能一起想办法，真让我高兴。

我想听听你的意见，你觉得这个主意怎么样？

你这个时候需要什么呢？

你愿意……吗？

我想知道听到这个决定的时候，你有什么想法呢？

及时接纳和疏导孩子的情绪

当孩子表现出激动愤怒的时候，要用"照镜子"的方法处理，就是反射式倾听。"你看起来很生气。"当孩子表现出对身高体形长相的过度在意的时候，你要重视，认真倾听他们的真实想法、困惑和压力，而不是以"你一点也不胖""你长得挺好看的呀"敷衍。更不要去给他讲大道理，"你好好学习就行了，天天关注外表，多浅薄呀。"

写信是沟通的好方式

假如平时的语言沟通不顺畅的话，你可以偶尔采取文字沟通的方式给孩子写一封信。因为人在文字表达的时候，通常会比较平静、有逻辑性，而且这种不一样的仪式感也会向孩子传达一种信号，就是你非常重视他，你很爱他，有益于营造和谐的沟通氛围。

今日作业

可以在家里开辟一处留言角,你对孩子的爱、想法、建议、歉意可以通过在留言角留言的方式表达。孩子也是。

095　青春期孩子容易情绪冲动，怎么办

有很多家长反映，自己家孩子一到青春期就特别容易冲动，尤其是脾气特别大。

一方面身体正在急剧发育，特别是性方面的发育和成熟，使他们积蓄了大量的能量，容易过度兴奋；加之学习上的任务很重，不得不面对激烈的竞争，心理压力普遍比较大；再一方面，随着年龄的增长，他们渴望对外部社会有更多的了解，人际交往也逐渐增多、各种各样的信息纷至沓来，这就使他们要处理的问题越来越多、越来越复杂了。这三方面的压力常常交织在一起，矛盾此起彼伏，虽说生活的内容大大丰富了，但也不再像幼儿园、小学时那样单纯了。但是这时，他们大脑的神经机制并没有发育健全，调节能力还比较差，因此面对各种压力和刺激，便很容易产生心理不平衡。青少年又不像成年人那样善于控制或掩饰自己，常常喜怒形于色，便显得情绪忽高忽低，特别不稳定了。

寻找情绪的源头

孩子的愤怒有以下三种类型：

1.释放压力的愤怒

任何人在任何年龄段，都会有各种压力，孩子也不例外。孩

子青春期的时候,他们正在经受来自方方面面的压力,无论是身体的还是心理的。久而久之,在身体积聚大量的压力后,孩子会自然地通过发脾气让他们的紧张情绪释放出来,这种情况其实不是真正的愤怒。

2.求尊重的愤怒

青春期的孩子是非常看重别人的尊重的,当他们在生活中感受不到足够的尊重,依然感觉到被控制、被斥责、被否定,他们就会产生愤怒的情绪。

3.与挫折有关的愤怒

王小波说:"人类的一切痛苦,本质上都是对自己无能的愤怒。"由于孩子身体发育的限制,他们有时候不能满足自己大脑的需求,也无法通过语言正确地表达他们的需求和遇到的困难,因此在遭遇挫折后,就会发脾气。

如果你不去理解孩子愤怒背后的真正原因,而只是把目标聚焦于怎么能让他不表现出愤怒的行为,那就是没有解决"真问题",在"假问题"上纠缠。

分清楚孩子发脾气的原因和类别后,我们就需要知道面对一个无法控制自己的孩子,家长们到底要怎么做了。

在家里,如果孩子有情绪,要用上节课讲的方式疏导。让孩子将脾气发完,而不要试图阻止孩子发脾气。发脾气本身是无害的,阻止发脾气才有害。

如果孩子明显表现出对某种能力的无助,可以试着引导他抽时间学一门特长,也让他多参与家庭的决策,多帮家人做一些家务。这些都可以减少他的无能感。

我们的目标,不是让孩子把体内奔涌的愤怒硬生生憋回去,而是让孩子内心像水一样,没有板结成块儿的冷硬的愤怒、忧伤、委屈,而是呈丰盈、温暖、平缓、流动的状态。

利用愤怒,倾听愤怒

愤怒是通往内心最好的工具。当愤怒的时候,你离自己的心最近,离自己的需求最近,离自己的脆弱最近,离自己的创伤最近。

愤怒本身不是十恶不赦的坏东西,有时候也是人的一种力量。甘地·亚伦在《愤怒是生命给你最好的礼物》中回忆起其祖父圣雄甘地时说:"愤怒之于我们正如汽油之于汽车——给我们动力,推我们前行。愤怒能激励我们主动出击,做出改变,寻求正义。"

理解、接受和原谅他人才是强者的表现,这是圣雄甘地教给我们的人生道理,化愤怒为力量,不仅能改善个人的生活工作处境,更能让世界变得更美好。愤怒激发了人的原动力,而当人想推动事情的发展时,却不再是以愤怒来解决一切。在愤怒时保持冷静并非易事,愤怒是人改变不公的动力,却不是得理不饶人的手段。当人善用愤怒的力量,愤怒便会成为心灵的武器,激励他做出正确的改变。

那么,如何化愤怒为力量呢?甘地·亚伦在《愤怒是生命给你最好的礼物》一书中,道出了圣雄甘地教他的最实际的方法:写愤怒日记。要想化愤怒为力量,首先要了解自己的愤怒,找出愤怒的根源,这样才能想办法铲除它。写愤怒日记是为了帮助自己理清冲突的缘由,发现解决的途径。需要先把自己从愤怒的情境中抽离出来,分析一下别人的处境,而不是一味地攻击指责,让暴力持续升级。

在家里可以和孩子一起写情绪日记,包括愤怒、恐惧、担忧、快乐都可以。这是适合青春期孩子的情绪教养方法。

今日作业

跟孩子一起去挑选一本情绪日记本吧,把自己和孩子的情绪都记录在上面,留言角的留言纸也可以贴在上面。

096 青春期孩子内向自卑,怎么办

曾经有一个 14 岁的男孩子跟我讲:

"琴琴老师,我觉得自己是世界上最没用的人,觉得自己什么事都做不好。我学习成绩一般,长得也不帅,而且人缘也一般,好像大家都在嫌弃我。平时在班里也没什么存在感,有时候甚至我羡慕那些调皮捣蛋的孩子,最起码老师一进教室就能看到他。为什么我就这么没用呢?我好像在这个世界上没有什么意义。"

听了这个案例,你是不是和我一样觉得很心疼呢?该怎样带领这样的孩子走出自卑呢?

对于这样有自卑感的孩子,可以参考第 10~12 课:如何教出乐观自信的孩子。除了前面讲到的那些方法,我再给读者介绍几个适合带领青春期孩子走出自卑的方法。如果读者已成年,依然有自卑感,这些方法也是适用的。

协助孩子进行深度的自我认知

和孩子一起列出"我最骄傲的三个优点"和"我曾经被夸赞或者自己觉得做得好的 30 件事情"。认识这些事情是可以帮助孩子找到自己的天赋所在,或者是兴趣所在。不自信的孩子可能会说"我哪有 30 件做得好的事啊",甚至会说"我哪里有三个优点呀"。请用信任的眼睛看着他,也可以启发他,当他慢慢地把这 30 件事写出来时,这个过程,就是他逐渐汲取力量的过程。孩子经常会在某些方面否定自己,或者是特别羡慕别人。解决这样的心态有两个出路,一是"勤能补拙",二是"扬长避短"。如果孩子真的很想学习某项技能,那就引导他抽时间去学习。你可能会觉得孩子学习正忙呢,哪有时间学这些用不着的东西,现在已经晚了。我告诉你,现在让孩子学习一项技能,不是为了让他走专业,而是为了让他自得其乐,让他能够找到自己的幸福感和价值感。所以这个时间不需要多,一周有一两个小时就够,哪怕他一周只有这么短的时间在做自己最喜欢的事,他也会感觉到自己是幸福的。随着这项技能的逐渐进步,他就会变得越来越自信。还有一个思路就是扬长避短,尽量寻找机会发挥自己所长。

创造机会带孩子运动

不过要注意的是,这种方法对于很少外出活动的人可能效果会更好,对于平时就喜欢运动的人,效果反而没有那么明显。运动有效的原因在于它可以改变情绪激发的生理状态,抑郁的状态是一种低度唤起,而有氧运动能够使身体高度唤起。不要过分压抑孩子对于美的追求,提升自我形象是可以让人快乐起来的,即便是外表的改变也可以让人更加自信。

让孩子体验简单的成功

给孩子创造机会,取得"小小的胜利"。当人面对又大又远的目标时,就会容易生出无力感,觉得自己实现不了。这个时候要学会化整为零,把长远的目标分解细化为各种"微习惯"、小目标。举个例子,如果你的目标是学会画画,可以定下一些小目标逐步完成,比如购买用具,设立工作间,然后每天练习20分钟。如果你的目标是减肥塑形,可以定下一个小目标,每天做平板支撑一分钟。像这样的小目标,既容易实现,又能够让你感受到在行动,慢慢你就会觉得自己是有力量的。

再比如说,带领孩子把堆积已久的家务活做完,或者是把其他有待解决的任务完成。定下一个目标后,计划具体的小步骤来实现它。每当你采取一个步骤实现一部分目标后,即使这只是一个"小小的胜利",大脑也会分泌多巴胺作为奖励,让你体会成功的喜悦。

帮助孩子进行认知重建

通常内向自卑的孩子会特别害怕失败,觉得失败丢人,怕老师和同学笑话,进而就会认为自己做不到,陷入到悲观的情绪里。一失败就会觉得很愧疚,认为失败了就一切都结束了,不会再有什么别的转机和改变了。要引导孩子进行认知重建,把失败看成可以改变的东西,没准下一次就会成功了。心理学家班杜拉将自我效能感总结为:"人们相信自己有能力,这一点会对这些能力的水平产生深刻的影响能力, 不是一种固定资产能力的发挥,有极大的变化空间。有自我效能感的人能从失败中复原,他们对待事情的态度是直接应对,而不是担心会犯错。"

帮助有需要的人

如果孩子能够对他人的痛苦感同身受，对他人及时伸出援助之手，将会帮助他们摆脱自身的低迷状态。投身志愿者工作，参与到各种志愿服务的事业当中，都是改变自卑情绪最有效的办法。

可以训练孩子从肢体语言上增加自己的自信心，比如说训练孩子昂首挺胸，看着别人的面部三角区，训练孩子面带微笑，通过这些肢体语言的表达，都可以让孩子感受到自己是有力量的，他就会更加有勇气地面对生活中的各项挑战，慢慢他就会越来越自信了。

今日作业

跟你的孩子一起列一列 "我能做好的 30 件事""我最骄傲的 3 件事""我被夸赞的 10 个时刻"……

097 孩子太爱玩游戏，一管就吵架，怎么办

对于青春期的孩子，沉迷网络游戏的咨询也非常多。

一个爸爸特别忧虑："我儿子今年上初一，孩子小学五年级刚刚接触网络游戏的时候，并不痴迷，那时候基本上跟他说'不玩'，孩子就会放下手机。到了六年级就有点迷恋了，到现在是越来越厉害。他每天中午回家第一件事就是拿手机玩游戏，下午放学第一件事还是拿手机玩游戏。喊他吃饭也不听，就盯着手机一直玩。有时候勉强到饭桌吃饭，也是心不在焉，眼睛也一直在盯着手机。每天晚上不到两点不睡觉，一直玩。到了周末和寒暑假，孩子会从早玩到晚。"

这位爸爸每次采取没收手机等措施来阻止儿子玩游戏，儿子就会在床上坐着，"不吃不喝，就坐着，大人根本没一点儿办法"。孩子又处于青春期，比较叛逆，不知道怎样引导教育孩子比较好。

2018 年初世界卫生组织决定将"游戏成瘾"列入精神疾病，"游戏成瘾"这个备受瞩目的问题，从此将写入政府医疗体系。青少年健康研究中心主任周华珍说，"根据世界卫生组织的判断标准，我们通常认为，每周玩游戏超过 5 天、每天超过 5 小时就很可能成瘾，也就是说，我国大约五分之一的青少年已经有电子游戏成瘾现象或面临着电子游戏成瘾的风险。"

专家统计，最易上网成瘾的孩子年龄段集中于 13~14

岁,也就是处于青春期、叛逆期的孩子。专家认为这部分青春期少年在受到家庭、学校、社会三方面影响的同时,丰富多彩的网络对其吸引力也非常大。如果前三者吸引力大于后者,青少年不会上网成瘾,反之,网络手机游戏成瘾的可能性就很大了。

关于这个问题,可以参考第45课"孩子沉迷网游,怎么办",今天再分享一些其他的方法。

孩子为什么会沉迷在游戏之中呢

这只是呈现出来的"果","因"是从小就种下的,调整需要一点时间,不要过分焦虑,不要急于求成。网瘾能反映出孩子早年的欲望,童年时没有得到满足,大了就会下意识地去弥补。网上聊天能满足孩子并未得到满足的情感交流需求,在游戏里能找到现实中没有的成就感、满足感、归属感、操纵感。因为在现实生活中家庭不能给予孩子这种感觉,他才会特别依赖网络。游戏中人物定位是英雄,符合青春期少年心理上的渴求,在虚拟的游戏之中,可以极大获得自我满足。

了解了孩子沉迷游戏的心理根源,你就会知道,孩子表面上是在沉迷游戏,实际上他是在满足自己真正的内心需求。打骂孩子、收手机这样的行为,不但不能够让孩子从游戏中脱离出来,反而更加剥夺他的成就感和满足感,效果绝对适得其反。那究竟应该怎么做呢?

停止说教和指责

有些话你觉得是金玉良言,比如说:"你天天玩手机以后怎么能考上好大学,你不好好学习未来怎么办?"再不就是:"你爸你妈天天为了你这么辛苦,你咋那么不懂事?"请注意,这些话,在孩子听来全部都是说教和指责,并没有满足孩子被接纳、被信任的需要,反而是更刺激他离父母更远,离游戏更近。

弥补孩子内心缺失

真正要解决的,是弥补孩子内心的缺失,而不是拿走手机和电脑。很多"网瘾"患者的家长对电脑和网络恨之入骨,觉得孩子之所以变成这个样子,都是因为电脑和网络。你把斗争的矛头对准电脑和手机,把这些东西与孩子隔绝,以为这样他就不会再沉迷网络了。其实,这是找错了斗争对象。且不必说你做不到一生都把孩子和这些东西隔离,当你控制不了孩子的时候,他依然会去追逐;即使你隔离了,他内心的缺失并没有满足,即便不沉迷在网络游戏里,也可能会有其他的状况。比如早恋,比如交到不好的朋友,比如奇装异服、哗众取宠。

修复亲子关系永远是第一位的

一定要目标明确,第一步是要修复疏远的亲子关系,第二步才是要帮他改掉沉迷网络的习惯。千万不要急着给孩子太大的压力,更不要简单粗暴地没收手机。

孩子最终的改变必须回归现实。怎样的现实,孩子才愿意回归呢?现实必须是温暖的、充实的、有成就感的。从沟通方式上,多运用反射式倾听方式,沉迷网络的孩子一般和家人沟通很少,但是只要和他沟通,就不要否定他,更不要总是唠唠叨叨让他不再玩游戏。不要开口闭口都对孩子提成绩和学习,这只会提醒他们在现实中所受的压力和挫折。你要知道,当孩子的心向你关闭的时候,你说什么他都听不进去,所以你要用温暖、用接纳,让孩子对你打开心扉。

和孩子聊些什么呢?多听孩子的观点,家里的事情要征求孩子的意见。不管是家庭的共同决策还是你个人工作上的困扰,都可以去和孩子交流,问问孩子:"你有什么想法呢?"

在家里引导孩子多承担一些家务,表达对他的需要和肯定。支持孩子在其他方面的兴趣爱好。在修复关系的阶段,对于孩子的生活习惯,包括穿着都不要去抨击和指责。

创造机会让孩子发挥其他方面的特长,让他有其他的渠道能够找到成就感。

可以策划一个温馨的"家庭时刻",比如在孩子过生日的时候,把孩子从小到大的照片资料整理一下送给孩子。平时也可以多营造一些家庭里温馨的瞬间,比如全家一起出去玩,一起去孩子喜欢的餐厅吃饭。

与孩子正面谈谈游戏

当亲子关系得到缓解和修复,就可以和孩子正面地谈一谈玩游戏的问题。先和孩子谈愿景,你未来想要成为一个什么样的人?然后再和他一起探讨,怎么能够让理想照进现实,让他自己意识到,用大量的时间去玩游戏,是在虚度光阴。当他自己想要戒除掉对网络依赖的时候,事情就变得简单了。

具体方法:

当孩子自己有意愿要控制游戏时间的时候,可以和孩子约定,每天完成当天的任务之后,就可以玩多长时间的游戏。在这个时间里,可以家长辅助监督一下。在写作业的过程中,可以用番茄钟之类的工具提升效率,练习专注。当孩子完成一个星期的任务之后,给他一个鼓励。这样坚持一段时间,自然就会养成好的生活和学习习惯了。当孩子克服掉对网络的依赖的时候,他自己也会有一种更深的成就感。

今日作业

孩子的游戏瘾其实和大人的手机瘾一样,反思一下自己,每天有多少小时是在看手机呢?可以跟孩子约定,晚上进行"抛弃手机"行动。

098 孩子在物质上爱攀比怎么办

有很多家长反映孩子一到青春期,就很注重物质。多数学校平时都要求穿校服,上学的时候不能用服装来展示自己的个性,最能够展现个人特色的就是脚下的鞋。于是鞋子就成了同学之间"比较"的重点。还有电子产品及周边产品,如眼镜等,都成了他们青春里余下的"主权领地"。很多孩子对各种球鞋的品牌如数家珍,知道哪些球鞋是速度型,哪些平衡性好,还知道哪些是限量版。甚至于有一些孩子会对家长提出超出家庭经济承受力的物质要求。

对于这个问题,该怎么解决呢?

不能直接给孩子贴上"虚荣"的标签

不要去说教他们,"天天就知道比吃比穿,你咋不跟人家比比学习呢?"处在青春期的孩子,正在自我探索阶段,他们正在寻找"我是谁",希望在这个世界上有存在感。孩子往往会利用身边常用的物品,比如鞋、手机、眼镜等作为外在的载体,来承载他对生活以及对自我成长的期待。

同时, 这种物质也是他自认为进入到某一个圈子的敲门砖,也是一种从众心理,让他更有安全感,满足自己被同龄人接纳的需求。就好像是追日剧、追韩剧、追英剧、追美剧的人,他们拥有各自不同的圈子一样,穿某一款鞋、某一个品牌鞋的学生也可能形成一个小的群体。每一个群体都会有专属于本群体的个性和优越感,青春期的孩子也特别希望自己从属于某一群体,而进入这个群体的敲门砖,可能就是一双鞋。如果不穿这样的鞋子,他们有可能会有一种自卑、被排斥的感觉。

在孩子们看来,这些名牌的鞋子,外表个性炫酷,穿上可以让他们觉得更自信、更"有面儿"、更独特。孩子们未必觉得这是一种攀比,他们更多地认为这是在表达与众不同的需求和愿望,更是他们社会交往的一种要求。在这种情况下,如果你给他贴上了"攀比、虚荣"的标签,他一定会反抗。这些都是他们表达个性和生命色彩的地方。

不宜过分压抑孩子的物质需求

我个人认为,如果在家庭经济承受范围内,不建议过分压抑孩子的物质需求,可以适当满足。不建议为了锻炼孩子,本来家里是能承受的,非要压抑他的需求,让孩子享受的物质水平远低于同龄人。

要注重良好家风的营造。如果家长自己也随大流,被社会消费的方向牵着鼻子走,陷于物质之中,怎么指望自己的孩子能做到"出淤泥而不染"呢?如果家长平时谈论的话题,就是谁家住什么房子、开什么车,孩子怎么会不关注其他孩子的穿着呢?孩子考了第一名,家长通常会给予相应的奖励,这本身没什么问题,但问题是奖励什么?如果从小就用物质奖励刺激孩子,容易使孩子对物质有过分的需求。

树立正确的自我认知

慢慢引导孩子的观念,这需要一个认识的过程。有些孩子的自我认知,需要完成从"鞋是我""手机是我""个性的服装是我""独特的发型是我"到"我就是我"的过渡。在这个过程中,孩子也想通过自我的不断认识,慢慢过渡到把这些物质的东西和自我剥离,去丰富自己的内心世界。

《论语》有云:"衣敝缊袍,与衣狐貉者立,而不耻。"孔子说,仲由穿着破旧的丝棉袍子,与穿着狐貉皮袍的人站在一起而不认为可耻。修炼成了这样的气度,才是真正的成熟与强大。

内心越孱弱,才越需要身外之物粉饰自己的强大。真正有内涵的人,从来不需要用外在的物质来夸大自己的实力。要培养孩子,即便有能力消费奢侈品,也不会因此觉得高人一等;即使穿着朴素的衣服,也依然有气定神闲的底气。

在日常家庭教育中,家长一定不能窄化个性的内涵,要注意引导青少年追求个性时不局限于物质化的表现形式。家长引导孩子拓展视野,增加兴趣指向,让他们从多层次多渠道都能够获得成就感,而不只是限定在炫目的物质上。

有的孩子提出超出自己家庭承受力的物质要求,比如,要求最新款苹果手机,类似这样的要求,远超一般上班族的经济承受能力,对于一个还没有赚钱能力的学生来说,实在不合理,而且很有可能衍生后续失窃毁损的种种问题。要沟通这种事时,父母就要试着温和而坚定地重申自己的想法,坦诚地讨论家庭收支和自己的顾虑。

引导孩子客观认识自己，整理出他自己可以凭借的支撑力量。引导孩子写"我的财富"，让孩子整理出他这个生命中所拥有的财富。这个财富不仅是限于物质的，比如说还有健康的体魄，有正常的智力，有温暖的家庭，这些都是财富。比如说虽然家庭经济条件不算优越，可是家庭气氛和谐，这绝对是宝贵的财富。也要让孩子对自己的优点和缺点有客观的认识，既不要过高地估计自己，无视自己的短处，也不能妄自菲薄。引导孩子能客观地认识自己，即使自己不如他人，或者被人轻视，也能自我调节，获得心理平衡，不至于用夸张或逃避的方式来保护自尊。

要让孩子明白，到了一定阶段，生活上的所有一切，都需要自己去承担。你追求什么，你的理想是什么，能对你负责的只有自己，并且在此过程中，去建立责任感和成就感，实现自己的人生价值。因为衡量人的价值不是获得多少，而是付出多少。只有通过自己的努力获得财富，才会获得他人的尊敬和佩服。告诉孩子：富二代没什么了不起的，靠自己的努力成为富一代才是最牛的。

家长也可以在保证安全的情况下，鼓励孩子利用假期自己做一些勤工俭学的活动，体验真实的生活，也感受到劳动的光荣。

引导孩子正确地对待社会差别

当今的大环境，就是一个阶层分化的社会。如果生于条件优越的家庭，你要努力，因为只有这样，你这一生才不是"谁谁的孩子"，而可以有一天让你的父母被人介绍的时候，说这是谁谁的父母。如果生于条件一般的家庭,则更要努力,不走捷径,靠自己的努力打拼一片天地是最光荣的。人生是一场马拉松,每个人在自己的赛道上,都要坦然地跑出自己的姿态。

今日作业

和孩子一起列出你们的财富单,有的人虽然表面上不那么宽裕,但换一种角度看,其实每个人都是生活中的富翁。

099 孩子早恋了，家长怎么办

明明今年初中一年级，妈妈突然发现他早恋。明明妈沉浸在深深的慌乱之中：小屁孩才初一啊，他懂什么呀就恋爱！妈妈斩钉截铁地说："这种事情必须制止，必须给消灭在萌芽状态！"她收缴了明明的通信工具，而且丢给明明两个选择：马上分手，否则就转学。

去年，河南一个 17 岁的高三女孩，课间和男同学在教室单独相处时，因"过激动作"被监控拍到。全校通报勒令退学。校方公告上赫然一行大字：超出正常男女同学之间的正常交往，影响极坏。当天，女孩在家中自杀身亡。一个 17 岁的少女，就这样离开人世。

面对孩子早恋这个话题，很多家长愤怒、担忧、手足无措。到底该怎么引导呢？

早恋不是"洪水猛兽"

早恋本身并没有那么大的损害，家长对早恋反应过激、粗暴打压才会伤害到孩子。你可能会说，不对，早恋就是魔鬼，会导致一系列恶果 —— 成绩下降，过早性行为，甚至怀孕、自杀……

我给你一组数据：澎拜新闻对某年高考状元的调查显示：40% 在中学时期谈过恋爱，这些谈过恋爱的状元中，认为谈恋爱对学习没有影响的人占 90% 以上。华中师范大学的调查结果也显示：好学生中早恋发生的概率为 17.5%，与在所谓差学生中 19.5% 的概率，没有太大差距。

青少年有早恋倾向是正常的心理反应。进入青春期的青少年开始追求自我认同感，也开始有性的启蒙，开始对异性有所关注，加上各种媒介的影响，现在孩子们对恋爱的憧憬有提前的趋势。早恋至少证明孩子对于异性有了一定的兴趣。如果说他在成长的环境当中，对于异性没有任何的认知，或者一点点兴趣也没有，这恐怕会让多数家长更担心吧。

为什么我说一定要先破除家长对于早恋的恐惧心理呢？如果你传递给孩子的信号是：喜欢一个人，或者和一个异性有亲密的感情，是一件可怕的事，非常恶劣的事，是羞耻的事，这种态度会传递给孩子一种信息，那就是人与人之间的亲密关系是不对的，是不好的，是恶劣的，是糟糕的。在孩子成年之后，容易产生对亲密关系的恐惧，会制造出很多的"剩男剩女"。这样的孩子长大以后，也很容易在恋爱和婚姻中变得自卑，并且要一次又一次努力证明：我还值得别人爱。作为家长首先要破除的，就是对孩子早恋的过分恐惧。

孩子早恋，需要反思的，是家长

早恋的出现多与性萌芽和环境因素引起的早熟性兴奋有关；有些也与心理上缺乏自信，或者孤独、空虚有关。很多孩子过早恋爱，往往是心理需求得不到满足，比如和父母关系不好，从小缺乏沟通，心灵缺乏安全感，没有精神寄托。说白了就是孩子缺爱,尤其是女孩子,从小父母没有带她,内心孤独,没有安全感。这种情况下,如果遇到一个对她好的男孩子,她很容易就会倾心。很多家庭关系存在问题的孩子,为了弥补家庭中的情感缺失,会到家庭以外的关系中寻找安全感、亲密和温暖。

所以在孩子成长中,家长需要多陪伴孩子,了解孩子内心所想,弥补孩子内心缺失的爱。

如果孩子本来在家庭中感觉到的爱就不足,再因为早恋问题被家长粗暴对待,他就更加觉得家庭没有温暖了。这么做就是在把孩子推得离家庭越来越远。

爱是一种必备能力

什么时候孩子恋爱萌动,就是到了该教他怎么去爱的大好时机。

爱的能力,是一个人想要获得幸福所必备的一种能力。

如果发现孩子有恋爱的苗头,与其一味反对,粗暴打压,不如利用这个机会教孩子如何正确对待"早恋"。这样非常容易让他在恋爱的历练中成为一个有责任心、有同理心、情商高、心理健康而成熟的人。

1.坦然接受,欣然肯定,大方讨论。如果发现孩子有这样的苗头,不要紧张不要焦虑,这只是孩子成长中出现的一个自然的情况。要对孩子说,"有人喜欢你,这很好啊。你本来就是值得人爱的。"避免当面批评"青春期早恋"话题,理性对待;不能粗暴干涉、强行拆散,也不能居高临下、严词训斥。大方地和孩子聊天,留意孩子的思想动向,及时了解孩子的变化;父母适当分享爸爸妈妈的恋爱史,让孩子打破对"早恋"的神秘感。

2.教给孩子爱的能力。以平等的态度,以朋友的身份,晓以利害,喻以事理,要理解、尊重他们的感情,赢得他们的信任,以关怀爱护的态度亲近他们、帮助他们,引导他们处理好关系他们终身幸福的问题。爱的能力是人一生必须要修炼的能力,恋爱过程中和喜欢的人之间发生的矛盾、理解、伤害、幸福,都能促进一个人对"自己是谁"的探索。同时,应当对青少年时期的孩子进行必要的性教育,以及性安全知识普及。

恋爱关系是亲密关系的训练场所,提供了一个学习如何管理强烈情绪、协商冲突、沟通需求和回应伴侣的最佳时机。能从青少年时代就获得良好情感能力的人,在长大之后,也一定会更懂得如何去爱和被爱。

3.引导孩子将这份感情升华。如果你和孩子并没有因为早恋这个情况而反目成仇,你们之间的关系一直都是互相尊重、平等交流的,这个时候你对他讲这些道理,他完全是能够听得进去的。告诉孩子,初、高中生谈恋爱最后"终成眷属"的概率非常低。爱是一种美妙的果实,但是如果双方过于稚嫩、能力不足的话是很难守护这份美好的。一个人越优秀,越能守护这份爱,越能享受到真正高质量的幸福。就这样鼓励孩子各方面都要更加努力吧。

告诉孩子,恋爱非常美好,但是在人的世界中,情爱只是其中的一部分,生命里除了两性之间的爱,还有亲情,还有友情,还有理想,还有责任。只有让孩子认识到这些,才会避免他们把恋爱当作生命中唯一的支柱,如果这份感情出了问题,就相当于支柱坍塌了。很多因为失恋就轻生或者因此一蹶不振的人,就是因为把恋爱当成了生命中的所有。要给孩子的生命中树立更多的支柱，鼓励孩子积极参加对身心健康有益的活动，鼓励孩子根据个人兴趣，发展个人爱好。引导孩子树立更高远的志向，拓展孩子的生命格局。

再次重点提及的是，一定要做好对青春期女孩的性教育。尤其是孩子的母亲，一定不要回避这个话题，要担负起这份责任，要让孩子知道自尊自爱，同时知道，在各种情境下，应该如何保护自己。

今日作业

和孩子一起看电影《怦然心动》，讨论讨论什么才是真正的爱。

100 如何帮助孩子树立正确的
世界观、人生观、价值观

我们经常会说"三观正",指的就是世界观、人生观与价值观。三观正,这是人行走世间最轩昂的气度。

世界观也叫宇宙观,就是人们对生活在其中的世界以及人与世界的关系的总体看法和根本观点。世界观主要来源于人的生产和生活实践,它包括自然观、社会观、人生观、价值观、历史观。一个人的世界观是否正确,将直接影响他的价值观和人生观。传说中的"保安三问":你是谁,你从哪里来,要到哪里去。这是哲学的经典问题,也是人生观的重要思考。人生观主要是人生目的、人生态度和人生价值三个方面。价值观,就是你认为什么是有价值的,什么是最珍贵的东西。说小了是一个苹果的价值,说大了是人一生的价值。

罗振宇曾经说:"跟某些长辈对话的困难在于——

他们在乎你饿不饿冷不冷累不累有钱没钱是赢是输。

他们很少来问你高兴不高兴收获大不大过得好不好。

他们用自己也从来没有达到过的标准严格要求孩子。

他们用吓唬了自己一辈子的莫名风险继续恐吓后人。

你可以听他们的话,成为一个好孩子。

但是——然后你得在健全自我人格的道路上历尽艰辛。

你我不是这样的长辈,我们不会培养出这样的所谓好孩子。"

白岩松曾经说过："面向社会的时候,多关注一些跟自己无关的事;面向自己的时候,多干一点别人认为没用的事。"第一句话是在说,人要有社会责任,第二句话是在说,人要有精神追求。

教育孩子,如果只注重技能的提升,是远远不够的。要培养出具有恢宏生命格局的人,这才是一个大写的人。走出去,无论遇到什么情况,他们不慌张,不猥琐,不自卑,不倨傲,温和而又充满力量。

那么,究竟应该怎么做呢?

把孩子真正当作一个独立的生命去尊重,去呵护

接纳孩子的所有,恰当地鼓励孩子,激发孩子内在的力量。

1.相信孩子的力量,多说"我相信你"。对孩子正面说出你对品格方面的期望。制定期望和规则,会让孩子能够看到目标和方向。孩子天生就渴望迎合家长的期望。如果你向孩子说明你的期望以及这样做的意义,他们很可能会努力达到你的期望。

2.给孩子布置一些家务活。培养孩子价值观的最基本的办法就是安排他们每天、每周干一些力所能及的活。对孩子说明你需要他,这能给孩子最明确的掌控感,也能让孩子认识到责任心的重要性,让孩子感受到可以用自己的力量改变生活。

3.保护孩子的好奇心和求知欲。不打击孩子的问题,多用引导的方式让他们独立思考。不要嫌孩子烦,脑子是个好东西,要庆幸你的孩子拥有它。

4.经常和孩子谈论梦想。孩子的梦想经常会改变,有时候听

起来很伟大,有时候可能就是想卖菜、修车,或者在动物园里喂动物。请你认真倾听,尊重他们的想法。

以身作则,树立良好家风

1.尊重服务人员。每个人都因为付出而值得被尊重,因为劳动而值得被尊重,尊重不因地位身份而轻贱。给孩子树立正确的人生观和价值观,孩子将来面对生活中的荣誉和挫折,才能宠辱不惊,从容镇定地面对人生,坚信自己的价值。

2.把要教给孩子的价值观体现在日常生活中。孩子往往把大人看作模范,培养价值观的最简便的方法就是模仿。

3.花时间陪孩子。如果你忽略了孩子,人为阻隔了他们和你亲密接触的机会,自然失去了价值观示范的时机。花时间陪孩子,本身就是在教他关爱他人。孩子很多犯错的行为,真实的目的是为了引起关注,根源是他们内心缺乏安全感。如果你能让他们知道正确的行为也能得到关注,他们就会更愿意做正确的事。

《十几岁孩子的正面管教》一书中分享的方法:每天与你的孩子至少闲待 5 分钟,并要保持:

1.闭上嘴(倾听)。

2.幽默感(洞察)。

3.打开你的耳朵(保持好奇心)。

4.你的内心要流露出温暖和感激(爱)。

5.理解孩子内心世界的一种渴望(专注)。

请你注意这些必须是高质量的,没有说教的。

引导孩子看到世界

1.关注时政,读合适的书。几个世纪以来价值观一直通过故事来流传。和孩子一起读书,或介绍那些传达正确价值观的书给他们。

具体形式,是绘本还是文字的书,根据孩子的年龄来。但是,不管是什么书,你都应该自己先读过一遍,全面了解,然后再让孩子看。这样能让你了解书的内容,便于回答孩子提出的问题。

2.做志愿者。鼓励孩子参加社区服务等志愿者活动,和孩子一起做志愿者更好。做志愿者可以培养慷慨、责任感和同情心。主动帮助邻居老人和孩子也是志愿活动的一种。鼓励孩子给邻居送自制点心,出来进去帮后面的人挡一下门。

让孩子有责任感,意识到目前所拥有的自由、和平、公正,不是生来就有的,这是经历过几代人的努力,现在也需要我们每个人去继续努力追求与奋力呵护。不是做一个鸵鸟式的逃避现实的人物,不是做一个只看到自己利益的精致的利己主义者。

3.和孩子谈论什么是"成功"。刘瑜曾经写道:"我所理解的成功,是一个人对自己所做的事情有敬畏与热情。"她在写给女儿的信里这么说:"你来到这个世界不是白来一趟,能有愿望和能力领略它波光潋滟的好,并以自己的好来成全它的更好。"

我们在这个世界上,并非是一座孤岛。我们彼此相连,要让孩子的胸怀大度宽广,让孩子的视野广阔辽远。唯有如此,他们才不会在生活中遇到一点坎坷就无力挣脱、全然崩溃；也唯有如此，他们长大之后，才是有力量、能担当的未来公民。

今日作业

坚持每日聆听时间，认真倾听孩子的心声，接纳孩子的情绪，肯定孩子的思考，慢慢的，你会真正理解他，也才真正有力量引导他。